MW00699450

¡Guarda
tus tristezas
en una caja
grande,
siéntate
encima y ríe!

BÁRBARA JOHNSON

Autora del conocido *¡Salpícame de gozo!*

LO QUE TÚ PUEDES HACER CUANDO LA VIDA SE DESMORONA

¡Guarda Tus Tristezas en una Caja Grande, siéntate encima y ríe!

EDITORIAL BETANIA

© 1995 EDITORIAL CARIBE
P.O. Box 141000
Nashville, TN 37214-1000

Título en inglés: *Pack up Your Gloomees
    in a Great Big Box*
© 1993 by *Barbara Johnson*
Published by *Word Publishing*

Traductora: *Erma Ducasa*

ISBN: 0-88113-256-X

Reservados todos los derechos.
Prohibida la reproducción total
o parcial de esta obra sin
la debida autorización
de los editores.

Impreso en EE.UU.
Printed in U.S.A.
2ª Edición

Dedicatoria

Siento mucha gratitud de poder dedicar este libro a Andrew Johnston, mi amigo especial, quien con tanta paciencia revisó por mí cientos de cartas al preparar el material para este proyecto. Su aliento y permanente disposición de ayudar fueron los ingredientes especiales que me permitieron terminar este libro.

Y no sólo concluirlo, sino hacerlo con gozo. Andrew y yo nos reímos juntos al releer muchas partes de este libro, y también al decidir qué cartas incluir y cuáles eliminar. Si te provoca risa alguna de las cosas que aparecen en las páginas que siguen, es muy probable que juntos, Andrew y yo, nos hayamos reído por lo mismo.

Ahora Andrew está en el cielo y al recordarlo puedo verlo con su cabeza echada hacia atrás, riéndose al descubrir humor incluso en las cosas pequeñas.

Los recuerdos son tan especiales para mí... el legado de recuerdos felices que me dejó Andrew es de valor inestimable. Su valor y devoción me han sido de inspiración, y a su vez, han permitido que fuese escrito este libro para que TÚ, el lector, pudieses guardar tus tristezas en una caja grande, sentarte encima... echar la cabeza hacia atrás... ¡y reír como loco!

Contenido

Reconocimientos

Con sincera gratitud, brindo mi reconocimiento a las muchas personas que me han dado cartas, poemas, recortes, artículos y otros materiales utilizados en la elaboración de este libro. Muchos de ellos lo aportaron personas que apoyan a los Ministerios Espátula, una organización sin fines de lucro cuyo objetivo es despegar del cielorraso a los padres devastados utilizando una espátula de amor y ayudarlos a iniciar el camino de recuperación.

Se han realizado diligentes esfuerzos por identificar al autor y al dueño del copyright de todo material que se cita en este libro. Sin embargo, como me envían tantos recortes sin identificar desde todas partes del mundo, en ocasiones resulta imposible dar con la fuente original. Mucho agradecería que los lectores que conozcan la fuente correcta de los ítemes que ahora llevan la inscripción «Origen desconocido», se pusieran en contacto conmigo para dar el debido reconocimiento en publicaciones futuras.

Las cartas que uso en este libro son parte de la correspondencia que he mantenido con padres que sufren, pero la mayoría de ellas se han modificado para proteger las identidades de quienes las escribieron. En algunos casos especiales he solicitado y se me ha otorgado el permiso de utilizar nombres y hechos reales, y agradezco a esos escritores su amabilidad al autorizarlo.

Un reconocimiento especial y agradecimiento sentido vayan también a los siguientes individuos y compañías por estos materiales:

Alguna información del capítulo 2 se ha copiado de GOOD GRIEF [El duelo bueno] de Granger Westberg, copyright © 1962 Fortress Press. Usado con permiso de Augsburg Fortress.

También en el capítulo 2 hay cartas según aparecieron en la columna *Dear Abby* [Querida Abby] de Abigail Van Buren. Copyright © 1992 UNIVERSAL PRESS SYNDICATE. Impreso con permiso. Derechos reservados.

La caricatura que se encuentra en el capítulo 2: «I'm perfectly willing to compromise» [Tengo total disposición de llegar a un acuerdo], ha sido adaptada de Ashleigh Brilliant Disparo No. 2122. © Ashleigh Brilliant Enterprises, 1981. Usado con permiso.

La foto del bebé con la leyenda «Sometimes I get so frustrated» [En ocasiones me frustro tanto], que se encuentra en el capítulo 3, ha sido impresa con permiso de The C.M. Paula Company, 7773 School Road, Cincinnati, Ohio 45249-1590.

El poema «When life drops a pooper» [Cuando la vida te lanza estiércol] que se utiliza en el capítulo 3 es de la tarjeta número 015337 © Recycled Paper Products, Inc. Derechos reservados. Diseño original de John Richard Allen. Impreso con permiso.

En el capítulo 4 la caricatura «¿Sientes que no te aman?» ha sido copiada con permiso de una tarjeta de American Greetings © AGC, Inc.

En el capítulo 5, Daniel el travieso® ha sido usado con permiso de Hank Ketcham y © de North America Syndicate.

También en el capítulo 5 se imprime una porción de una columna de Ann Landers. El permiso ha sido concedido por Ann Landers y Creators Syndicate.

Las dos caricaturas utilizadas en el capítulo 7 son de tarjetas de saludos. La caricatura de «Desodorante extrapotente» es de la tarjeta número 068111 © Recycled Paper Products, Inc. Derechos reservados. Diseño original de Kevin Pope. Impreso con permiso. El puerco espín que está usando secador de cabello es de la tarjeta número 240047 © Pawprints. Derechos reservados. Diseño original por Lynn Munsinger. Impreso con permiso.

Introducción

Si es gratis, es un consejo; si te lo cobran, es consejería; si alguno de los dos te sirve, ¡es un milagro!

El programa radial de micrófono abierto a las llamadas de los radioescuchas marchaba sobre rieles y ya había respondido a varias preguntas fáciles de tratar... problemas similares a los que había escuchado anteriormente y para los cuales podía ofrecer algunas sugerencias prácticas que habían sido efectivas para otros.

Luego, una de las que llamaba nos disparó una increíble ráfaga de dolor y frustración. Su esposo era alcohólico. Su hijo era homosexual y su hija soltera acababa de pronunciar las palabras que teme toda madre: «Mamá, estoy embarazada».

Como si esto fuera poco, su casa se había incendiado, el contratista que había sido empleado para su reconstrucción había malversado los fondos y ahora los acreedores se le aparecían de todas partes procurando cobrar *ya*.

De algún modo la pobre mujer logró decir todo esto respirando una sola vez mientras el conductor del programa y yo nos mirábamos perplejos. Finalmente se detuvo y aguardó mi respuesta. Pero yo estaba anonadada. ¿Qué podía hacer ella? ¿A dónde podía ir? ¿A quién podía recurrir?

La pausa se convirtió en un silencio embarazoso. El con-

ductor del programa comenzó a agitarse mientras yo, frenéticamente, buscaba en mi mente algo que pudiera ser de ayuda
para esta pobre mujer. ¿De qué modo solucionarle todos los
problemas con un discurso de veinte o treinta segundos trasmitido por la radio? Por último, dije abruptamente: «¡SÓLO
DIOS SABE!»

Hubo un momento de silencio estupefacto, luego se comenzó a escuchar risitas entre la gente en el auditorio del estudio.
El conductor del programa empezó a reírse entre dientes y
luego, hasta la mujer del otro lado de la línea debió reírse al
comprender que mi respuesta no la di a la ligera, sino sintiendo real compasión, era verdad. ¡Sólo Dios podía conocer la
respuesta a todos esos problemas!

Es por eso que siempre me ha gustado Deuteronomio 29.29:
«Las cosas secretas pertenecen a Jehová nuestro Dios». Cuando nos hallamos al final de nuestra soga, cuando la vida es un
misterio que no parece tener respuesta: *sólo Dios sabe*. Mientras
tanto, sin embargo, debemos soportar, luchar, sobrevivir... sí,
y triunfar. De eso se trata este libro: de hallar respuestas donde
no parece haber ninguna, de adaptarse a situaciones que parecen desesperanzadas y de aceptar personas en tu vida (particularmente tus seres queridos) cuando están haciendo cosas
por completo inaceptables.

¿Puedes arreglar a mi hijo?

Durante catorce años miles de padres se han acercado a los
Ministerios Espátula con todo tipo concebible de problemas.
La primera noche que asisten a un grupo de apoyo Espátula,
típicamente, quieren saber: «¿Cómo puedo arreglar a mi
hijo?» Sin embargo, al poco tiempo, se dan cuenta de que esa
no es la cuestión. Las preguntas que en realidad importan son:
«¿Cómo puedo arreglarme?» «¿Qué hacer para ayudar a mi
cónyuge a superar esto?» «¿Cómo podemos mantener la fortaleza de nuestro matrimonio para lograr enfrentarnos a lo
que la vida nos ha deparado?»

Y mientras siguen comunicándose y escuchando, hacen
unos descubrimientos salvadores:

Sólo existe una manera de enfrentar la desdicha:

¡Evítala!

Aprenden acerca de la necesidad de amar incondicionalmente a sus hijos rebeldes. Aprenden que no pueden cambiar
a sus hijos. *Sólo pueden producir cambios en ellos mismos.*

También aprenden a cómo liberarse de su culpa, cómo
olvidar el pasado y mirar hacia un futuro donde brilla la
esperanza.

Aprenden cómo seguir adelante con la vida, cómo poner a
su ser amado en las manos de Dios... en resumen: cómo soltar-
lo.

Aprenden que ayudar a otros es un beneficio tremendo,
porque, como he dicho con tanta frecuencia, cuando refrescas
a otros, tú mismo te refrescas.

Y en algún momento aprenden a reír de nuevo a pesar de
los recuerdos dolorosos o de las preocupaciones que perdu-
ran. Finalmente comprenden que llegarán a sentirse mejor.
Lleva tiempo, bastante tiempo. También se requieren muchas
lágrimas y mucha conversación... horas y horas de conversación. Pero sí, sucede. Entran heridos, ofuscados y preocupados, pero después de un tiempo aprenden cómo drenar el
absceso de dolor e inician el proceso de sanidad.

Mientras trabajaba en este libro, buscaba una palabra que
describiese todas las COSAS que nos pueden suceder. Palabras como *problemas*, *dificultades*, o *tragedias* simplemente no
eran las más adecuadas por ser demasiado severas. Pero luego
la encontré: tristezas.

Creo que la risa es la mejor receta existente para el dolor; es
por eso que titulé este libro: *¡Guarda tus tristezas en una caja
grande, siéntate encima y ríe!*

Cuando te agobien las tristezas, ese es el momento de
buscarle el humor a las cosas, no de negar la realidad, sino de
ayudar a encontrarle el sentido a lo que es tan IRREAL. Y a
veces, como verás en los capítulos que siguen, ¡verdaderamente se vuelve muy irreal!

Vuestras cartas iluminan la *Línea de Amor*

Nuestro grupo de apoyo local de Ministerios Espátula se
reúne una vez al mes en el área del sur de California. Con el

paso de los años han surgido docenas de ramificaciones de Espátula y ahora la red Espátula de amor e interés se extiende a todo lo ancho y largo del país. Pero a pesar de la importancia que tienen nuestros grupos de apoyo, sólo conforman una parte de la totalidad del radio de acción. Cada mes me paso horas hablando por teléfono con padres que tal vez no cuentan con un grupo de apoyo cercano al lugar donde viven. Además, mi esposo (Bill) y yo publicamos *Love Line* [Línea de amor], una carta circular mensual que aporta ayuda, inspiración y risas para miles de personas.

Además del humor, una de las secciones más populares de *Línea de amor* son las cartas que envían los padres. Algunas de estas personas acaban de darse contra el cielorraso por causa de problemas y desastres inimaginables, y necesitan que una espátula de amor los despegue y los ayude a ponerse otra vez de pie. Hay otros que desde hace mucho tiempo vienen lidiando con el dolor. En algunos casos se están ahogando, se hunden por última vez. Pero otros aprenden a mantenerse a flote y desean hablar de su progreso con el resto de la familia de Espátula. A menudo se me dice: «Las cartas que los demás padres envían es lo que más me gusta de *Línea de amor*. ¡Sigan enviándolas!»

Como estas cartas significan tanto para las personas que sufren, las he puesto en un sitio preponderante en este libro. En algunas ocasiones incluyo la respuesta dada; en otras permito que hablen por sí solas con una sabiduría que es mucho mejor que la mía. El único problema que se me presenta con estas cartas es la falta de espacio; hay tantas más que me gustaría incluir.

Al leer algunas de estas cartas tal vez digas: «¡Esto *no* puede ser verdad! ¡Alguien le está tomando el pelo a Bárbara o ella simplemente lo está inventando!» Es posible que alguien escriba una carta llena de problemas ficticios, pero francamente lo dudo. En lo que se refiere a inventarlos, ni siquiera podría empezar a imaginarme todos esos problemas... pienso que nadie podría hacerlo.

¡Créeme, no es necesario que invente nada! Todos los días encuentro bastante material en mi buzón o en las voces de aquellos que llaman por teléfono buscando con desesperación hablar con alguien que «escuche, por favor».

No pienso que soy una Ann o una Abby

Espero que no pienses que este libro será una versión Bárbara de Querida Abby o Ann Landers. ¡No soy una escritora de consejos! Francamente, soy mejor para escuchar que para aconsejar y responder. En resumidas cuentas, Dios es el único que conoce las respuestas a los problemas de quien sea. Pero en nuestro peregrinaje, nos ha brindado unos principios que pueden dar resultado y de hecho lo hacen. Al pasar por mi propio fuego purificador, he aprendido un poco de lo que ayuda a las personas cuando descienden al infierno del sufrimiento y piensan que no hay salida.

En los capítulos que siguen habrá momentos en que analizaré una a una las preguntas e intentaré dar sugerencias específicas que pueden ayudar. En otros casos es posible que cite varias cartas y luego brinde una respuesta amplia que se base en mi propia experiencia o en el aporte de personas sabias en las cuales confío. Ah, sí, también comentaré muchas cartas de padres que están luchando y deseando ayudar a otros a encontrar la senda de regreso a su sano juicio. Y detrás de cada respuesta o sugerencia se halla el Único que en realidad puede ayudar a cualquiera de nosotros. Ciertamente, *sólo Dios sabe*.

Es de esperar que te resistas a algunas de las respuestas que encuentres aquí. Es posible que leas cosas que no estás preparado para aceptar. Yo tampoco lo estaba. Es más, aún no he encontrado repuesta a muchas cosas. Cuando me enteré de la homosexualidad de mi hijo Larry, fui a un consejero cristiano que me dijo desde el principio: «He tenido muy poco éxito en modificar la orientación sexual de los homosexuales». No deseaba escuchar eso. Quería que los doctores me dijeran cómo arreglar a Larry... rápidamente. En cambio, se necesitaron meses y luego años (de hecho once años) para que sucediera cosa alguna. Larry no se «arregló», pero su corazón cambió y lo que es más importante, con el correr de esos años cambié *yo*. Dios transformó mi corazón de piedra en un «corazón de carne». Me dio la capacidad de aceptar, adaptarme, comprender y por sobre todas las cosas, amar incondicionalmente.

Las personas que conocen mi historia me preguntan cómo pude sobrevivir a la noticia de la homosexualidad de Larry y luego soportar la solitaria separación que ocurrió por haberlo atacado con ira y hasta con odio. Esto sucedió *después* de haber soportado las devastadoras heridas sufridas por mi marido y las muertes de dos hijos cuando acababan de alcanzar el umbral de la vida adulta. Todas estas experiencias aplastaron mi corazón, pero todo eso produjo en mi vida una fragancia que nunca podría haberse dado sin pasar por el dolor apabullante. Uno de mis versos preferidos lo expresa muy bien:

NO HAY ACEITE DE OLVIVO SIN EXPRIMIR
LA ACEITUNA,
NI VINO SIN PRENSAR LAS UVAS,
NO HAY FRAGANCIA SIN MACHACAR LAS FLORES,
Y NO EXISTE *GOZO* VERDADERO SIN DOLOR.

¿Cómo sobreviví? Intenté muchas cosas y aprendí mucho, básicamente mediante prueba y error. Y aún sigo aprendiendo. Hago esfuerzos por alejarme de la respuesta estereotipada y las fórmulas huecas. También evito la solución instantánea, la madurez de microondas, el arreglo rápido, la venda celestial sin cirugía. Lo que sucede es que así no trabaja Dios. Como dijo Jesús en Juan 15.2, es necesario que seamos podados y la poda puede ser dolorosa.

Lo fundamental, sin embargo, es exactamente lo que le dije a esa dama desesperada que llamó a la emisora radial esa noche deseando saber cómo desentrañar los misterios de una vida que la había abrumado. *Sólo Dios sabe.* Las cosas secretas *sólo* le pertenecen a Él. Cuando las tristezas intentan derribarnos, Él siempre tiene la respuesta. Y cuando lo buscamos de todo corazón, ¡las tristezas no tienen tan siquiera una oportunidad!

1

Todos estamos metidos en esto... sólo que tú estás un poco más hundido

Bienvenido al mundo real

Esa dama que me llamó al programa radial para contarme de su vida cargada de problemas fue una de las tantas personas que conozco a cada rato: en persona, por teléfono o por correspondencia. A pesar de haber sufrido más contratiempos que los que le hubieran correspondido, existen muchas personas que han experimentado tragedias aun mayores.

Por ejemplo, una reciente carta de una mamá incluía también un recorte de periódico que había sido publicado unos cuantos años antes donde se describía a su «familia típica norteamericana», la cual estaba integrada por su esposo, ella y siete hijos cuyas edades oscilaban entre los ocho y diecinueve años. El artículo mencionaba cómo ambos padres enfatizaban los valores espirituales y cómo el padre, a pesar de su éxito en el trabajo, creía que la familia era aún más importante que su carrera. Después describía a los niños como corteses, inteligentes, que se expresaban muy bien y como estudiantes sobresalientes cuyo deseo era el de agradar a sus padres siendo aplicados en sus estudios. Los domingos eran días de familia: a la iglesia, luego a almorzar con los abuelos. Incluso a una de las abuelas se le había otorgado un premio de «madre sobresaliente». Y como para completar el cuadro, cada año el padre llevaba a toda la familia de vacaciones.[1]

Aquí, verdaderamente, había un ejemplo de cómo debía ser una familia modelo que en realidad teme a Dios; pero a sólo dos años de publicado el artículo en el periódico local, comenzaron sus tribulaciones. Cuando la madre me escribió, me enumeró los siguientes golpes a su familia típica norteamericana:

La niña de noveno grado empezó a necesitar ayuda para combatir la depresión. A su hermana de séptimo grado la hospitalizaron cinco veces por anorexia y casi muere. Un hijo que cursaba el segundo año de universidad comenzó a manifestar síntomas de depresión clínica. (Finalmente se suicidó.) Otro hijo demostraba signos atemorizantes de adicción al alcohol. Por último, a la hija menor se le diagnosticó «desarreglo bipolar». Dosis diarias de litio parecían estabilizar sus estados de ánimo. La carta de la mujer decía a continuación:

> Mi fe siempre ha sido lo más importante de mi vida y mi esposo siempre ha insistido en el valor del sentido del humor. Tienes el raro don de combinar ambos. ¡Que Dios siga bendiciendo tus esfuerzos con tu espátula de amor!

Me identifico especialmente con estos padres porque mi familia también transitaba por los carriles de la familia típica norteamericana antes de que nuestro techo se derrumbara. También aprecio el énfasis que pone esta mujer en la fe y el sentido del humor. Maravilla ver cómo el dolor abrumador y la amarga desilusión producen la necesidad de reírse. Otra mamá que me escribió lo describió de esta manera:

> Una amiga me regaló tu libro *Ponte una flor en el pelo y sé feliz*. Lo leí y me reí en voz alta. Ese ha sido un elemento faltante en mi vida: la risa. Me sentí muy bien. Tengo una hija de treinta años que ha estado «en el mundo» desde su adolescencia. Fue bautizada a la edad de once años. Des-

de que se rebelara, ha pasado por un casamiento, un hijo, un divorcio y ahora un nuevo hijo está en camino aunque actualmente no está casada. Drogas, enfermedad, consejería, negación... ya conoces la historia. La fecha probable de llegada de este nuevo bebé es el 2 de marzo. El padre se dedica a escribir canciones de rock y a pintar casas. ¡Que Jesús nos ayude!

Muchas de las personas que me escriben en medio de su dolor revelan una actitud positiva, plena de fe y confianza aun cuando no alcanzan a comprender lo que está sucediendo. Es como si supieran que más les vale permitir que una sonrisa sea su paraguas... de todos modos se van a empapar. Una mujer dijo:

> Desde hace un tiempo me encuentro en un túnel. Nuestra hija mayor tiene tres hijos, uno de nueve años que tiene leucemia, uno de siete con parálisis cerebral y el de seis meses tiene cita este mes en el hospital infantil para hacerle pruebas con el fin de determinar lo que le sucede: no puede sostener su cabeza y tiene dificultad para ver.
>
> Todos somos creyentes, pero aun el propio pueblo de Dios atraviesa por zonas de oscuridad... ¿verdad?

Otra madre (supongo que entre el noventa y cinco y el noventa y ocho por ciento de mi correspondencia proviene de esposas y madres) me escribió para contarme cómo ella y su esposo habían hecho un viaje de dos horas y media en auto hasta donde vivía su hijo para poder llevarlo a cenar. Él ya les había comunicado que era homosexual y estaban destruidos. Cuando llegaron, el padre le dijo a su hijo molesto y de aspecto preocupado: «Tu mamá te extrañaba muchísimo y deseaba viajar hasta aquí para verte y darte un abrazo».

Lo que pensaron sería un terrible encuentro resultó ser un tiempo en el que pudieron asegurar a su hijo que lo amaban mucho y que Dios lo ama aún más y desea sólo lo mejor para su vida. Su hijo esperaba que ellos pudieran ver a su «amigo» como compañero de cuarto... al igual que los que había tenido cuando estaba en la facultad. Le contestaron que no, seguían pensando que su estilo de vida estaba equivocado y nunca se retractarían en ese punto, pero lo amarían tanto como siempre lo habían amado. La carta de la madre decía a continuación:

> No sé si te lo he dicho, pero mi hija menor se ha separado de su segundo esposo y está viviendo con nosotros. Nuestra segunda hija es mentalmente retrasada... y ahora, nuestro hijo menor es homosexual. No puedo creer que todo esto nos haya sucedido... y mientras tanto hemos enterrado a una cuñada que murió luego de una larga batalla contra el cáncer. De modo que nuestra vida presente es muy difícil...

En la tribulación aún hay esperanza

Las cartas que anteceden sólo son una muestra de las treinta o más que recibo casi a diario. Todas estas personas que sufren quizás podrían identificarse fácilmente con el rey David, quien también conocía el significado de que la vida se volviera amarga:

> Sálvame, oh Dios mío. La inundación ha crecido. Cada vez me hundo más en el lodo; las aguas crecen en torno mío. He llorado hasta agotarme; tengo los ojos hinchados de llorar, en espera de que Dios se manifieste (Salmo 69.1-3, *La Biblia al día, paráfrasis*).

El versículo tres es el que más me agrada, el cual relata cómo David está «en espera» a que Dios actúe. A menudo confiamos y esperamos y luego confiamos y esperamos otro poco. Experimentamos los momentos difíciles de la vida, los momentos en los que hemos hecho todas las cosas apropiadas: Hemos orado, hemos leído la Palabra, hemos adoptado una postura, nos hemos vestido de la armadura de Dios. Pero nada cambia. Las circunstancias siguen siendo las mismas. Hemos alabado a Dios y nos hemos regocijado en la victoria que nos dará, pero nuestra depresión permanece.

En esos momentos confesamos juntamente con David que la inundación ha crecido y aun así seguimos esperando. Dios actuará, ¿no? Nuestra esperanza puede empezar a desvanecerse y en esos momentos debemos evaluar nuestra fe por medio de preguntas difíciles.

¿Tenemos algún poco de fe?

¿Disponemos de fe suficiente?

¿Será que no es efectiva esa fe que tenemos?

¿O será que en ocasiones no sabemos siquiera cómo usar nuestra fe de un modo adecuado?

En momentos como estos te encuentras en TRIBULACIÓN, una palabra que proviene del vocablo latino *tribulum*, «una herramienta utilizada para trillar el grano». La tribulación no se trata solamente de que caiga un golpe sobre ti. El pensamiento que da fundamento a la tribulación es que has recibido un golpe tras otro. Mientras atraviesas estos duros golpes, es posible que mires a otros que están disfrutando de una agradable relación con el Señor y sientas la tentación de decirles:

¡POR FAVOR, AHÓRRAME LOS DETALLES
HORROROSOS DE TU FELICIDAD!

Cuando las personas que nos rodean se regocijan y alaban a Dios mientras luchamos con cieno profundo y aguas de diluvio, comenzamos a preguntarnos si nos sucede algo malo. Empezamos a sentir que somos cristianos de segunda categoría. Y luego llega la gota final cuando esta gente que recibe bendición y no se enfrenta a los problemas que sufrimos nosotros es muy suelta de lengua al ofrecernos respuestas: «Sencillamente alaba al Señor... No alabas al Señor lo suficiente... Lo que debes hacer es ponerte firme... ¡Sencillamente alaba al Señor!»

Cuando las aguas del pozo ciego lleguen a anegar tu alma, lo que necesitas no son desafíos, sino CONSUELO. Te hace falta un amigo que se te acerque y diga: «Sufro junto contigo... Estoy a tu lado... Lloro contigo. Te apoyo lo más que puedo. Une tu escudo de fe con el mío y de algún modo juntos lo lograremos».

Cuando el dolor se convierte en huésped permanente

En esos momentos de dificultad, Dios está aumentando nuestra fe. Veinte años atrás Margaret Clarkson escribió un libro titulado: *Grace Grows Best in Winter* [La gracia crece mejor en el invierno]. Su objetivo era mostrar que la confianza y la fe de uno en la gracia y el amor de Dios crecen en los momentos helados y difíciles cuando esos vientos fríos llegan para enfriar el alma. Según dijo ella: «Ha llegado el tiempo en que sabes que el dolor ha venido a ti, no como huésped temporario, sino permanente, es posible que hasta sea dueño de tu casa de la vida».[2] Así debe haberse sentido una madre desesperada cuando escribió para contarme:

Anhelo recibir tus cartas circulares, leo cada palabra y deseo seguir recibiéndolas; pero a decir verdad, no me sirven de mucho. [Algunos padres] hablan acerca de sus hijos que traen a casa «amigos»... ¿y llevan a cabo preciosas pláticas? Creo que mataría a mi hijo, a sus amigos y a mí misma si alguna vez trajese a casa alguno de ellos.

Mi hijo era un joven tan dulce y brillante... Él y sus dos hermanos discutían bastante entre sí; son tan distintos uno de los otros. Pero siempre sonreía, siempre rebosaba gozo y era muy servicial. Los viejos y los jóvenes, hombres y mujeres, TODOS lo querían.

Ahora parece una niña, es afeminado. No es irrespetuoso, simplemente no está. No habla. No forma parte de nuestra familia... Creo que no puedo soportarlo ni un día, ni una hora más. No duermo. Luego duermo cuarenta y ocho horas seguidas, o más. Sé por lo que pasan otros... eso no modifica lo que siento. Además, sólo hablo acerca de este. La muerte se ha llevado a dos de mis hijos. Mi hija vive en las calles con un tipejo enloquecido por las drogas (una vez lo trajo a casa). Mi cuñada, la cual pensaba que era una de mis mejores amigas, hace poco me dijo que sintió odio hacia mí el día que su hermano me llevó a su casa como su esposa y que no ha cambiado de parecer desde entonces (treinta años)...

No quiero ser del tipo de persona que todos odian o que hace todo mal; no sé cómo puedo ser un fracaso tan grande en tantas áreas. Y eso no es todo, pero basta para decir que no siento lástima de mí misma por una sola cosita; es por sentirme abrumada y no saber qué hacer y por saber que soy así y que no es probable que cambie, y por saber que mi modo de ser no es suficiente para mis hijos ni mi familia ni mi esposo ni su familia...

Su supone que sea vieja y sabia y que le enseñe a las mujeres más jóvenes y a otros los caminos del Señor... y resulta que mi vida se está desmoronando. Lo siento... es que no tengo otra persona con la cual pueda hablar.

Todos formulan dos grandes preguntas

Sin importar cómo sean el dolor y los problemas, todos andan buscando respuestas a dos preguntas básicas: ¿POR QUÉ? y ¿CÓMO? Las personas que me escriben a menudo preguntan: «¿Por qué a mí?» «¿Por qué a nosotros?» «¿Por qué a nuestra familia?» Pero con la misma frecuencia desean saber: «¿Cómo?» «¿Cómo puedo enfrentarme a esto?» «¿Cómo puedo aprender a vivir con el dolor?»

No tengo todas las respuestas. Francamente, a veces ni siquiera estoy segura de comprender a fondo las preguntas. Ojalá pudiese tener siempre algo que decir que pusiese todo en orden ahora, pero no lo tengo. Pero sí sé una cosa:

TODO LO QUE NOS SOBREVIENE A CUALQUIERA DE NOSOTROS ES ENVIADO O PERMITIDO POR DIOS.

Para algunas personas es posible que eso haga que Dios parezca débil, indiferente o hasta sadista, pero cuando te enfrentes al mundo real, nos es de ayuda recordar que Dios está al mando. Él aún está obrando, a pesar de que sentimos que nuestro sufrimiento jamás acabará. Como ordenó el salmista, debemos «esperar... en Dios».[3]

Michael Malloy, director de Christian Counseling Services [Servicios de consejería cristiana] en Nashville, Tennessee, asistió a un seminario dirigido por el Dr. Larry Crabb, un sicólogo cristiano y autor de muchos libros excelentes tales como *De adentro hacia afuera*. Malloy se sintió intrigado cuando el Dr. Crabb le preguntó al grupo: «¿Usas a Dios para solucionar tus problemas? O, ¿usas tus problemas para buscar a Dios?»

Cuando usamos a Dios para solucionar nuestros problemas, es posible que intentemos guiarnos por principios bíblicos que según nos han dicho solucionarán todo. Desafortunadamente, podemos hacer esto y la vida de igual modo se desmoronará. Luego, cuando los principios no parecen dar resultado, estamos en peligro de dudar tanto de Dios como de nuestra fe. Por otro lado, cuando «usamos nuestros problemas para encontrar a Dios», no estamos buscando el arreglo fácil ni la solución instantánea; estamos aprendiendo algo acerca de la «teología del sufrimiento». Michael Malloy escribió:

Aquellos que sufren bien y mantienen viva una pasión por Dios en medio de su dolor, a menudo son denominados santos. Me vienen a la mente dos mujeres en mi vida que ejercieron considerable influencia... ambas abuelas.

Una, llamada Birdie, perdió a su primera familia, esposo e hija de diez años, en la década del veinte. Conoció a mi abuelo unos doce años más tarde y se casó con él luego de su divorcio... en un tiempo que el divorcio realmente no era popular. Era «la otra mujer», pero al crecer y pasar tiempo con ella después de la muerte de mi abuelo, llegué a ver la belleza de su espíritu que pudo sobreponerse a la pérdida de dos familias: una por muerte, la otra al ser excluida por la mayoría de nuestros parientes.

La otra dama era la mamá de mi papá, Martha, que perdió a su marido justo antes del 4 de julio de 1925 en un accidente agrícola. Se volvió a casar y tuvo mellizos, uno de los cuales sufrió lesiones durante el parto pero que vivió hasta los 24 años.

Recuerdo haber visto a Robert en la casa de la abuela cuando yo era joven. Tenían que alimentarlo, cambiarle los pañales y rara vez abandonaba su silla de ruedas. La abuela lo cuidaba constantemente. En otras ocasiones recuerdo haberla acompañado cuando iba a limpiar consultorios médicos. Cuando cursaba estudios universitarios en Stillwater, los domingos por la noche ella preparaba una mesa de alimentos, propia para obreros de la cosecha, para mí y para mis compañeros de cuarto. Siempre hacía cosas para otros...

Mis abuelas veían, con respecto a la vida, cosas que muchos de nosotros no vemos. Hay una «ventana» que se abre para aquellos que entran en sufrimiento en busca de Dios. Ninguno de nosotros desea el sufrimiento. Lo que queremos es escaparnos de él, pero cuando nos toca, podemos decidir entre permitir que nos lleve a un plano más elevado, o volvernos cínicos, amargados y desilusionados.[4]

Cuando Michael Malloy habla acerca de la «ventana» que se abre para aquellos que entran en sufrimiento en busca de Dios, me viene a la mente un versículo favorito que se encuentra en Oseas donde Dios habla de transformar nuestro valle de tribulación en «puerta de esperanza» (Oseas 2.15). Ante cualquier situación desesperanzada, la esperanza está presente aun cuando no la sintamos. Dios puede tomar las cosas agrias y amargas de nuestra vida y convertirlas en algo que huele y sabe tan dulce como la miel.

El sufrimiento se asemeja a la preparación de una torta

Me gusta comparar el sufrimiento con la preparación de una torta. Nadie se sienta, saca una caja de polvo para hornear, se come una gran cucharada y dice: «¡Mmmmm!, ¡qué bien sabe eso!» Y tampoco lo haces con una cucharada de mantequilla ni con huevos crudos ni con harina. La tribulación y el sufrimiento en nuestras vidas pueden ser comparados con el acto de tragarse una cucharada de polvo de hornear o de mantequilla. Por sí solos, estas cosas saben mal y te revuelven el estómago. Pero Dios toma todos estos ingredientes, los mezcla y los coloca en su propio horno especial. Sabe exactamente cuánto tiempo es necesario hornear la torta; a veces permanece en el horno de Dios durante AÑOS. Nos volvemos impacientes y queremos abrir el horno, pensando: *Con seguri-*

dad que la torta ya debe estar lista. Pero aún no, no, aún no. Lo que en realidad importa es que la torta se está horneando y el aroma maravilloso está invadiendo la casa.

He descubierto que las personas que confían a Dios su sufrimiento tienen un algo invisible, algo así como el aroma invisible de una torta recién horneada que hace que los demás se sientan atraídos hacia ellas. Tal como dijo Pablo: «A los que aman a Dios, todas las cosas [todos los ingredientes de dolor y sufrimiento] les ayudan a bien» (Romanos 8.28).

Cuando creemos que nada nos viene excepto a través de nuestro Padre celestial, el sufrimiento comienza a tener un poco de sentido para nosotros... no mucho, debo admitirlo, pero un poco, y eso es todo lo que necesita Dios para obrar en nuestra vida: fe del tamaño de un grano de mostaza, nada más. Luego podemos ver que Dios utiliza nuestro dolor para formar en nosotros algo que a la postre nos haga bien. Cada prueba o relación quebrantada entra al horno de Dios y a la larga comenzamos a «despedir aroma» de torta o de pan fresco. ¡Hasta nuestro sufrimiento sirve para algo!

Dios tiene un plan para cada uno de nosotros

El apóstol Pablo estaba familiarizado con el sufrimiento. Fue golpeado, flagelado, apedreado y también naufragó. Estuvo en peligro tanto por causa de enemigos como de amigos, en especial los falsos hermanos que lo traicionaron. Estuvo sin dormir, sin alimento y sin agua. Y encima de todo esto, muchas noches permaneció despierto agonizando por las iglesias que había fundado, en especial cuando se desviaron y fueron víctimas de falsos maestros (véase 2 Corintios 11.23-29).

A pesar de todo eso, Pablo también podía decir: «Pero gracias a Dios, que en Cristo, siempre nos lleva en *su* triunfo, y que por medio de nosotros manifiesta en todo lugar la fragancia de su conocimiento» (2 Corintios 2.14, Biblia de las Américas).

Verás, Dios sabe lo que hace con cada uno de nosotros. Creo que lo que le dijo a los judíos cuando estaban en cautividad también se aplica a los creyentes de hoy en día cuando nos enfrentamos a «problemas imposibles». Por medio de Jeremías Dios les dijo: «Porque yo sé los planes que tengo para vosotros[...] planes de bienestar y no de calamidad, para daros un futuro y una esperanza» (Jeremías 29.11, Biblia de las Américas).

Es posible que te encuentres en una situación difícil, posiblemente una verdadera calamidad que parece peor que cualquiera de las que se describen en las cartas incluidas en este capítulo. Pero si estás confiando en Dios, la palabra calamidad en realidad no tiene sentido, porque, según la define el diccionario, calamidad es «un desastre sin control». Y cuando le confías tu dolor al Señor, nada en tu vida está fuera de control. Después que Dios dijera a los judíos que tenía planes para su bienestar los cuales les darían esperanza, agregó: «Me invocaréis, y vendréis a rogarme, y yo os escucharé. Me buscaréis y *me* encontraréis, cuando me busquéis de todo corazón» (Jeremías 29.12-13, Biblia de las Américas).

En su nota editorial acerca del sufrimiento, Michael Malloy también dijo:

> **El conocer a Dios es todo.** No existe nada más que Él, aunque a lo largo de nuestras vidas seamos tentados a creer en diversas doctrinas cual «conjuntos de aros» por los cuales deberemos saltar para poder ver a Dios. En última instancia se reduce a creer aquello que desde este punto no alcanzamos a ver. Pero contamos con la seguridad de que cuando hayamos perseverado lo suficiente, lo veremos y lo conoceremos tal cual es. ¿Y sabes qué? Pienso que aquellos que han soportado el sufrimiento por un tiempo reciben un vistazo anticipado de plenitud de lo que ha de venir.[5]

En este mundo real y quebrantado hemos de sufrir, pero consuela saber que Satanás no está al mando. El Señor es fiel y no importa cuánto se deterioren las cosas, Él nos protege del maligno. Podemos descansar teniendo la seguridad de que, a pesar de que Satanás sea peligroso y mortal, no es quien determina las jugadas.

Satanás no puede determinar las jugadas, porque no ha

pagado el precio de entrada. No somos dueños de nosotros mismos; hemos sido comprados con el precio más alto. Una vez que comprendamos eso, podremos elevarnos fuera de cualquier pozo en el que lleguemos a caer en esta vida. Sabemos que a fin de cuentas nada puede dañarnos porque siempre podemos decir:

MI YO NO ME PERTENECE.

Muchas de las personas que me escriben se sienten impotentes y abrumadas, del mismo modo que se sentía la dama que dijo que su vida se derrumbaba y no tenía con quién conversar. Sé cómo se siente porque igual me sentía yo. Y conozco la trampa en la cual ha caído porque caí en la misma también. Es posible que estemos tan enredados en tratar de lograr cosas por nuestros propios medios que nos olvidemos de pedirle a Dios que guarde nuestros corazones y nos dé el poder que no tenemos nosotros mismos.

Al lidiar con el mundo real, es de ayuda mantener una perspectiva de eternidad, no una que no puede ver más allá del dolor presente. Es por eso que una de mis frases preferidas es:

LA CORONA DE HIERRO DEL SUFRIMIENTO
PRECEDE A LA CORONA DORADA DE GLORIA.

En uno de sus libros, el humorista Robert Fulghum habla sobre la mentalidad «epa». Es una perspectiva que nos permite ver las catástrofes de la vida como dificultades momentáneas en lugar de tragedias horrendas. Como lo expresa Fulghum: «Cuando tomas lo que sucede como un "epa", no tienes la necesidad de discar el número para emergencias».

Cuando adoptamos una filosofía «epa» de la vida, damos la bienvenida a las sorpresas que un día pueda aportar y en lugar de oprimir el botón de pánico decimos: «Aquí volvemos a empezar... regresemos al tablero». Y: ¿Ha visto alguno el plan B?» Fulghum lo resume diciendo: «"Epa" es más que una reacción momentánea ante pequeños problemas. "Epa" es una actitud, una perspectiva del universo. Es parte de una ecuación que resume mi punto de vista de las condiciones de la existencia:

"¿Sí?" + "¡¿De veras?!" + "Epa" + "¡Dios mío!" = "¡Ajá!"»[6]

Obviamente, la parte más importante de la ecuación de Fulghum es «Dios mío». Si hubo alguna vez algún hombre del tipo «epa», ese fue el apóstol Pablo, quien dijo:

> Por eso no nos desanimamos. Aunque por fuera nos vamos desgastando, por dentro nos vamos renovando día tras día. Pues los sufrimientos ligeros y efímeros que ahora padecemos nos producen una gloria eterna que importa muchísimo más que todos ellos. Así que no nos fijamos en lo que se ve sino en lo que no se ve, ya que lo que se ve es pasajero, mientras que lo que no se ve es eterno (2 Corintios 4.16-18, NVI).

El arte fino de echar nuestras cargas

No, no dispongo de fórmulas mágicas para hacer desaparecer el dolor, pero sí recomiendo el siguiente método de echar nuestras cargas porque está basado en el Salmo 55.22: «Echa sobre el Señor tu carga, Él te sustentará» (Biblia de las Américas). Lo que he de contarte posiblemente te suene simplista, pero sé que da resultado porque te orienta hacia Dios mismo. Aquí está lo que debes hacer:

Piensa en la carga específica que te está pesando. Ahora, en pocas palabras, escribe en un papelito lo que es esa carga. (Si tienes más de una carga, anota cada una por separado en pedacitos de papel.)

Pon cada carga en un sobre y ciérralo. Luego busca un sitio donde puedas estar a solas para orar. Ponte de rodillas y, con ambas manos, levanta cada sobre. Cuéntale a Dios tus cargas así como tus temores y dudas. Dile TODO con respecto a esta carga porque esta es la última oportunidad que tendrás para hablar de ella de manera tan detallada.

Al hacerlo, es posible que notes que lloras y quizás te duelan los brazos al levantar tu carga. Pero sostén ese sobre en alto hasta que el dolor de tus brazos iguale el dolor que está en tu corazón. Luego deja caer tus brazos y di: «Señor, tómala».

Luego mira tu reloj y, en el anverso del sobre, anota la fecha y la hora que le entregaste tu carga, por ejemplo: «El 10 de junio a las cuatro de la tarde le entregué esta carga a mi Padre celestial y Él se hizo cargo de ella».

Finalmente, pon ese sobre en algún sitio donde guardas tus tesoros. Es posible que ese lugar sea tu «Caja de gozo».*

Ahora estás listo para caminar en fe porque sabes que todo anda bien. Por supuesto que Satanás vendrá rápidamente a decirte que NADA anda bien, pero aférrate a Romanos 1.17 que dice: «El justo por la fe vivirá», haciendo oído sordo a Satanás y a cualquier otro que quiera llenar tu mente de dudas y temores.

Al transitar cada día, confía sabiendo que Dios ha tomado tu carga; se la entregaste en la fecha tal y tal. Y por habérsela

---

* He descrito cómo confeccionar una «Caja de gozo» en otros libros, incluyendo *Salpícame de gozo en los pozos ciegos de la vida* y *Ponte una flor en el pelo y sé feliz*, y vuelvo a tratar el tema en el capítulo 7.

entregado, ahora tienes esperanza. Cada día puedo ver esa esperanza en mi buzón. No todas las cartas que recibo son tristes ni están llenas de dolor. Recibo un montón de cartas de personas que están animadas y esperanzadas porque, de un modo u otro, han echado sus cargas en Dios. Una mujer escribió para decir:

> He estado en un «paréntesis» durante cinco años y no puedo ver el final, pero estoy enfocando mi atención en Jesucristo.

Otra madre me recordó que había publicado una carta anterior (en la circular *Línea de amor*) que ella había escrito acerca de su hija, la cual es alcohólica. Ahora me volvía a escribir para decir:

> Bueno, deseaba comunicarte unas buenas noticias. Con la ayuda de nuestro bendito Señor y de muchas oraciones, está dando un giro. Ha dejado de beber (eso creo) y ha iniciado estudios con el fin de llegar a ser una asistente médica. Se está desempeñando de manera excelente en sus estudios y tal parece que se lleva mucho mejor con su esposo y sus cuatro hijos pequeños. Por último, da indicios de haberse encontrado y tengo confianza de que esto durará. Pero aunque no sea duradero, ha sido emocionante ver cómo cambiaba, aumentaba un poco de peso y adquiría control de su vida... al menos por este tiempo.
>
> Así que hay esperanza. Las oraciones sí dan resultado. El Señor es bueno.

A pesar de que Espátula se extiende hacia personas que se encuentran en todo tipo imaginable de desastres, una gran porción de nuestro ministerio trata con padres que han descubierto que uno (y a veces más de uno) de sus hijos es homosexual. Cuando cierta madre pasó por este tipo de choque emocional se puso en contacto con nosotros y le hicimos llegar literatura, oramos con ella por teléfono y ayudamos a «despegarla del cielorraso» con nuestra espátula de amor. Al final, nos escribió diciendo:

> Debido a lo que aprendí de ustedes tengo la capacidad

no sólo de amar, sino también de disfrutar de la compañía de mi hijo. Lo que me dijeron tenía sentido y comprobé que era verdad. Mi esposo y yo tenemos una buena relación con nuestro hijo. Cuando recién me enteré, entré en shock. Luego vino la depresión, seguida de un intento de suicidio y seis semanas de hospitalización siquiátrica.

Eso sucedió hace tres años y medio. Decidí adoptar tu actitud, la cual ahora sé que es la de Dios, y ahora creo que... Dios ha usado todo esto para bien tal como prometió en Romanos 8.28.

Muchos de los padres que se ponen en contacto con Espátula están distanciados de sus hijos de un modo u otro. Para todos nosotros es una alegría especial cuando una mamá puede escribir algo como esta carta que recibimos:

Alabo a Dios porque mis dos hijos son buenos cristianos, aunque esto no siempre ha sido verdad. Hubo un tiempo en el que el simple hecho de mencionar a Dios provocaba el enojo de mi hija y ahora ella y yo llevamos a cabo largas pláticas acerca del amor de Dios y de cómo deseamos llegar a ser cada vez más semejantes a Él, junto con muchos otros temas teocéntricos.

Mi hija sabía que oraba de continuo por ella. Me aseguré de que tuviese sus casetes de Amy Grant, los cuales le gustaban enormemente antes de que se alejara del Señor. A ella le encantaba la voz de Amy y escuchaba las cintas «sólo por la música»... pero, ay, cómo rogaba que esas palabras diesen en el blanco. Así sucedió y alabo a Dios.

Durante unos cinco años mi hija formaba parte del mundo. Bebía mucho más que los muchachos, mientras yo oraba: «Señor, que le caiga mal». No sucedió de repente, pero sí ocurrió. En la actualidad hasta un sorbo de vino le hace daño.

Después de volver al Señor, me dijo cuánto nos amaba y nos agradecía por nuestras oraciones, pero más que nada estaba agradecida de que nunca la hubiésemos condenado y porque siempre supo que era bienvenida y amada sin importar lo que hiciese. Esas palabras fueron el regalo más grande que jamás me pudiese haber dado.

La esperanza nos ayuda a vivir... y a morir

El consejero que me ayudó cuando mi vida estaba tan vacía me escribió una vez para decir que mi ministerio alienta a las personas a superar sus pérdidas. Y luego agregó:

HASTA LOS MORIBUNDOS MUEREN CON UNA SONRISA
CUANDO TIENEN ESPERANZA,
YA SEA DE RECUPERARSE O DE LLEGAR AL CIELO.

¡Ese es un buen pensamiento! Es más, está grabado en mi memoria y veo que la sabiduría que encierra se confirma cuando recibo cartas como la siguiente:

En la primera semana de octubre mi hija de veinte años y mi nieta de siete meses y medio murieron en un accidente automovilístico. Fueron víctimas de un conductor ebrio. Mi hija era una madre soltera que había abandonado sus estudios secundarios a los diecisiete años y medio y había abandonado nuestro hogar. Hacía dos años y medio que subsistía gracias a la asistencia estatal.

Era una situación muy difícil para mi esposo, mi hijo y para mí, pero igual nos manteníamos en contacto con ella y la incluíamos en actividades familiares.

Hasta quedar embarazada, había estado con nosotros en la iglesia por lo menos cada dos semanas. Durante el último año de su vida, no había asistido a la iglesia. Tres meses antes de morir le expliqué mis preocupaciones a nuestro pastor. Él, luego de varios intentos, logró que se acercara hasta su oficina para hablarle. Lo hizo a fines de septiembre, se arrepintió de sus pecados, pidió perdón y prometió cambiar su vida. Diez días más tarde, murieron ella y su hija. ¡Para nosotros, los últimos meses de su vida fueron un milagro!

Para mí, la carta de esta madre es un tesoro porque me recuerda el poder de la esperanza. Cuando la hija se volvió a Dios en fe, no sólo le dio esperanza, también proveyó esperanza a su madre que, en pocos días, se encontraría lidiando con las muertes de una hija y una nieta.

La esperanza es tal vez más significativa cuando nos enfrentamos a la dura realidad de la muerte. Muchas personas

que me llaman por teléfono o me escriben se están sobrepo-
niendo a la muerte de sus seres queridos. Un precioso hijo,
una esposa o un esposo se ha ido... PARA SIEMPRE. La muerte es tan DEFINITIVA. No existe la repetición instantánea de
jugadas ni segundas oportunidades. ¿Qué podemos hacer
cuando nos enfrentamos a la muerte? ¿De dónde sacaremos
fuerza para seguir adelante? ¿Cómo podremos dar cierre a la
pena y al dolor?

En el capítulo 2 hablaremos acerca de estas preguntas y de
cómo hallar el tipo de fuerza que puede marcar una diferencia
total.

Aplasta tristezas

DIOS LO DIJO, YO LO CREO, Y SE ACABÓ.
(¿Por qué entonces no tiene sentido?)

✦ ✦ ✦

YO TE SEPARARÍA LOS HUEVOS REVUELTOS
SI ME LEYERAS LA RECETA AL REVÉS.

✦ ✦ ✦

GUÍA PRÁCTICA PARA UNA VIDA DE ÉXITO:
PON TU CABEZA BAJO LA ALMOHADA Y GRITA.

✦ ✦ ✦

EL DESTINO SE DETERMINA POR DECISIÓN NO POR
AZAR.

✦ ✦ ✦

SÓLO POR HOY

SÓLO POR HOY intentaré vivir este día únicamente y
no abordar toda la problemática de mi vida de una sola
vez. Durante doce horas puedo hacer algo que me provo-
caría espanto si sintiese que debería hacerlo durante el resto de mi vida.

SÓLO POR HOY seré feliz. Esto da por sentado que es

verdad lo que dijo Abraham Lincoln: «La mayoría de las personas son tan felices como deciden ser».

SÓLO POR HOY me adaptaré a lo que es realidad y no intentaré adaptarlo todo a mis deseos. Aceptaré mi «suerte» como venga y me ajustaré a ella.

SÓLO POR HOY intentaré fortalecer mi mente. Estudiaré. Aprenderé algo útil. No seré un vagabundo mental. Leeré algo que me demande esfuerzo, reflexión y concentración.

SÓLO POR HOY ejercitaré mi alma en tres formas: Le haré bien a alguien, sin que nadie lo sepa; si alguien se entera, no tendrá valor. Haré al menos dos cosas que no quiero hacer... sólo en calidad de ejercicio; no le demostraré a nadie que mis sentimientos han sido heridos; es posible que estén heridos, pero por hoy no lo demostraré.

SÓLO POR HOY seré agradable. Tendré el mejor aspecto posible, me vestiré de manera atractiva, hablaré en voz baja, me comportaré cortésmente, no criticaré ni un poquito, no buscaré la falla de nada y no intentaré mejorar ni reglamentar a nadie excepto a mí mismo.

SÓLO POR HOY me estableceré un programa de actividades. Tal vez no lo respete al pie de la letra, pero lo tendré. Me salvaré de dos pestes: apuro e indecisión.

SÓLO POR HOY invertiré una media hora de silencio para mí para poder relajarme. Durante esta media hora, en algún momento, intentaré obtener una mejor perspectiva de mi vida.

SÓLO POR HOY no tendré temor. En especial no temeré disfrutar de lo que es hermoso y creeré que del mismo modo que doy al mundo, el mundo me dará a mí.

Origen desconocido

Aunque ninguno puede regresar
para volver a empezar,
cualquiera puede comenzar desde ahora
para producir un nuevo final.

Carl Bard

✦ ✦ ✦

Si tuviese una caja de tamaño tal
que allí toda queja pudiese guardar,
me aseguraría al cerrar la tapa
de que ninguna pudiese escapar.

Tan fuertemente la trabaría
para luego la llave botar
entonces la caja arrojaría
al fondo profundo del mar.

En su lugar conseguiría
la caja más grande que pudiese hallar,
y hasta el borde la llenaría
de todo lo que es bondad.

Por supuesto que sin cerradura,
no tendría una llave jamás;
pues todo lo que en ella hubiese
a todos brindaría en libertad.

Sonrisas en abundancia habría,
y para los ojos un brillo especial.
Un rostro así engalanado
expresaría alegría de verdad.

Palabras de gratitud al recibir alegría
con gusto libremente regalaría,
repartiría cánticos agradecidos
para alegrar el día más aburrido.

Los niños vendrían corriendo
y así lo bueno poder compartir
pues contagia mucho el gozo
y alcanza para repartir.

Empecemos, pues, a empacar
nuestras quejas sin demora,
abramos de alabanza una caja
a nuestros días brillo otorga.

Origen desconocido

✦ ✦ ✦

DIOS NO NOS ENVÍA RESPUESTAS PARA NUESTRO
SUFRIMIENTO.
EN LUGAR DE ESO, LO CARGA SOBRE SÍ.

Pero los que esperan a Jehová
tendrán nuevas fuerzas;
levantarán alas como águilas;
correrán, y no se cansarán;
caminarán, y no se fatigarán.

Isaías 40.31

2

Si no puedes esquivarlo, ni sobrepasarlo, ni atravesarlo, más te vale negociarlo

La muerte es el medio usado por Dios para decir: «Tu mesa está servida».[1]

La primera vez que vi la cita de Ashleigh Brilliant que da título a este capítulo,[2] no pude evitar pensar cuánta verdad encierran sus palabras acerca del último gran enemigo: LA MUERTE. Como dice mi buena amiga Marilyn Meberg: «Todos marchamos inexorablemente hacia la tumba».

Con la intención de mantener alejado ese pensamiento «feliz», nos hacemos cirugías faciales, nos reducimos quirúrgicamente el abdomen, nos teñimos el cabello... cualquier cosa para evitar enfrentarnos al hecho de que la vejez está haciendo impacto en nosotros. Gastamos millones tratando de negar lo que está sucediendo en nuestros cuerpos al adquirir varias limitaciones físicas. Cuando nos falla la vista, usamos gafas. Cuando perdemos el oído, nos adaptamos a audífonos. Y al fallarnos la mente... ¡allí SÍ que estamos en dificultades!

Tal vez sepas por qué las mujeres de más de
cincuenta años no tienen bebés.
Los pondrían en algún sitio
y luego se olvidarían dónde los dejaron.

La muerte nos acecha a todos, así que debemos adaptarnos
del mejor modo posible a los nuevos desafíos que acompañan
a la vejez. Pero de muchas maneras, resulta más fácil enfrentar
la perspectiva de tu propia muerte que hacerlo con la muerte
de un ser querido, en particular si la persona que pierdes es
joven y aún le queda mucho por vivir.

La muerte tiene una cualidad conclusiva de la que es imposible escapar. No la puedes esquivar, pasar por encima, ni
atravesar. Lo único que puedes hacer es negociar... no buscar
una reversión que pudiera devolverte tu ser querido, pues no
existe tal posibilidad. En lugar de eso, ruega por algún tipo de
comprensión, alguna manera de encontrarle lógica a todo el
asunto mientras intentas superarlo, permitiendo de esta manera que la pena tome su curso y deje que el dolor al final se
disipe.

La muerte se presenta de muchas formas, pero cuando lo
consideras, todas se pueden agrupar en dos categorías... espe-
radas y sorpresivas. Una enfermedad terminal posiblemente
es la causa más común de muerte esperada, pero no la única.
En cierto modo, esperábamos a medias la muerte de nuestro
hijo, Steven, desde el momento que partió para pelear en
Vietnam. Vivimos temerosos a partir de ese día y hasta que
cuatro meses más tarde un automóvil de la marina se estacio-
nó frente a casa y dos jóvenes en uniforme de gala se acercaron
hasta nuestra puerta. A pesar de que nos golpeó la noticia de
que Steven había muerto en una emboscada cerca de Da
Nang, no fue un golpe tan devastador como el que vendría
años más tarde.

Cinco años después de haber enterrado a Steven, la muerte
volvió a visitar nuestro hogar. Durante el invierno y la primavera de 1973, nuestro hijo mayor, Tim, de veintitrés años, se
entrenó para convertirse en sheriff del condado de Los Ángeles. También hizo el curso acelerado de entrenamiento de la
Academia de Policía de Los Ángeles. A pesar de haber com-

pletado con éxito su preparación, decidió no incorporarse a las fuerzas de la ley y regresar a la universidad el siguiente otoño. Abriendo un compás de espera, él y su amigo, Ron, decidieron pasar el verano en Alaska, donde esperaban encontrar trabajo mientras disfrutaban viendo nuevos horizontes.

Sabiendo que me encanta celebrar el primero de cada mes, Tim me llamó (a pagar en casa, por supuesto) el 1º de agosto de 1973. Me preguntó qué estaba haciendo para festejar el nuevo mes y, como es lógico, ¡le contesté que simplemente ESPERABA su llamada a pagar en casa!

Al hablar, Tim parecía entusiasmado por lo que había estado sucediendo en la iglesia a la que asistieron él y Ron durante el verano. Dijo que estaría en casa en sólo cinco días para contarnos acerca de todas sus experiencias... ¡en especial lo que Dios había estado haciendo «para poner brillo en mis ojos y alegría en mi andar»! ¡No parecía mi hijo conservador y tranquilo que nunca dejaba traslucir mucha emoción ni entusiasmo por nada! Me pasé el resto de la tarde pensando cuán emocionante sería tenerlo en casa en cinco días para que nos contara cómo Dios se había convertido en una realidad en su vida.

Unas pocas horas después, durante la cena, le contaba a Bill y a nuestros dos hijos menores, Larry y Barney, acerca de la llamada telefónica de Tim y todos nos maravillábamos por lo que había dicho. De repente volvió a sonar el teléfono. ¿Sería Tim que llamaba para contarme algo que no podía esperar hasta su regreso? No, era la Policía Real Montada Canadiense que llamaba desde Whitehorse, Yukón, para informarnos que nuestro hijo había muerto en una colisión frontal con un conductor ebrio. Eso fue un SHOCK TOTAL y lo describiré en detalles más adelante en este capítulo al abordar las cartas que me enviaron personas que luchan con el mismo tipo de golpe inesperado que sólo la muerte puede provocar.

La pena consta de diferentes etapas

Una madre me escribió y dijo: «Me dirijo a ti porque eres

experimentada en dolor». El haber perdido dos hijos por muerte violenta tal vez debería haberme convertido en una experta en este tipo de dolor. Pero creo que nadie puede llegar a ser un verdadero experto; uno meramente se acomoda al hecho de ser un sobreviviente. Hubo muchos momentos en los que estaba lista para darme por vencida y que me admitieran en el asilo para desorientados de la localidad, pero de algún modo Dios me mantuvo en pie, siempre intentando hallar algo positivo y hasta de humor que me ayudara a llegar al fin del día.

El humor me ayuda a combatir mi pena y a acelerar el proceso de pena de otros. Me encantan los refranes y las citas y he coleccionado cientos de ellas durante el transcurso de los años. El humor no debe usarse para hacer bromas con respecto a una determinada situación, sólo para encontrar el lado gracioso de lo que parece ser una catástrofe imposible. Las personas necesitan algo que pueda ayudarlos a pasar los tiempos cuando nada parece calmarlos, ni siquiera la mención de palabras de consuelo de la Biblia que los amigos bien intencionados les dan. No es que estos pasajes carezcan de verdad; lo que sucede es que el dolor es tan intenso que no puedes apreciar en ese momento lo que te dicen las palabras. Más adelante esos versículos de las Escrituras pueden llegar a ser muy significativos, pero, irónicamente, hubo momentos durante mis propios ataques de pena en los que la siguiente observación me resultó lógica y de cierta manera loca:

NO SÓLO DE PAN VIVIRÁ EL HOMBRE;
TAMBIÉN NECESITA MANTEQUILLA.

Supongo que intento ser una eterna optimista. Conoces la diferencia entre un optimista y un pesimista, ¿verdad?

Un optimista es una persona
que piensa que tiene un amigo
a quien puede pedirle prestado.
Un pesimista es uno que lo ha intentado.[3]

Por supuesto que estoy perfectamente consciente de que durante esas primeras horas y días después del golpe que la muerte nos asesta, no estás listo para escuchar casi NADA, ya sea inspiración de la Biblia o el esfuerzo que alguno hace con la intención de hacerte sonreír. Sólo puedes transitar con dificultad por esas etapas de pena con la esperanza de poder algún día llegar al punto donde puedas sonreír y hasta reír de nuevo. Muchas cartas provienen de personas que dicen: «Hacía años que no me reía, pero luego leí tu libro...»

Mis libros no tienen ninguna magia. Lo que sucede es que estas personas FINALMENTE han alcanzado una etapa de su pena donde pueden hallar algo que los motive a sonreír, donde pueden sentir el primer atisbo de gozo luego de haber atravesado ese largo y oscuro túnel al que se habían lanzado cuando la muerte golpeó a su familia.

A través de la experiencia personal y del trato con familias que sufren, he aprendido que la pena consta al menos de tres etapas:

En primer lugar está el SHOCK, a menudo acompañado de PÁNICO.

En segundo lugar está el SUFRIMIENTO, cuando sufres y sientes como si quisieras morir.

Por último está la RECUPERACIÓN, cuando una mañana te despiertas sin sentir esa abrumadora necesidad de volver a la cama y olvidarte de lo que es vivir.

Cuando se presenta la muerte, no hay escapatoria a este proceso tripartito. Como tenemos familias o amigos cercanos que verdaderamente nos importan, no existe forma de evitar el sufrimiento; tarde o temprano la muerte toca a cada puerta. Esa es la mala noticia. Pero también hay buenas noticias.

No es necesario que el duelo sea malo por completo; puede llegar a ser bueno. El duelo es el mecanismo de sanidad que Dios usa, particularmente cuando le permitimos formar parte del proceso. Uno de los libritos de más valor que he encontrado sobre el tema del duelo y su proceso es *Ante la pérdida de un ser querido* escrito por Granger Westberg hace más de treinta años.[4]

Westberg señala que cuando la Biblia dice «no os entristezcáis», no significa que debemos ser como los estoicos, esos filósofos griegos que nunca demostraban emoción alguna.

Westberg cree que la Biblia ve el duelo como un proceso normal y potencialmente creativo. Se refiere a la parte de 1 Tesalonicenses 4.13 que dice: «No os entristezcáis como los otros que no tienen esperanza». Luego sugiere esta paráfrasis: «Entristécete, no como los que no tienen esperanza, pero si hay motivo alguno que justifique tu tristeza, ¡por todos los cielos, entristécete!»[5]

En su pequeño libro, Westberg describe diez etapas del duelo. Su primera es como la mía: ESTADO DE SHOCK, que sirve de anestesia pasajera como reacción al escuchar la noticia de alguna horrible tragedia, tal como la pérdida de un hijo de veinte años en un incendio automovilístico como resultado de un choque. Cuando entramos en shock, nos escapamos temporalmente de la realidad. En ocasiones el estado de shock dura hasta terminar el funeral del ser querido de modo que la esposa o la madre sobreviviente, por ejemplo, pueda ser alabada por su «serena fe» porque parece casi radiante al saludar a los que se le acercan para darle sus respetos. A decir verdad, es necesario vigilarla con cuidado y visitarla pronto después del funeral cuando la fachada serena se desmorone y deba enfrentarse a la realidad de lo sucedido.

Si hemos de atravesar el dolor y el sufrimiento que proviene de una terrible tragedia, es necesario que pasemos del mecanismo de escape temporario de shock a la realidad. Granger Westberg se adhiere a la idea de que, tan pronto como sea posible, deberíamos ayudar a esas personas que se enfrentan a una gran pérdida al permitirles que hagan tanto por ellos mismos como les sea posible. Es necesario que los ayudemos a «seguir adelante con su trabajo de duelo». En ocasiones los parientes y amigos bien intencionados intentan hacer todo por la viuda o los padres sobrevivientes. Por supuesto que hay cosas que podemos y debemos hacer, pero cuanto antes permitamos que una persona tenga que lidiar con los problemas inmediatos y vuelva a tomar algunas decisiones, mejor estará esa persona».[6]

Muchas de las etapas adicionales de duelo en el bosquejo de Westberg se agrupan bajo la etapa que llamo SUFRIMIENTO. Es aquí donde verdaderamente inicia nuestro «trabajo de duelo», porque el duelo en realidad es trabajo intenso. Cuando la muerte se lleva a nuestro ser querido, es necesario que expresemos las fuertes emociones que surgen dentro nuestro. Encerrar nuestro dolor es lo peor que podemos hacer. El hecho de que tengamos apariencia «serena» durante el funeral no necesariamente es una señal de que todo anda bien. Es posible que pasemos por un período transitorio de «serenidad», pero luego comprendamos cuán espantosa es nuestra pérdida y sintamos un deseo incontrolable de «largarlo todo». De acuerdo con los expertos, nada causa más estrés que la pérdida de un ser querido, en particular un cónyuge o un hijo. Llorar con ganas tiene mucho sentido porque, además de servir como válvula de escape para el diluvio emocional, ¡verdaderamente elimina los elementos químicos perjudiciales que se acumulan en el cuerpo debido al tremendo estrés!

Por lo general, a los hombres les es más difícil demostrar el dolor que a las mujeres, porque se les enseña desde la niñez que «los muchachos mayores (y por cierto los hombres) no lloran». Culturalmente están condicionados a ser «invulnerables», así que se cierran a sentimientos tales como: dolor, desilusión, tristeza y temor. Cuando los hombres se enfrentan al dolor, es posible que exploten en un ataque de furia, corran alejándose de sus sentimientos, o simplemente los encierren en su interior.

En un estudio acerca de hombres y mujeres separados y divorciados, los investigadores hallaron que los hombres reaccionan ante el dolor emocional de las siguientes maneras: «niegan su existencia, se dedican a la bebida, se meten de lleno en su trabajo o salen con mujeres, adoptan prácticas de riesgo tales como paracaidismo, se descontrolan por completo y en ocasiones de modo criminal, o desarrollan enfermedades relacionadas con el estrés tales como: úlceras, colitis y vómitos frecuentes».[7]

Las mujeres, en cambio, lloran con mayor facilidad y como regla general son menos vulnerables a las enfermedades producidas por el estrés como las úlceras y los males cardíacos. En otros libros he hablado acerca de mi técnica de derramamiento de lágrimas: Recostarme cruzando una almohada, boca abajo, quita las restricciones del pecho y de la garganta para poder así llorar con ganas y dejar que salga el veneno del dolor.

Pero a pesar de que las lágrimas alivian mucho, no te garantizan que serás inmune a otra etapa común del sufrimiento: la depresión. No lo fui yo, y sé lo que se siente cuando Dios parece inalcanzable e indiferente. Cuando golpea la tragedia, tenemos la convicción de que nadie se ha enfrentado jamás al mismo tipo de dolor con el que nos enfrentamos. Nadie podría tener la capacidad de comprender. Estos son algunos de los sentimientos que analizo en el capítulo 6; sé cuán devastadora puede ser la depresión.

También son típicos los síntomas físicos de la angustia durante los períodos de duelo. Nos parece estar enfermos o sentimos que tenemos un «dolor» en alguna parte, pero es más sicosomático que real. Esta sensación de estar enfermo o de sufrir dolor significa que no hemos superado algunos de los problemas reales relacionados con nuestra pérdida. A no ser que podamos enfrentar esos problemas emocionales es posible que sigamos enfermos e ir al doctor en busca de recetas médicas, inyecciones u otra terapia no será de gran ayuda.

Estas son sólo unas pocas de las etapas del duelo y del sufrimiento que podemos llegar a atravesar cuando nos enfrentemos a la muerte repentina e inesperada de un ser querido. En lo que resta de este capítulo comentaré algunas cartas de personas que han lidiado con este tipo de pérdida. Las he agrupado intentando referirme a algunas de las preguntas más importantes que con seguridad surgirán ante la eventualidad de recibir noticias como las que siguen: «Tu hijo acaba de morir en un accidente automovilístico», o «El cuerpo de tu esposo apareció colgado en el garaje... parece ser un suicidio».

La muerte más difícil de aceptar

Tal vez la situación más difícil sea cuando un ser querido se quita la vida. Agregado al estado de shock que sienten aquellos que deja atrás, están sus preguntas... y a menudo su sentido de culpa. ¿Por qué? ¿Fue por culpa mía? ¿Debía haberme dado cuenta de lo que se aproximaba? ¿Podría haber ayudado de algún modo? ¿Dónde se encuentra ahora este ser querido? Una madre escribió:

> Mi hijo se suicidó en octubre y sé que creía que Jesucristo era el Hijo de Dios. Y creo que está con el Señor, pero siempre hay una sombra de una duda que quiere filtrarse... Tú sabes que Tim y Steven están con nuestro Padre celestial. Si tan solo estuviese ciento por ciento segura...

Esta mamá desea creer que su hijo está con el Señor, pero no puede estar ciento por ciento segura porque una pequeñísima duda se filtra constantemente. Dicho de manera directa, su pregunta es la siguiente:

¿Pierde su salvación un cristiano que se suicida?

Esta pregunta se presenta de muchas maneras. Estoy escribiendo este capítulo a principios de la primavera y desde la Navidad he recibido cartas de más de quince familias que han pasado por el suicidio de un ser querido. Andan en busca de respuestas, consuelo y, por sobre todas las cosas, seguridad de que su ser querido está «bien». ¿Perdonará Dios aun algo como ESTO?

Después de todo, la Biblia nos dice que nuestros cuerpos son templo de Dios y que su Espíritu mora en nosotros. Leemos las palabras que nos advierten que Dios destruirá a cualquiera que destruyere su templo (véase 1 Corintios 3.16,17). Y también en el asunto del suicidio está el problema de tomar en mano propia algo que sólo es prerrogativa de Dios. Moisés cita lo dicho por Dios: «Yo hago morir, y yo hago vivir» (Deuteronomio 32.39). Y también encontramos el recordatorio conocido expresado por el salmista: «En tu mano están mis tiempos» (Salmo 31.15). Podrían citarse otros versículos de las Escrituras que parecen decir que es posible perder tu salvación. (Véase por ejemplo: 1 Corintios 10.12 o Hebreos 6.4-6.)

Del otro lado del argumento, se pueden citar las palabras de Jesús que están en Juan 10.27-30 (NVI):

> Mis ovejas escuchan mi voz; yo las conozco y ellas me

siguen. Yo les doy vida eterna, y nunca perecerán; nadie puede arrebatármelas de la mano. Mi Padre, que me las ha dado, es superior a todos; nadie puede arrebatarlas de la mano de mi Padre. Yo y el Padre somos uno.

No soy teóloga, así que puedo escapar de los debates acerca de la seguridad eterna. Los eruditos han discutido sobre ese asunto durante cientos de años y ni siquiera se han aproximado a un acuerdo unánime.

Pero al hablar con los sobrevivientes dolidos de un suicidio, prefiero creer que ni aun el suicidio niega la salvación de una persona. La salvación es un asunto muy personal y entran en juego muchos factores. Paul R. Van Gorder, un maestro del programa «Radio Bible Class» [Clase bíblica radial] que se origina en Grand Rapids, Michigan, dice esto acerca del suicidio y de la posible pérdida de la salvación:

> No, un cristiano que es un suicida no pierde su salvación... Debemos recordar que la salvación depende enteramente de la gracia de Dios. Ninguna cantidad de esfuerzo humano ni de valor propio puede redimirnos. Una vez que la recibimos como regalo, no nos enfrentamos al peligro de perderla por causa de algún pecado inconfeso... Si ese fuera el caso, parecería lógico suponer que nadie llegaría al cielo. Todos hemos cometido pecados de los que nos hemos olvidado o que jamás confesamos[...]
>
> No sabemos lo que ocurre en la mente humana que provoca que una persona se quite su vida. Pero esto sí sabemos: si esa persona era genuinamente salva, «nunca perecerá». Aunque logre cumplir con su intento de suicidio, seguirá siendo suyo el regalo de vida eterna.[8]

Después que se incluyeron los pensamientos del Sr. Van Gorder en un número de la carta circular *Línea de amor* una querida mujer llamó por teléfono y dijo: «¿Sabes que acabas de matar un montón de personas en tu circular porque dijiste que estaba bien cometer suicidio?»

Por supuesto que le dije que no era mi intención hacer tal cosa y que sólo intentaba consolar a las personas que quedaban lidiando con la pregunta del porqué. Por el conocimiento que tengo de los suicidas, diría que ellos no arriban a su decisión basándose en que Dios los perdonará. Están demasiado desesperados para reflexionar sobre eso con profundidad.

Sé de esa desesperación porque llegué a estar peligrosamente cerca de ese mismo estado mental. Cuando se volvió insoportable mi depresión por causa de la homosexualidad de mi hijo Larry (véase capítulo 6), conduje mi automóvil hasta la parte superior de un viaducto donde tenía la intención de desbarrancarme y acabar con todo. Pero aún pensaba con la claridad necesaria como para que dos cosas me detuvieran:

En primer lugar, la instrucción que recibí durante mi etapa de crecimiento generó dudas en mi mente con respecto a mi seguridad eterna si me mataba. Se me había enseñado que no puedes presentarte ante el trono de Dios SIN INVITACIÓN.

En segundo lugar, temía que en el intento no me matara, que sólo me dejara incapacitada y luego tendría que dedicarme a la fabricación de canastas por el resto de mi vida en un asilo para desorientados.

Optar por el suicidio siempre es una mala decisión. Es como irse de la ópera durante la obertura sólo porque al director se le cayó la batuta. El suicidio es una solución definitiva a un problema pasajero. El único problema es que los suicidas no ven que su miseria sea temporaria. Para ellos su problema es abrumador y creen que el suicidio es la única manera de ponerle fin al dolor.

Pero, ¿qué pasa con nuestra pregunta original? ¿Envía Dios al infierno a todos los suicidas? O, dicho de otra manera, ¿van al cielo todos los suicidas? Como dije antes, sólo Dios sabe.

La carta de una madre comenzaba de la siguiente manera:

> Aquí va otra carta difícil, pero sentí que a lo mejor querías enterarte. Mi hijo se quitó la vida la semana pasada. Aún mantenía una relación homosexual, pero experimentaba dificultades por su causa. En este momento no tengo paz, por no saber si se arrepintió antes de morir y por no saber dónde se encuentra ahora. Excepto por esta área de su vida, era un hijo muy bueno y amoroso. Me resulta difícil creer que, en vista a todas las promesas de la Biblia y

todas las oraciones a favor de mi hijo, un Padre de amor
no escucharía y respondería...

No se le puede decir a esta querida madre, quien está
sufriendo por semejante pérdida, que si hubiese orado más o
que si sólo hubiese confiado más en Dios, sus oraciones habrían sido contestadas. No se le puede decir con tanta ligereza
que puede mover esta montaña en su vida «si sólo tiene la fe
suficiente».

Lo que SÍ puedes decirle es que no existen respuestas fáciles
para explicar el modo de obrar de Dios en nuestra vida.
Muchas cosas deben dejarse por completo y únicamente en
Sus manos. Quizás esta sea otra de esas cosas secretas que
nunca nos revelarán (véase Deuteronomio 29.29).

Muchísimos padres nos escriben contándonos historias que
no tienen finales felices... su hijo se ha quitado la vida ¡y se
acabó, es definitivo! En otros casos el dolor se repite tortuosa-
mente. Una madre escribió:

> Mi madre se suicidó cuando yo tenía cuatro años. Un
> tío, con el que vivía se suicidó cuando yo tenía once años.
> Mi hijo, a la edad de veintitrés, siguió con la tradición fa-
> miliar suicidándose también.

En otro caso trágico, una madre llamó para decir que unos
pocos días antes su hijo adolescente les había comunicado que
era homosexual. Su padre le había ordenado que se fuera de
la casa y al día siguiente lo encontraron colgado en el garaje.

También me escriben muchos padres cuyos hijos están lejos
de casa, muriéndose de SIDA. No saben cómo ayudar, qué
decir, ni qué hacer. Esto sucede cada vez con mayor frecuencia
al incrementarse la epidemia mundial del SIDA. Nos referiremos a algunas de estas preocupaciones cuando enfoquemos la
homosexualidad y el SIDA en los capítulos 4 y 5.

Para los padres que sufren por causa de la muerte de sus
hijos mediante suicidio u otras formas violentas, debemos
aferrarnos a la promesa de que Dios ama a nuestros hijos y ha
provisto un sacrificio de amor por ellos. SU SANGRE ES UNA
COBERTURA PARA NUESTROS HIJOS... y lo principal es
que cuando se los entregas a ÉL completamente, Dios está al

mando y tiene completo control. Nuestro amoroso Padre los ama más que nosotros.

Recuerda que todos los que se quitan la vida van a encontrarse con un justo y amoroso Dios. Tu ser querido está en sus manos. Ninguno de nosotros vive totalmente libre de pecado. Todos cometemos algunos errores muy malos, pero aun así me agrada el proverbio alemán que dice:

LOS QUE VIVEN EN EL SEÑOR
NUNCA SE VEN POR ÚLTIMA VEZ.[9]

Ante el suicidio o cualquier otra tragedia inexplicable, quiero asirme al consuelo contenido en esa promesa. Pero para hacerlo PLENAMENTE no puede haber resentimientos, no puede quedar ningún asunto inconcluso, no puede haber falta de perdón cuando se necesita de él.

El suicidio se debe perdonar

Los que quedan después de un suicidio quizás sientan enojo hacia el que ha cometido este acto en contra de sí mismos... y también de ellos. Al menos temporalmente, sienten resentimiento contra el ser amado que ha muerto por su propia mano. A veces, también se sienten listos para morir. Al considerar esto, es posible que piensen:

Si yo muero también, te perdonaré.
Si vivo, ¡lo pensaré!

Existe mucha verdad en ese pequeño dicho. La pregunta que a menudo nos hacemos es:

¿Cómo puedo perdonar al que se suicida?

Una querida madre me escribió para contarme acerca de los cientos de personas que asistieron al funeral de su hijo que se había suicidado. Muchos eran sus amigos adolescentes a los cuales el pastor de los jóvenes desafió para que reflexionaran respecto a su propósito en la vida. Esta mamá extraña mucho a su hijo porque había sido muy divertido... la vida con él nunca había sido aburrida. Había ganado premios por sus trabajos artísticos y también era un músico excelente.

Quizás lo que más le viene a la memoria (escenas que están grabadas en su mente) son los recuerdos de cuando su hijo era pequeñito y tenía una dulce sonrisa y una cierta forma de ladear la cabeza y observar cosas que sólo una madre podría verdaderamente apreciar. Pero esta misma mamá también reconoció muchos sentimientos ambivalentes:

En enero, mi mundo quedó patas arriba y comenzó a girar sin control cuando me dijeron que mi hermoso y talentoso hijo se había suicidado (un mes antes de cumplir los dieciséis años). Recuerdo haber dicho vez tras vez: NO, esto no puede ser, dentro de dos horas iba a buscarlo a la escuela. Estaba tan atontada que no sentía nada. Cuando pude sentir, sólo me venía culpa, enojo y soledad, porque nadie sabía el dolor que sentía.

No podía encontrar a nadie hacia quien volcar mi enojo, así que me enojé conmigo misma y con Dios. Hubo momentos en los que sentía enojo hacia mi hijo. Tenía tanto por qué vivir, ¿cómo pudo hacer esto? Pero cuando me enojaba contra él, también sentía culpa. Nunca podía permanecer enojada con él cuando estaba con vida. Sabía exactamente qué hacer con la querida mamá para que nunca permaneciera enojada por un tiempo prolongado.

Lo extraño y aún me sucede que me pregunto por qué, pero agradezco a Dios el haberme permitido ser su madre durante quince años. Sé que no fui una mala madre, sólo que Dios podía cuidar mejor de él. Mi hijo tal vez haya obtenido las respuestas, pero no creo que tengan importancia cuando lo vuelva a ver.

Perdonamos a un ser amado por suicidarse del mismo modo que perdonamos a cualquiera por hacernos mal. Esta mamá solucionó el problema del perdón con su corazón de madre. No podía permanecer en actitud de enojo hacia su hijo por mucho tiempo, aun después de haberla golpeado de manera tan terrible. Aún lo amaba tanto, incondicionalmente, que pudo alcanzar paz mental.

Las mamás siempre sienten la mayor culpa

La misma madre mencionada anteriormente en este capítulo, que quedó con una sombra de duda acerca de la salvación de su hijo, también reconoció que lucha con el sentido de culpa:

> Mi hijo era un alcohólico y se había sometido a tratamiento dos veces. Siempre me resulta difícil hablar sobre este tema. Asisto a otro grupo que se llama «Sobrevivientes de suicidio». En esas reuniones, en muchos casos se llega gradualmente a saber que el ser amado era adicto a las drogas y/o al alcohol. Pienso que esto hace que la muerte sea aún más dura, ya que nuestra relación antes de su muerte por lo general no era muy buena. Aparte de la culpa que casi siempre se siente ante la muerte, y en especial el suicidio, los que quedamos sentimos más culpa por no poder controlar el uso de alcohol y drogas. En especial cuando eres una madre. Como dices: Se supone que Dios y las madres pueden arreglarlo todo.

¿Quién es más susceptible a sentir culpa que una madre? Una mamá siente que tendría que haber arreglado las cosas o haber dicho o hecho algo que pudiera haber producido una diferencia. La madre antes citada se siente culpable por no haber podido controlar el uso del alcohol y las drogas de su hijo.

Hay una cosa que nosotras, las madres, debemos comprender, y es que no podemos controlar todas las cosas... en particular a nuestros hijos cuando quieren usar drogas o alcohol. Esas son decisiones que ellos toman y nosotros los padres no somos los culpables.

En *Ante la pérdida de un ser querido*, Granger Westberg dice que una etapa de nuestro duelo es sentir culpa por nuestra pérdida. No se refiere a la culpa normal, la cual a menudo sienten las personas cuando violan las normas y valores que conocen como correctos. A lo que hace referencia Westberg es a la «culpa neurótica» que se siente sin que haya razón o que queda fuera por completo de toda proporción al compararse con la responsabilidad que puedas tener.

A menudo nos sobreviene la culpa neurótica cuando reflexionamos acerca de lo que debimos haber dicho o hecho al que ha muerto. Hay padres que escriben acerca de que fallaron por no hablarle a los hijos la noche antes de su muerte en un accidente. Quizás hubo una discusión y no se hablaban. Tal vez el hijo llegó tarde después de una salida y los padres ya se habían ido a la cama.

Otros padres me dicen que se sienten culpables por los pensamientos que albergaron antes de que le arrebataran a su hijo repentinamente. En ocasiones no fueron pensamientos buenos y saben que el Señor no se complace en ellos. Saben que «deberían sentirse culpables» por esos pensamientos... de modo que así lo sienten.

También es de ayuda comprender que todos, hasta cierto grado, tienen sentimientos neuróticos. A mí me tocó también cuando murieron Steven y Tim, pero en cada caso la culpa me sobrevino por distintos motivos.

Luego de que Steve muriera en Vietnam, pensaba a cada rato: *Si al menos no hubiera firmado esos papeles que le permitieron alistarse en la Marina dos meses antes de cumplir los dieciocho años.* Sí, podía discutir conmigo misma destacando que dos meses después él podría haber entrado por su cuenta y que lo único que quise evitar fue que anduviera protestando por la casa porque no le permitimos que se uniera a la Marina con sus amigos.

Y después, por supuesto, podría discutir en el sentido contrario diciéndome que si lo hubiera hecho esperar esos dos meses hasta cumplir los dieciocho, tal vez no habría estado presente en ese sitio en particular ni habría sido atrapado en esa emboscada en particular. La culpa neurótica genera mucho remordimiento, muchos «si al menos», y lo único que podemos hacer es mirar hacia atrás y decir que en ese momento hicimos lo que nos pareció mejor.

En el caso de Tim mis recuerdos regresaban a esa última llamada telefónica. Parte de nuestra conversación giró en torno a mi oferta de pagar para que su auto fuese fletado desde el Yukón en lugar de que condujera por la carretera de Alaska y que pasara cinco días en el viaje. Quizás le hice la proposición porque tuve algún tipo de premonición materna de desastre, pero Tim sólo se rió y dijo: «Mamá, aquí no hay sitio desde el cual fletar autos. ¡Esto es el Yukón!»

Una semana después de esa llamada telefónica tuve que presentarme en la misma funeraria donde había identificado el cuerpo de nuestro hijo, Steve, EXACTAMENTE cinco años antes. El gobierno envió a Steven a casa en un féretro herméticamente cerrado. Esta vez fui hasta la misma habitación de observación para identificar a mi hijo, Tim, cuyo cuerpo lo envió a casa el gobierno canadiense en una caja de pino. Al observar lo que quedaba de Tim, repasé mentalmente todos los «si al menos». Si al menos hubiera INSISTIDO en que alquilara el auto y regresara en avión. Si al menos hubiera sido más firme acerca del asunto. Si al menos le hubiera hecho cambiar de idea en relación a ese largo viaje a casa.

Pero luego debí volver a la realidad y aceptar algunos hechos. Tim tenía veintitrés años cuando murió, edad suficiente para saber cómo alquilar un auto si así lo hubiera querido. La verdad es que Tim había deseado la aventura de volver a casa conduciendo su automóvil. Cuando hallaron su cámara fotográfica, hicimos revelar el rollo de película y su última foto fue a orillas del Río Yukón. Él había deseado hacer ese viaje.

Uno de los motivos por el que resulta tan difícil despejar los sentimientos de culpa es porque a menudo la culpa verdadera y la culpa neurótica se entretejen. Quizás sí hayamos dicho cosas indebidas. Tal vez sí pensamos cosas que no debimos pensar. ¿No se trata eso de pecado ante los ojos de Dios? Sí, pero se pueden confesar y perdonar, al igual que otros pecados. El punto es que andar cargando un peso de culpa después que un ser querido se haya ido es energía desperdiciada.

Es necesario que liberemos a los seres queridos que nos quitan y a la misma vez debemos quedar exentos de nuestra culpa. Debemos confiárselos a Dios porque, por muchas conjeturas que hagamos acerca de lo que pudimos haber hecho, hicimos en ese momento todo lo que nos fue posible, y lo que se hizo (o se dejó de hacer) es un asunto acabado... terminado. Si sentimos que de algún modo hemos actuado mal con el que murió, lo confesamos, aceptamos el perdón purificador de Dios y seguimos hacia adelante. Esto no significa que demos fin a nuestro duelo, pero sí nos libera para dedicarnos a áreas que necesitan de nuestra atención.

Cargar siempre con un peso de culpa luego de perder a alguien amado a manos de la muerte es limitar el poder perdonador de Dios cuando, de hecho, el perdón de Dios es ilimitado. Debemos asirnos a esta verdad y aferrarnos a ella. Después de todo, cuando Jesús le dijo a Pedro que debía perdonar «setenta veces siete» (Mateo 18.22), lo que decía en realidad era que debíamos perdonar indefinidamente. Si Dios nos enseña esta norma, es seguro que Él también la aplica.

El temor y la duda a menudo preguntan: «¿Por qué?»

Comúnmente al temor y a la duda los confunden con sentimientos de culpa después de la muerte de un ser querido. Quizás la primera pregunta que formulan muchos cuando la muerte derriba a un ser querido es:

¿POR QUÉ permitió Dios que sucediera esto?

Una madre me escribió contándome acerca de la pérdida de su hijo maníaco depresivo de treinta y dos años, el cual se había suicidado. Le sobrevivieron una esposa y dos hijos que indudablemente se hacían muchas preguntas que comenzaban con: «¿Por qué?» Su carta decía más adelante:

Me siento fracasada, sin embargo sé que hice lo mejor que pude. Cómo me gustaría conversar contigo. Tienes una actitud tan buena. Sigo orando e intentando poner a mis hijos en Sus manos, pero cuando mi hijo se suicidó, verdaderamente sentí miedo de Dios.

¿Por qué permitió que sucediera esto? Todos amábamos tanto a Mark y sus hijos lo extrañan mucho.

En realidad, lo único que desea saber esta madre es: «¿Por qué existe la maldad en el mundo?» En realidad no lo sé, pero Dios sí. Lo que sí sé es que cuando Adán y Eva comieron ese pedazo de fruta en el huerto, eso repercutió grandemente en

Estoy completamente dispuesta a llegar a un acuerdo... pero Dios quiere que todo se haga a su manera.

nosotros. Vivimos en un mundo pecaminoso y quebrantado donde NADA ES IDEAL. No existen garantías de que las personas no vayan a emborracharse, pasarse de la raya central divisoria y matar a nuestros seres queridos.

Sí, es verdad que Dios podría intervenir. Podría extender su mano desde el cielo y virar el volante, podría hacer que las balas yerren al blanco y podría impedir el suicidio de muchas maneras. No sólo podría hacer estas cosas, sino que en algunos casos las ha hecho. La pregunta que resulta tan difícil de aceptar es: «¿Por qué Dios parece intervenir en un caso pero en otro no? No conocemos la respuesta a esa pregunta. Sólo podemos confiar que Dios sabe lo que es mejor y lo que está en su voluntad permisiva (no necesariamente su voluntad directiva ni intencional), lo que pasó, pasó. Junto con Job, lo único que podemos decir es: «He aquí, aunque Él me matare, en Él esperaré» (Job 13.15).

El enojo siempre forma parte del duelo

Cuando la muerte se lleva a alguien a quien amamos, es seguro que tarde o temprano sentiremos enojo. En *Ante la pérdida de un ser querido*, Granger Westberg señala que este enojo a menudo incluye hostilidad y resentimiento. Admite que esto en realidad no suena a «duelo bueno», porque el resentimiento y la hostilidad son emociones malsanas y pueden causar un daño tremendo si permitimos que tomen control de nuestros pensamientos.

Al mismo tiempo he hablado con muchos cristianos que están enojados debido a la muerte de un ser querido, pero no pueden admitirlo. Se les ha enseñado que el enojo es pecado y en lugar de reconocerlo hablan de que están «dolidos», en «shock» y «devastados». Sin embargo, en realidad están muy enojados y quisieran poder lanzar golpes hacia todas partes. Cuando te encuentras en la etapa del resentimiento/hostilidad, sientes enojo contra todo el mundo.

... Sientes enojo hacia el ser querido que se ha suicidado. Según lo expresó una viuda que me escribió: «Mi esposo tuvo el atrevimiento de ahorcarse en Nochebuena».

... Sientes enojo hacia los doctores que o no hicieron lo suficiente para salvar a tu ser querido o intentaron ayudar pero tu ser querido murió de todas maneras.

... Sientes enojo contra el conductor que provocó el choque automovilístico en el que tu ser querido murió, o hacia el policía por permitir que conductores como este anden sueltos por ahí.

Cuando Tim murió, nos enteramos que su pequeño Volkswagen había quedado aplastado hasta convertirlo en pedacitos por un camión de tres toneladas que lo conducía un joven ebrio de dieciséis años. Durante los primeros días que siguieron al accidente, sentía una intensa IRA debido a que algún ebrio pudiera pasarse de la línea divisoria central y mandar a dos jóvenes a la eternidad. Sí, sabía que a pesar de que sus cuerpos aplastados habían quedado dentro de ese Volkswagen, sus espíritus habían sido llevados de inmediato ante la presencia de Dios, SIN EMBARGO, el enojo hervía en mi interior. ¡Cuánta INJUSTICIA! ¡Cuánto DAÑO! El enojo crecía dentro de mí y entraba en ebullición una y otra vez como un volcán que repetidamente entraba en erupción esparciendo nubes de ceniza y ríos de lava fundida.

Gran parte de mi enojo estaba dirigido directamente hacia Dios. Al menos durante dos semanas iba en auto de noche hasta un basural cercano a mi casa donde podía llorar y a veces gritar expresando mi furia. ¿Cómo podía Dios hacernos esto NUEVAMENTE? ¿No habíamos sufrido ya lo suficiente con el accidente de Bill y la muerte de Steve en Vietnam? ¡Y AHORA ESTO! Ya tenía un depósito en el cielo; no NECESITABA otro. Claro, me quedaban dos hijos, ¡pero yo quería ESTE! ¿Cómo podía Dios ser tan injusto haciéndonos soportar otra pérdida como esta?

Afortunadamente, Dios no se enfada cuando nos enojamos con Él. En lugar de eso, obra en silencio con el fin de lograr que se cumpla su voluntad y cualquier cosa que a la larga sea para su gloria. La noche del accidente los padres de Ron, el joven que murió con Tim en el choque, vinieron a nuestra casa para enterarse de lo sucedido y antes de irse hicieron profesión de fe en Cristo.

Aproximadamente un día después, la fotografía de Tim apareció en el periódico local con un titular que decía: «DOS JÓVENES DE LA LOCALIDAD MUERTOS EN LA CARRETERA DE ALASKA». En poco tiempo, varias muchachas universitarias empezaron a venir hasta nuestra casa para mostrarme con cariño las cartas que Tim les había escrito el día antes de iniciar el regreso a casa. (¡Supongo que Tim no era tan conservador como me había parecido!) Las cartas de Tim contaban a las muchachas acerca de sus experiencias ese verano y de cómo Dios se había hecho realidad en él. Estaban ansiosas por saber más acerca de este Dios que podía entusiasmar a Tim de esa manera y por lo menos dos de ellas aceptaron a Cristo allí mismo en nuestro hogar.

Fue así que comencé a ver a través de mi dolor y mi pena y a darme cuenta de que la muerte de mi hijo y de su amigo podría marcar el fin de sus vidas sobre la tierra, pero era sólo el inicio de su obra aquí. La semana siguiente realizamos un servicio recordatorio al que asistieron casi mil personas, y más tarde escuchamos aun más informes acerca de cómo otros que asistieron al servicio habían aceptado al Salvador. Muchas personas más recibieron salvación cuando aparecieron artículos acerca de los muchachos en varias revistas con titulares como: «Su muerte sólo fue el principio», y mediante el relato de su historia en un segmento especial del programa radial: «The Unshackled» [Los liberados].

A pesar de que mi duelo aún era muy real, comencé a comprender que, en la administración de Dios, el momento de la muerte de mi hijo fue el justo. Mi enojo se disolvió al ver cómo otros aceptaban a Cristo debido al testimonio de Tim. Verás, el enojo no puede morar juntamente con el gozo. El gozo de ver que otros se acercaban al Señor por causa de la muerte de Tim colaboró para APLASTAR ese enojo y permitir que una medida de GOZO lo reemplazara.

El viaje a Whitehorse no fue fácil

Aproximadamente un mes después del servicio que se llevó a cabo en memoria de Tim, Bill y yo viajamos al pueblo de Whitehorse en el territorio del Yukón para arreglar una reclamación del seguro concerniente al accidente y también para buscar los efectos personales de Tim. Cuando llegamos al sitio donde ocurrió el accidente, del lado de la ruta que llevaba dirección sur aún era visible el derrame de aceite del pequeño Volkswagen de Tim.

Pensé en el entrenamiento que había realizado Tim en el departamento del sheriff y en la Academia de Policía de Los Ángeles, recordé que había conducido vehículos policiales y aprendido de todo en cuanto a la aplicación de la ley y al tránsito. Sin embargo aquí, en un tramo despejado de la solitaria carretera de Alaska a la salida de Whitehorse, todo ese entrenamiento no le fue de ayuda cuando un camión de tres toneladas se había pasado de la raya central acabando con su vida.

Me pregunté cuál sería el último pensamiento de Tim. ¿Había sufrido? ¿Había pedido ayuda? Hablamos con la policía montada y nos aseguraron que la muerte de Tim fue instantánea, lo cual al menos da cierto alivio. Era de ayuda saber que Tim había ido inmediatamente a la presencia de Dios sin tener tiempo para sufrir después que el camión lo aplastara.

Para reclamar los efectos personales de Tim, debimos ir con el oficial de la Real Policía Montada de Canadá hasta un área donde se mantenían en custodia los vehículos hasta que se arribase a una decisión final del caso. Luego que el camión embistiera, el pequeño Volkswagen era una masa de metal comprimido. Una cinta amarilla puesta como barrera ondeaba alrededor del auto mientras un feroz perro permanecía de guardia (para proteger la evidencia, nos dijo el oficial). Él nos ayudó a pasar más allá del perro y por debajo de la barrera de cinta. Luego metí mi mano hasta lo que quedaba del asiento posterior para extraer sus artículos de acampar y su Biblia. Podía ver la sangre salpicada sobre los asientos del auto y las ventanas, y en lo único que podía pensar era en lo agradecida que me sentía por el hecho de que la muerte de Tim hubiera sido tan RÁPIDA y que no hubiera sufrido.

Un tiempo después hice ampliar una foto del Volkswagen aplastado y la pegué al reverso de una foto grande de un Tim feliz y sonriente. A menudo, cuando salgo a contar mi historia, utilizo estas fotos para demostrar a mi audiencia lo que es la REALIDAD. Las muestro como recordatorio a la velocidad en que pueden cambiar para siempre la vida debido a la muerte repentina de un ser querido en un sitio alejado como un arrozal en Vietnam o un pequeño Volkswagen aplastado en una solitaria carretera del Yukón.

Bill y yo debimos permanecer en Whitehorse durante unos pocos días más para esperar el tren que nos llevaría de regreso a Skagway, donde finalmente tomaríamos un barco que nos transportaría de vuelta a los Estados Unidos. Whitehorse es una pequeña comunidad y recibimos un trato muy amable de sus habitantes; todos sabían del trágico accidente. El adolescente que había conducido el camión que había matado a Tim y Ron estaba en la cárcel local. Había estado tan intoxicado que pasaron dos días antes de que se enterara de lo que había hecho.

Pero... ¿qué sucedería con los padres del muchacho? El

accidente no era culpa de ELLOS. Los localizamos y les preguntamos si podrían venir a nuestro hotel. Deseábamos contarles de nuestros sentimientos acerca del amor redentor de Dios para todos nosotros, sin importar cuáles fueran nuestras decisiones. Los padres del muchacho vinieron y eran personas encantadoras, pero acongojadas por lo que había hecho su hijo. En realidad, creo que los abrumaba el hecho de que quisiésemos hablar con ellos siquiera. Al principio estaban silenciosos y reservados; luego les hicimos escuchar una grabación del servicio efectuado en memoria de Tim y les mostramos las cartas que habíamos recibido acerca de cómo Dios había usado la historia de Tim. Al hablar, vimos como la reserva se disolvía dando lugar a su receptividad, y pudimos amarlos sinceramente y sentir que establecíamos con ellos un contacto.

Nuestro hijo estaba muerto y ahora su hijo se encontraba en la cárcel, enfrentándose a las consecuencias de lo que había hecho. ¿QUIÉN SUFRÍA MÁS? ¿Es posible medir tal dolor? Un corazón destruido es un corazón destruido, ya sea que lo cause la muerte en un choque sumido en llamas o un hijo que deberá pasar el resto de su vida sabiendo que sus malas decisiones causaron la muerte de dos jóvenes. Mi corazón sufría de compasión por esos padres. Es más, al llenarnos Dios de compasión por ellos, quedó eliminado cualquier enojo que aún pudiéramos albergar hacia su hijo. De algún modo, supimos que Dios seguía estando en control de todo y ya no tenía tanta importancia el permanecer irritados debido al porqué de todo el asunto.

Viajar a Whitehorse no fue fácil, pero conocer a esos padres dolidos y permitir que Dios fluyera hacia ellos a través de nosotros en su hora de tenebroso sufrimiento, hizo que todo valiera la pena.

¿Dura para siempre el dolor?

Una de las preguntas que me hacen con más frecuencia la expresan de muchas maneras diferentes, pero esencialmente lo que la gente desea saber es:

¿Cuánto tiempo durará mi dolor y sufrimiento?

Me escribió una madre que había adquirido *Ponte una flor en el pelo y sé feliz* con el fin de leerlo estrictamente por placer e inspiración. No sufría de ningún dolor ni tragedia en su vida cuando lo compró. Pero eso se modificó unos pocos meses después:

Mi hija de diecinueve años murió en un accidente automovilístico. Como la policía no pudo encontrar ningún tipo de identificación positiva, mi esposo y yo, al igual que tú, nos vimos forzados a mirar a nuestra hija y decir: «Sí, es nuestra hija». De modo que con toda sinceridad puedo decir que sé cómo te sientes.

Estoy leyendo tu libro otra vez, pero por un motivo diferente. Sé que Terri está en un sitio mejor. Sé que está libre de dolor y sufrimiento y sé que Dios nos acompañará durante este tiempo, pero, ¿cuánto tiempo pasará antes de que mengüe el dolor que siento en mi corazón?, o, como dice su hermano (él tiene veinte años): «¿Cuánto tiempo pasará antes de que se me vaya la sensación de vacío del estómago?»

Es cierto que no pido respuestas. Sólo me hace sentir mejor decirle esto a alguien que en realidad sabe cómo me siento.

Otra madre escribió diciendo que la lectura de *Ponte una flor* le hizo llorar y reír al mismo tiempo. Había perdido a un hijo de aproximadamente treinta años en un accidente automovilístico, y había estado intentando reestructurar su vida. Pero le había resultado «muy difícil», decía ella.

Comprendo esas preguntas que se refieren a «¿cuánto tiempo?». ¿Cuánto tiempo permanece en el estómago esa sensación de vacío? ¿Cuánto tiempo permanece el vacío después de que un hijo brillante, feliz y amoroso lo derriba una enfermedad en un abrir y cerrar de ojos? La única respuesta que tengo es que para cada uno de nosotros:

EL DOLOR DURA EL TIEMPO QUE SEA NECESARIO.

Todos somos diferentes y todos sufrimos según nuestra medida individual.

Este último año ha sido de gran pérdida para mi amiga Delores, cuyo hijo murió de SIDA. Hace poco, al cumplirse el aniversario de su muerte, se colocaron flores en la plataforma de la iglesia en memoria de Brent y como tributo a él. Luego de pasar doce meses de duelo, esas flores y el tributo que el pastor leyó, representaron un cierre al asunto para Delores. Un día después del culto me llamó y dijo que ya había penado lo suficiente; de algún modo el haber superado la barrera del año era lo que le hacía falta. Ahora se pondría a limpiar el cuarto de su hijo y se desharía de cosas que antes le resultaban difíciles de soltar.

Quizás hayan personas que puedan cerrar el asunto unos pocos meses después del fallecimiento del ser querido. Algunos necesitan un año y a otros les lleva más. Para Delores, las flores en la plataforma y el tributo del pastor representaron el punto de cambio; sintió que había llegado el tiempo de guardar su dolor y seguir adelante con su vida. Ya no podría mantener la habitación de su hijo como relicario para guardar sus colecciones y otros efectos personales. Decidió limpiarla, pintar las paredes, colocar una nueva alfombra y agregar algunos adornos nuevos. Se había iniciado el cierre.

La recuperación empieza con esperanza y gozo

Cuando tenemos la capacidad de soltar a un ser querido que ha fallecido, pasamos a la última parte de nuestro «trabajo de duelo», la etapa que Granger Westberg denomina «la lucha por afirmar la realidad». Esto no significa que volvemos a ser los mismos de antes. Podemos llegar a ser más fuertes, más bondadosos y más comprensivos con los problemas de los demás, o podemos permanecer amargados y sintiendo lástima de nosotros mismos, sin mostrar interés por los problemas de otros por tener demasiados propios.

Una buena definición para la palabra *afirmar* es «dar testimonio de». Dar testimonio es una parte importante de nuestra fe. En su labor con cientos de personas que atravesaron profunda aflicción, Granger Westberg vio que los que mejor la sobrellevaban eran los que tenían una profunda fe; Dios y su amor eran muy reales para ellos. La persona que tiene verdadera fe la toma con seriedad y la practica con diligencia, permaneciendo en entrenamiento, valga la comparación, para que pueda estar en condiciones de luchar contra lo que venga.

En alguna parte leí que el futuro tiene dos mangos. Podemos asirnos del mañana por el mango de la ansiedad o por el mango de la fe, y...

SI TE AGARRAS DEL MAÑANA CON FE,
PUEDES ESTAR SEGURO DE
QUE NO SE LE SALDRÁ EL MANGO.

Las Escrituras nos dicen que Dios nunca nos probará más allá de lo que podamos soportar (véase Corintios 10.13). Sé que Jesús habló acerca de tener fe que pudiera mover una montaña, pero dudo que pida ese tipo de fe de una manera frívola o fácil, en especial si nos enfrentamos a las terribles agonías del dolor y el sufrimiento que causan la muerte de seres queridos. Y tengan en cuenta que Jesús también dijo que aun la fe del tamaño de un grano de mostaza podía lograr mucho. Piénsalo de esta manera:

SI TU FE NO PUEDE MOVER MONTAÑAS
ASEGÚRATE DE QUE AL MENOS LAS PUEDA ESCALAR.

Y al escalar las montañas tan reales de dolor, podemos empezar a buscar salpicaduras de gozo, incluso cuando el gozo parece imposible. Una pregunta que me hacen muchas personas es:

¿Alguna vez volveré a disfrutar del gozo y la risa?

A decir verdad, el gozo volverá si estás dispuesto a buscarlo. Una mujer que había perdido a su esposo escribió: «En los últimos dos meses estoy comprobando que ¡DIOS REALMENTE ME AMA!» Más adelante su carta decía:

Mi esposo murió instantáneamente de un ataque masivo al corazón hace cuatro años en época de Navidad cuando visitábamos a su madre en Virginia. Él sólo tenía cincuenta y dos años y no teníamos noción siquiera... simplemente ocurrió y se fue.

Al igual que tú, he estado en el túnel (para mí fue un profundo, oscuro y frío pozo del que no podía salir y parecía que nadie me ayudaría) y por mucho tiempo sólo quería morir.

El camino hacia la recuperación es muy duro, lleva mucho tiempo y cuesta mucho trabajo intenso, trabajo que en realidad no deseaba realizar. Nunca pensé que volvería a experimentar gozo, ¡PERO SÍ LO ESTOY SINTIENDO! En ocasiones hasta me siento mareada por causa de esta maravillosa sensación de amor y gozo que sólo puede provenir de Dios... ¡Pensé que nunca volvería a sentirme así y es MARAVILLOSO!

Es cierto que Filipenses 4.13 da resultado

La experiencia personal me ha enseñado que es posible hallar gozo en la realidad. Pueden suceder cosas terribles. Los seres queridos pueden ser arrebatados en un sinnúmero de situaciones trágicas. Sin embargo, al afirmar nuestra fe dentro de la realidad, el Señor sí nos ayuda. Nunca he recibido un ejemplo más poderoso de cómo podemos tener gozo a pesar del dolor y la aflicción que el que ofrece la siguiente carta que me llegó recientemente:

Hace siete años mi esposo e hijo de dos años murieron en un incendio. No sucedió por accidente. Fue un homicidio y un suicidio debido a una enfermedad que tenía mi esposo.

He quedado con dos hijas adolescentes que debo criar sola y necesito toda la ayuda y el aliento que pueda recibir. Mis hijas tienen catorce y quince años. Los últimos siete años han sido difíciles al intentar simplemente de recomponer nuestras vidas... ¡no lo podríamos haber logrado sin la ayuda del Señor! ¡Todo lo que somos y todo lo que tenemos vienen de ÉL!

El versículo con el que clamo es Filipenses 4.13: «Todo lo puedo en Cristo que me fortalece». Este fue el pasaje de las Escrituras que estaba colgado en la sala de nuestra casa y fue lo único de esa habitación que sobrevivió al fuego. Sé que Dios lo dejó allí para recordarme que a pesar de lo que me ocurra o suceda en mi derredor, la Palabra de Dios siempre permanecerá firme.

Esta madre sabe de qué se trata la esperanza. Una parte importante de la salida del oscuro túnel de la aflicción es la esperanza. Después que terminamos nuestro trabajo de duelo, gradualmente comienza a amanecer la esperanza. Las negras nubes apenas comienzan a disiparse y los rayos de sol penetran en finos destellos de luz. Lo que parece ser un tiempo inacabable de aflicción comienza a llegar al fin de su curso y la recuperación verdaderamente parece posible.

Granger Westberg cree que una verdadera señal de esperanza es el deseo de volver a meternos en las cosas que no podíamos hacer cuando estábamos aún en el túnel. No sólo deseamos participar de viejas actividades, sino que deseamos emprender cosas nuevas. Como lo dice Westberg: «La esperanza es enterarse que la vida puede volver a tener significado».[10]

La esperanza siempre espera lo mejor

Cuando los escritores de la Biblia utilizaban la palabra «esperanza», por lo general no querían decir: «desear que algo se haga realidad». El concepto bíblico era más bien una calma anticipada, una expectativa favorable y constante. La forma verbal del griego para *esperanza* que se usa en el Nuevo Testamento con frecuencia se relaciona al concepto de confianza. Por ejemplo, en Tito 2.13 a Cristo se le denomina «la esperanza bienaventurada» (Reina Valera).

Por lo general, cuando la muerte golpea a una familia, parece que la esperanza ha desaparecido. Pero la esperanza puede reavivarse. Después que los babilonios saquearan a Jerusalén, el profeta Jeremías escribió su libro de Lamentaciones. En los primeros capítulos se lamentaba por la devastación de la otrora poderosa ciudad de Dios y el enojo del Señor hacia su pueblo rebelde. Jeremías decía ser un hombre que había visto aflicción bajo el látigo del enojo de Dios. Había sido pisoteado en el polvo y despojado de la paz, se había convertido en escarnio para su propio pueblo y se había olvidado de lo que era la prosperidad: «me olvidé del bien» (véase Lamentaciones 3, en especial los vv. 1,14,16-18). Pero al recordar Jeremías sus amargas y mortificantes aflicciones y lo abatida que estaba su alma, dijo a continuación: «ESTO recapacitaré en mi corazón, por lo tanto esperaré» (Lamentaciones 3.21, énfasis agregado).

¿Qué cosa era «ESTO» en que recapacitaba Jeremías? Tal vez reconozcas sus siguientes palabras, las cuales inspiraron uno de los grandes y antiguos himnos de la iglesia que se llama «¡Oh, tu fidelidad!»:

> Por la misericordia de Jehová no hemos sido consumidos,
>   porque nunca decayeron sus misericordias.
> Nuevas son cada mañana;
>   grande es tu fidelidad...
> Bueno es Jehová a los que en Él esperan,
>   al alma que le busca.
> Bueno es esperar en silencio
>   la salvación de Jehová.
>
> *(Lamentaciones 3.22-23, 25-26)*

Aun cuando hayamos aterrizado de cara al polvo, aun cuando estemos atrapados en una exprimidora, siempre podemos tener esperanza. Y aun cuando la esperanza se haya perdido, se puede recuperar; podemos volver a enfocar nuestra perspectiva. Al esperar en el Señor, nuestra fuerza se renovará y nuestro gozo también. En las Escrituras la esperanza y el gozo siempre van juntos. Me gusta decir que la esperanza y el gozo son hermanos.

La esperanza es el poder sustentador de Dios que brinda una permanente corriente de gozo por debajo de las olas de las dificultades en los vientos de la tristeza. La esperanza inunda de gozo la mente y el corazón y nos da la profunda seguridad de ser los hijos perdonados de Dios y de que nunca nos soltará.

LA SEÑAL MÁS SEGURA DE UN CRISTIANO
NO ES LA FE NI EL AMOR, SINO EL *GOZO*.

Encontramos esperanza en un bolso marinero

Unos tres meses después de la muerte de Steve en Vietnam, llegó a nuestra puerta un gran bolso marinero color verde oscuro. El remitente era simplemente «Marina de los Estados Unidos». Bill y yo lo llevamos a uno de los dormitorios posteriores y lo abrimos con cuidado. Adentro estaba el equipo de Steve: grandes botas de la Marina, que aún tenían adheridos barro y porquería, ropa de campaña mohosa, algunos libros y una Biblia. Todo olía a podredumbre y moho. Casi nos ahogamos al revisarlo, en parte por el olor, pero también por las emociones que nos invadían.

Había además una cámara de fotografía y algunas chucherías. Luego Bill abrió la billetera de Steve, toda seca y costrosa a causa del efecto del calor y la humedad. Steve había yacido en ese arrozal durante tres días antes de que lo encontraran. Dentro de la billetera, hecha jirones, estaba la última carta que yo le había mandado. La página final de esa carta decía en parte:

Vine a trabajar temprano esta mañana para escribirte esta carta y espero que la puedas entender ya que estoy mecanografiándola rápidamente para poder darte el mensaje. Por lo general, te escribo cartas que contienen chistes o noticias acerca de los muchachos y los acontecimientos de la casa... pero hoy sentí la necesidad especial de reafirmar nuestra fe en la vida eterna y en estar preparados para el encuentro con Dios. Particularmente deseaba asegurarte que ya sea que estés aquí en casa en West Covina o allí en Vietnam, igual estás SEGURO en las manos de Dios y aunque tu vida fuese sacrificada por nosotros en Vietnam, AUN ASÍ, Steve, estás seguro en los brazos de Jesús.

Todos te amamos y te extrañamos de mil maneras. Te recuerdo echando agua helada del refrigerador, cortando sandía y escupiendo las semillas por todas partes, y rozando los contenedores de basura contra el pavimento de la entrada al arrastrarlos cada semana hasta la acera para cuando pasara el recolector de residuos. A cada rato me parece escucharte al lado de la piscina con los niños, disfrutando del flotador. Estás a diario en nuestros pensamientos y en nuestras oraciones.

Por algún motivo, hoy deseaba registrar todo esto en papel para ti para que reflexionaras en ello y para que sepas que estamos orgullosos y agradecidos de ti, en especial por tu fe en lo que también creemos nosotros, porque ahora parece más importante que nunca.

Hasta la muerte, si es que nos toca a CUALQUIERA de los dos, o mejor dicho, a cualquiera de nosotros, nos acerca un paso más a Dios y a la eternidad, porque hemos puesto nuestra fe en Jesucristo...

De algún modo pienso que me comprendes, del mismo modo que yo te comprendo a ti. Te amo, así como tu papá y los chicos también. Te extrañamos cada día, espero que la caja te haya llegado en buen estado, en especial la que contenía la masilla para jugar. Eso te lo enviaba Barney. Él te extraña de modo especial y recuerda que le dijiste que bateara un jonrón para ti. Lamento decir que prácticamente los únicos jonrones que batea son por la ventana delantera de la casa.

Cuídate, te quieren siempre,

Mamá y la tribu

Como siempre, había besado mi firma al pie de la carta y ahora el lápiz labial estaba desteñido y borroso, pero eso no tenía importancia. Steve había leído la carta y la había conservado consigo al dirigirse a la batalla, aun cuando había recibido instrucciones de quemar toda su correspondencia por si acaso lo capturaban. En lugar de eso, Steve había metido la carta en su billetera, quizás con la intención de quemarla más tarde. O tal vez se la guardó a propósito como símbolo de la esperanza que tenía puesta en Cristo y de la familia que estaba allá en casa que lo amaba y poseía su misma esperanza. (El compañero de Steve, Tom, quien escapó a la muerte pues no formó parte de la patrulla ya que debía realizar otras tareas, nos visitó un tiempo después y explicó que mi carta había llegado la MISMA MAÑANA de la emboscada en la que Steve murió.)

Al estar sentada en esa habitación rodeada del maloliente equipo de la Marina de Steve, me vinieron a la memoria las palabras de Jeremías en Lamentaciones. También a nosotros nos habían afligido y llenado de amargura. Se quebraron nuestros dientes con el cascajo del dolor. Nos habían cubierto de ceniza. El bien parecía una palabra olvidada y nuestras almas estaban abatidas.

Pero al releer la carta que Steve llevó consigo a su batalla final, comprendí que, a pesar de todo el dolor, aún teníamos ESPERANZA INAGOTABLE y junto a ella GOZO INAGOTABLE. El gran amor y la compasión del Señor no fallan. Ciertamente son nuevas cada mañana. Grande es su fidelidad. Steve era nuestro depósito en el cielo. Podíamos juntar los fragmentos de nuestras vidas y seguir avanzando.

Aplasta tristezas

LA ESPERANZA HACE UNA DIFERENCIA.

La esperanza abre puertas cuando la desesperanza las cierra.

La esperanza obtiene su poder de confiar profundamente en Dios y en lo que hace para cambiar vidas de personas.

La esperanza enciende una vela en lugar de «maldecir la oscuridad».

La esperanza acepta los problemas, sean pequeños o grandes, como oportunidades.

La esperanza no fomenta ilusiones, pero no cede ante el cinismo ni la desesperanza.

Adaptado. Origen desconocido

✦ ✦ ✦

Es de gran consuelo saber
que Dios tiene en sus manos
el volante del universo.

LA FE PUEDE MOVER MONTAÑAS,
PERO ÚNICAMENTE EL TRABAJO ARDUO
PUEDE HACER QUE LAS ATRAVIESE UN TÚNEL.

CUANDO TUS SUEÑOS SE VUELVAN POLVO...
¡PASA LA ASPIRADORA!

Un agricultor llevaba a su hijito a un lugar distante. Caminando llegaron hasta un puente desvencijado que pasaba sobre un arroyo turbulento. El niñito se volvió aprehensivo.

—Papá, ¿piensas que es seguro cruzar el arroyo? —le preguntó.

—Hijo, te tomaré de la mano —le respondió el padre.

Así que el niño puso su mano en la de su padre. Dando pasos cuidadosos cruzó el puente caminando a su lado. Así siguieron hasta llegar al destino. Eso sucedió a la luz del día.

Cuando regresaron, caían las sombras de la noche. Mientras caminaban, el niño preguntó:

—Papá, ¿qué haremos al llegar al arroyo? ¿Qué sucederá al cruzar ese viejo puente? Tengo miedo.

El agricultor grande y poderoso extendió sus manos, levantó al pequeñito en sus brazos, y dijo:

—Ahora quédate en mis brazos. Te sentirás seguro.

Mientras caminaba el agricultor con su preciosa carga, el niño se durmió profundamente.

A la mañana siguiente el pequeño despertó en su propia cama. El sol entraba por la ventana. No se había enterado siquiera de que había sido llevado sano y salvo hasta el otro lado del puente que cruzaba las aguas turbulentas.

Así es la muerte del cristiano.

Origen desconocido

Dios vio que te cansabas y no tendrías cura.
Envolviéndote en sus brazos, te susurró y dijo: «Ven».
Se detuvo el corazón dorado... laboriosas manos
   descansaron.
Nos quebrantó para probarnos, que sólo se lleva lo mejor.

*(de una carta escrita a Espátula por una madre
que había perdido a su hijo)*

DIOS
no los ha quitado;
los ha escondido
en su corazón
para que
puedan estar
más cerca del nuestro.

(de un marcador de libros. Origen desconocido)

Transformaré su «Valle de Penas» en una «Puerta de Esperanza» (Oseas 2.15, *La Biblia al día, paráfrasis*).

3

Existe un sitio donde siempre podrás hallarme… en la esquina de Aquí y Ahora*

Lo que haya en el pozo subirá en el balde.

Esta poesía captó mi atención el otro día cuando leía *Dear Abby* [Querida Abby]. Resume la vida para muchos de nosotros:

> Querida Abigail Van Buren: Ruego me des tu consejo:
> Estoy sin trabajo, mi calzado gastado, vivo
> a frijoles y arroz.
> El gobierno no me ayuda; mi estado quebrado;
> (al encontrarlo aspirando coca) a mi hijo han arrestado.
> Mi esposa me ha abandonado, mi hijo en la cárcel está,
> el banco donde tengo acciones será el próximo en quebrar.
> Mis pantalones están raídos, tienen bolsas en las rodillas;
> ni jabón me puedo comprar para poder los calzones lavar.
> Mi hija está embarazada, pero no sabe quién es el papá.
> Mi algodón tiene gorgojos, mi vaca casi se ha secado ya.

---

* El título de este capítulo se lo debo a Ashleigh Brilliant en *Pot-Shot* 778 © 778 Ashleigh Brilliant Enterprises, 1975. Usado con permiso.

Mis gallinas ya no ponen huevos... no las puedo alimentar;
mis cheques están rebotando, me piden efectivo
    para comprar.
Los pocos ahorros que tenía los he perdido al apostar;
por tener amigos negros, el Klan me quiere agarrar.
Pedí al cura que me ayudara al hacer mi confesión;
le echó la culpa a los protestantes de causar la recesión.
Me dirijo a ti, Abigail Van Buren, antes de ir a la ruina;
mi única fuente de buen consejo, eres tú mi querida amiga.

George

No queriendo ser menos, Abby respondió escuetamente:

Querido George:
Por favor, a mí no debes apelar
buscando nuestra economía sanar.
Estamos perdidos, se ve con claridad;
démosles a otros una oportunidad.[1]

La mayoría de las cosas que le ocurrieron a «George» también le han sucedido a personas allá en el territorio de Espátula... y muchísimas más. Un montón de ellos me escriben o me llaman para volcar su corazón y algunos hasta pueden ver algo de humor en sus situaciones. Por ejemplo, hablé con una dama que luego me contestó con una carta:

Después de la última vez que te hablé, todo andaba
bien. Me hice una tomografía axial computarizada y un ul-
trasonido antes de iniciar la quimioterapia después de mi
mastectomía, y se ha descubierto que tal vez tenga cáncer
en el riñón derecho, el cual lo extirparán el próximo lunes.
¡Apreciaría tus oraciones a favor de que sea un tumor be-
nigno! El buen Señor me entregó a este mundo llevando
dos de casi todo. ¡Al parecer me iré de él llevando sólo
uno de cada cosa! Afortunadamente, me hicieron una tomografía de mi cabeza y no tengo necesidad que me la
trasplanten. ¡Cualquier excentricidad se atribuye a mi origen inglés y/o a la crianza de cuatro hijos!

Después de leer *Ponte una flor*, una mujer, que parece una complaciente a punto de reventar, escribió para contar sus frustraciones. A pesar de que no tiene que enfrentarse al cáncer ni a cirugía, se ha vuelto a casar y ahora tiene varias hijastras adultas que hacen que cada día parezca una gran gota de agua de tortura china.

Las hijastras siempre quieren que cuide de sus hijos y si intenta decir que no, la critican a más no poder. También vienen a menudo para la cena, pero nadie mueve un dedo para ayudar. Esta frustrada madre resume su vida intentando ver al menos un destello de humor:

> Un par de semanas atrás estaba a punto de quitarme la vida y el Señor me ayudó. Intenté hablar con mi marido, pero él no lo ve... así que seguiré orando para que sus ojos sean abiertos y para que tanto él como yo recibamos santo denuedo. Sin embargo, a pesar de todo... amo de veras a estos chicos la mayor parte del tiempo. ¡Ja! ¡Ja!

Ambas mujeres intentaban sonreír a través de su dolor, pero ambas se enfrentan a largos y escarpados caminos que tienen distintos tipos de montículos. Me recuerda a Francis Thompson, el poeta inglés que dijo:

> El duelo es un asunto de relatividad:
> La pena debiera ser estimada según su proporción para el
> que la sufre.
> Un tajo resulta tan doloroso para uno como una
> amputación para otro.

Cinco pasos para atravesar el dolor

Muchas (casi todas) de las cartas que recibo se refieren al dolor, pero luego pasan a decir cosas como estas: «Estamos confiando en Dios...» «Hemos aprendido a entregarle esto al Señor...» «Dios nos está dando fuerza para esto...» Me alienta leer estas palabras acerca de la confianza en Dios porque, después de todo, *¡sólo Dios sabe!*

En otro libro[2] he contado mi experiencia de viajar cerca de Palm Springs, California, y descubrir un puesto callejero con un cartel que decía: «Toronjas endulzadas por el desierto». A menudo he expresado la analogía de que los que atravesamos el dolor somos así. El amargo desierto de dolor nos endulza mientras aprendemos a entregar por completo nuestros problemas a Dios. La historia de la toronja incluye mi descripción de varios pasos por los que pasamos cuando el dolor continuo nos aplasta contra el cielorraso.

A continuación repito esos pasos sin pedir disculpas. Supongo que me siento un poco como Robert Fulghum, quien dice que a menudo se repite a sí mismo con la esperanza de que tarde o temprano posiblemente diga algo bien. Al igual que Fulghum, aún lucho con los dilemas que «no son fáciles de resolver ni se pueden ignorar[...] La obra en proceso de una vida en proceso es el tema sobre el cual escribo. Y un poco de progreso en la obra es suficiente para que siga en la carrera».[3] De modo que aquí de nuevo están mis pasos para enfrentar el dolor:

EN PRIMER LUGAR, NOS AGITAMOS, un proceso que a menudo se asemeja a que te pasen los intestinos por una máquina de moler carne, o que te claven un cuchillo en el pecho.

EN SEGUNDO LUGAR, ARDEMOS al disiparse el estado de shock, quedando en su lugar el enojo. Es posible que tengamos deseos de matar a alguno: un niño que nos haya causado dolor increíble, un conductor ebrio que ha matado a un ser querido, un cónyuge que nos ha abandonado por otra persona. Ya sea que gritemos con enojo a voz en cuello o que crujamos los dientes en silencio, el ardor que sentimos por dentro es un FUEGO CONSUMIDOR.

EN TERCER LUGAR, AÑORAMOS que las cosas cambien. Miramos hacia el pasado alegre, los días buenos cuando la vida nos trataba bien, cuando Dios parecía estar cerca y nuestra familia sólo nos daba bendiciones. Pero ahora los buenos días se han ido y a pesar de saber que es inútil vivir en el pasado, igualmente lo hacemos. La etapa de la añoranza puede durar más que ninguna otra.

EN CUARTO LUGAR, APRENDEMOS... muchas cosas. Llegamos a saber de qué estamos formados. Tal vez aprendamos de otros, quizás en un grupo de apoyo. Descubrimos que estamos en un proceso de largo y lento crecimiento. Los valores espirituales que siempre hemos dado por sentado («Ah, por supuesto, creo que...») ahora han llegado a ser mucho más que bonitas teorías. Cuando el dolor nos vuelve más compasivos y más amorosos, descubrimos que nuestros valores forman parte real de lo que somos, no algo que nos gustaría llegar a ser.

EN ÚLTIMO LUGAR, ENTREGAMOS por completo nuestros problemas a Dios. Finalmente vemos que podemos pensar, sentir y hablar mucho, pero sólo cuatro palabras son de verdadera ayuda: «¡HAZ LO QUE QUIERAS, SEÑOR!» Sea lo que fuere que permita Dios en nuestras vidas, Él nos ayudará a superarlo de algún modo. A pesar de lo ridícula que pueda ser la vida, podemos ponerla en manos de Aquel que AÚN está al mando. Esto es entrega sincera y como este asunto de aprender a soltar es tan importante, la mayor parte del capítulo 6 estará dedicado a ese tema.

Una cosa que debe entenderse con respecto a estas cinco etapas es que no pasas por ellas una vez para luego decir: «¡Puf! ¡Me alegro que eso se haya acabado!» No, es posible que pases por muchas de estas etapas una y otra vez. Es posible que llegues a la quinta etapa y creas que has entregado el asunto a Dios y al día siguiente puedes volver a la agitación, al ardor o a la añoranza. A mí me sucedió. Aún me sucede de vez en cuando. Pero veo que estoy en esas etapas dolorosas con menor frecuencia y durante períodos más cortos.

Para aprender y entregar... ADAPTARSE

Las mejores etapas son las de APRENDER y ENTREGAR. La palabra que quiero enfocar en este capítulo es ADAPTARSE. A menudo escucho el consejo de que debemos «aceptar cualquier cosa que la vida nos ofrezca». Debemos aceptar nuestro dolor, nuestra pena, nuestra aflicción. Siempre es una buena idea aceptar a otros, buena idea, pero me resisto a la idea de resignarme a aceptar el dolor. En lugar de eso, me agradaría mucho más ADAPTARME a los desafíos que aporte el dolor.

La adaptabilidad es una de las cualidades más importantes

para llevar una vida saludable, aun teniendo una enfermedad crónica y problemas continuos. Las circunstancias de nuestras vidas están en constante cambio. O nos adaptamos para encajar en estos nuevos desafíos o nuestro bienestar se deteriora.

Unos años atrás, algunos investigadores realizaron un estudio de niños a quienes acostaron junto a una fría placa de metal que colocaban en sus cunas. Algunos de los bebés se dieron vuelta, alejándose del frío en cuanto lo sintieron, mientras que otros simplemente permanecían en la misma posición en contacto con el metal mientras lloraban. La adaptabilidad y el espíritu del primer grupo (los que se daban vuelta alejándose del frío metal) son similares al espíritu que se encuentra en un grupo llamado *Candlelighters* [Encendedores de velas] que se compone de padres cuyos niños están enfermos de cáncer. Se apoyan mutuamente en la adaptación a las terribles circunstancias que rodean a sus familias. Han decidido encender una vela en lugar de maldecir la oscuridad del continuo dolor y sufrimiento.

Una razón por la que me opongo a la mera aceptación de los problemas o de nuestras limitaciones es porque nos lleva a ser un «resignado al destino»: simplemente darse por vencido. Quedas atrapado en la mentalidad de «si al menos» que impide que hagas lo que quieres y debes hacer.

Hace poco vi un cuadro de una placa de automóvil de Indiana que llevaba inscritas las «tres palabras prohibidas»:

SI AL MENOS

El decir «SI AL MENOS hubiera hecho esto», «SI AL MENOS hubiera ido allí», o «SI AL MENOS hubiera hecho aquello», puede conducir a todo tipo de situaciones, la mayoría de ellas malas.

SI AL MENOS puede llenar tu estómago de úlceras.

SI AL MENOS te puede subir la presión.

SI AL MENOS puede privarte de disfrutar tu profesión.

SI AL MENOS puede quitarle la chispa a tu matrimonio.

SI AL MENOS te puede deprimir hasta llevarte al suicidio.

Verás, el ayer se ha ido para siempre y el mañana tal vez nunca llegará. ¡HOY ES EL DÍA! Así que dale tu mejor esfuerzo y al final del camino estarás en el sitio elegido en lugar de ser perseguido por SI AL MENOS, SI AL MENOS, SI AL MENOS...

Los hijos rebeldes te pueden arrebatar

Mi correspondencia me dice que las situaciones dolorosas y prolongadas, los problemas, las enfermedades y los desafíos ya son bastante malos por sí solos. Murmurar «SI AL MENOS», únicamente los empeorará. Pueden suceder un millón de cosas y a menudo es así. El mayor número de cartas que recibo acerca de dolor prolongado proviene de padres de hijos que les han causado una tremenda desilusión. En muchos casos los hijos simplemente deciden rebelarse contra todos los valores que se les han enseñado. En otros, toman decisiones erradas que afectan a toda la familia.

Cosa extraña, con frecuencia los hijos adultos culpan de sus problemas a sus padres. De modo que más vale que los padres sonrían y los soporten. Alguien me envió una plaquita que resume una PRESUNCIÓN BÁSICA que sostienen muchos (¿la mayoría?) hijos adultos:

> SÉ QUE SOY RESPONSABLE DE MI VIDA
> Y DE MIS DECISIONES.
> SÉ QUE ES IRRESPONSABLE CULPAR A OTROS
> DE MIS PROBLEMAS.
> TAMBIÉN SÉ QUE TODO LO MALO
> EN MI VIDA
> ES CULPA DE MIS PADRES.[4]

En lo que resta de este capítulo me gustaría comentar cartas de personas cuyos hijos han sido motivo de dolor permanente. Algunos están luchando en busca de respuestas a ciegas. Otros están aprendiendo a cómo tomar la iniciativa y adaptarse a su situación.

¿Qué se puede hacer cuando crías a un hijo para que tenga valores cristianos y vuelcas tu vida a enseñarle la diferencia entre el bien y el mal, y luego ese mismo hijo te lo vuelve a

lanzar en el rostro al crecer y adoptar un estilo de vida totalmente diferente del que le enseñaste? En otras palabras:

¿CÓMO SE ACEPTA EL HECHO DE QUE LA NIÑA DE TUS OJOS SE CONVIERTA EN UN HUESO EN TU GARGANTA?

Observar con impotencia cómo un hijo amado al cual se ha
criado y amado se desvía del camino enseñado es uno de los
vacíos emocionales más frustrantes que deba soportar un
padre. Los padres desanimados pasan por un calidoscopio de
emociones: enojo, vergüenza, dolor, sentirse poco apreciados
y resentidos... Lo sé, porque he pasado por eso.

Estos sentimientos lo pueden causar un hijo que abandona
el hogar o un hijo adulto que adopta el estilo de vida homosexual o miles de situaciones más. Los hijos pueden desviarse de
la ley y ser arrestados o incluso encarcelados. Quizás sean
deshonestos crónicos o estén profundamente metidos en el
uso del alcohol o de las drogas. A lo mejor se están metiendo
en el satanismo o en otra secta. Es posible que se hayan
«desconectado» de la familia o que sigan viviendo en casa a
los veintinueve años de edad, esperando que tú los mantengas. Quizás se hayan casado con un agnóstico o estén en algún
tipo de relación abusiva. O tal vez no estén casados, simplemente convivan con alguien.

Cuando un hijo se ha desviado moral o espiritualmente,
esto se convierte en una profunda herida emocional para los
padres. Es como si te hundieran un cuchillo en el pecho y no
dispusieras de un medio para quitártelo. Es necesario que
aprendas a vivir con ese cuchillo, a moverte con cuidado para
que no se hunda más y te cause más dolor del que ya sufres.

Frecuentemente recibo cartas de padres cuyos hijos adultos
han escogido vivir en algún tipo de inmoralidad sexual. Sus
preguntas podrían resumirse de la siguiente manera:

*¿Cómo debo enfrentar su vida en concubinato,
pornografía, etc.?*

Una mamá tiene cuatro hijos que son «buenos muchachos»,
pero el quinto (el mayor) causa «pesar y vergüenza a la fami-

lia». Las verdaderas dificultades se iniciaron a principios de la escuela secundaria y se unió a un grupo no conveniente. Ella escribe lo siguiente:

Comenzó en secreto a escuchar grabaciones de rock pesado que pedía prestadas. Usaba auriculares y estaba arriba en su habitación, así que no sabíamos. También empezó a fumar marihuana. Éramos tan tontos que no reconocíamos el olor. Siempre estaba echando desodorante (ambientador) en su cuarto.

Durante sus años adolescentes faltaba a la escuela y se metió en dificultades menores con la policía (exceso de velocidad, etc.). Lo enviamos a una escuela cristiana para cursar los últimos dos años de la secundaria. Luego lo enviamos a una universidad cristiana. Estuvo allí durante tres meses y luego fue expulsado por beber.

Ahora abandona sus trabajos (en este momento está desempleado), se ha ido de casa y vive en una casa rodante a unas pocas millas de distancia. Recientemente trajo a vivir con él a su casa rodante a una muchacha de 19 ó 20 años de edad. Dice que está embarazada y que debe «hacer lo correcto» permitiendo que ella viva allí. Sus padres y otros miembros de la familia están totalmente de acuerdo con este arreglo. Cuando le preguntamos la fecha probable de parto, cada vez la atrasa más. No la hemos visto así que no sabemos con seguridad...

Nuestro hijo no piensa que esté obrando mal. Dice que le ha pedido a Dios que lo perdone, pero sigue viviendo en pecado. Tenemos algo de comunicación con él, pero no mucha.

¿Cómo hemos de tratar con este problema? No fue criado de este modo. Aun con todos sus problemas seguía asistiendo a la iglesia todos los domingos hasta el año pasado. Durante años le pedimos a Dios que lo ayudase y que le enviase un buen amigo cristiano... pero nunca lo hizo. Estamos muy confundidos. ¡POR FAVOR, ayúdanos de cualquier forma que puedas! Estoy tan deprimida que está afectando toda mi vida. No puedo vivir así. No conozco a ninguna otra persona con un problema similar. Me siento muy culpable.

Aunque los hijos rebeldes pueden resultar bastante difíciles, las hijas rebeldes *verdaderamente* llegan a causar gran pesar a una madre. Una mamá me escribió para contarme la historia de su hija:

Durante la escuela secundaria mantuvimos una buena relación, si eso significa que me contaba casi todo. Pero de allí a que siguiera mis consejos es otro cantar. Pasé por las preocupaciones de saber que ella pensaba que el sexo era algo normal para dos «enamorados»... y ha estado enamorada muchas veces. Sí, le hablé sobre el tema de anticonceptivos ya que no aceptaba mi charla acerca de la abstinencia. ¡Fue un alivio que se graduara sin haber quedado embarazada!

Pero luego me enteré que cuando salía con amigos tomaba bebidas alcohólicas... llegando a emborracharse algunas veces. Así que, naturalmente, sentía miedo cada vez que estaba con amigos, en especial cuando conducía un automóvil.

Hablando de conducir... se compró un auto usado, le ha dado mucho uso durante los últimos dos años: (1) Yendo a gran velocidad patinó en un camino pedregoso, cayó sobre costado, auto maltratado... hija en buen estado. (2) No prestaba atención, chocó contra camioneta de adelante que frenó repentinamente... sólo hubo daño a propiedad. (3) Entró a la vía frente a otro auto (no lo vio), fue golpeada del lado del pasajero, auto en peor estado, hija en buen estado. A esto habría que agregar varios accidentes menores más. El Señor en realidad se ha mantenido muy ocupado protegiendo a esta hija... pero ha seguido haciéndolo.

La carta de esta madre seguía y mencionaba que su hija había empezado a pasar la noche fuera de casa con amigos, logrando que a la madre le fuera imposible dormir. Debido a la confrontación la hija se fue de su casa intentando vivir primeramente con un patrón (masculino) y, cuando eso no resultó, se mudó al apartamento de una amiga. En la actualidad, la hija se lleva bien con la madre, pero le causa todo tipo de disgusto al pasar de un novio a otro. La madre acabó la carta diciendo:

> Bárbara, pareciera que nunca se acabará. Agradezco a Dios por darme fuerza para soportar todo hasta ahora y sólo te he contado un poco del asunto.
>
> Amo a mi hija. Juntas nos divertimos mucho, pero cuando me llama por teléfono, el corazón me vuelve a subir a la boca hasta que descubro que esta vez no se trata de una emergencia ni de una crisis... sólo me ha llamado para saludarme.
>
> Gracias por ser mi caja de resonancia. Esto ha sido terapéutico. ¡Es la primera vez que lo pongo por escrito!

La carta de esta mamá es un buen ejemplo de cómo el dolor emocional se entreteje determinando varios grados de intensidad al sentir a la misma vez enojo, disgusto, temor, angustia, vergüenza, culpa y dolor. Todos experimentamos angustia cuando sufrimos una pérdida tal como un hijo que abandona el hogar o un hijo rebelde. Es posible que el hijo aún se mantenga en contacto, como lo hace la hija descrita en la carta antes mencionada, pero en cierto modo su comunicación altera más que si ni siquiera se molestara en llamar.

El verdadero motivo por el que esta madre sufre es por la «pérdida» de su hija en el sentido de que ha perdido su personalidad y su espíritu, y ya no la conoce. La niñita que crió enseñándole el comportamiento debido ha desaparecido al convertirse en una adulta que parece estar inclinada a su autodestrucción.

Lo que más me anima en la carta de esta mamá es que me agradece por ser su caja de resonancia y habla de lo terapéutico que ha resultado ponerlo por escrito. Muchas personas encuentran alivio al contarme de sus emociones por carta o por teléfono. Al hacerlo, los padres finalmente se dan cuenta de que cuando un hijo hace su propia voluntad, no ayuda en nada preocuparse. Comprenden que es necesario que logren controlar sus emociones negándose a participar del juego de echar culpas.

En especial al tratar con hijos rebeldes, el juego de echar culpas (culparte por lo que han decidido hacer) sólo conduce a revolcarse en la culpa y la autocompasión. La culpa te inmoviliza y te impide ser el padre sustentador que necesitan tus hijos. En lo que respecta a la autocompasión, te hace andar en círculos, centrándote cada vez más en ti mismo, lo cual sólo logra incrementar tu desdicha.

Para los padres que sienten culpa y autocompasión por lo que un hijo pueda estar haciendo o haber hecho, les recuerdo una cosa importante:

DONDE NO HAY CONTROL
NO HAY RESPONSABILIDAD.

Enfrentémonos al hecho, tu hijo adulto está fuera de tu control. Eso significa que tu hijo ya no es responsabilidad tuya. Cuando un hijo adulto se mete en las aguas profundas de la rebelión, una madre debe recordar que ha contado con dieciocho años para edificar según sus valores. Si su hijo se ha rebelado contra esos valores, no significa que ha fracasado. Ella hizo lo que le correspondía y lo que su hijo haga con sus enseñanzas es decisión de él. Los hijos harán lo que decidan hacer. Pero junto a eso, recuerda que Dios puede llamarles la atención cuando quiera hacerlo. Tal vez piensen que ejercen el control, pero sus tiempos están en SUS manos.

En lo que respecta a sentirse culpable porque no conoce a ningún otro que tenga su problema, esta mamá debería comprender que en la sociedad actual el sexo prematrimonial y el dormir juntos antes del casamiento son más bien la regla y no la excepción. Los arreglos de lo que se denomina «vivir juntos» resultan especialmente difíciles de aceptar para los padres que crecieron en mi generación. En aquel entonces, cuando era joven, se sabía de personas que «convivían», pero hoy en día es un asunto totalmente diferente. Si un muchacho o una muchacha no le ve nada malo a la fornicación, es dudoso que la madre logre hacer que cambie de parecer.

Que esta madre acepte la culpa de la conducta inmoral de su hijo equivale a participar del inútil juego de las culpas. Cuando nuestros hijos se desvían de lo que se les ha enseñado, no es necesario que aceptemos su rebeldía. En lugar de eso nos podemos ADAPTAR, y la mejor forma de hacerlo es darnos cuenta de que no podemos controlar la situación por ellos. Nuestros hijos deben decidir por ellos mismos el tipo de vida que adoptarán. Debemos comprender que los hemos amado, educado y enseñado. Ahora es el momento de soltarlos. (Para ver algo más acerca de soltarlos, véase el capítulo 6.)

Frecuentemente se comunican conmigo padres que se sienten incómodos porque Proverbios 22.6 pareciera no haber dado resultado en su familia. Este versículo dice: «Instruye al niño en su camino y aun cuando fuere viejo no se apartará de él» (Reina Valera). Los padres desean saber lo siguiente: «Si este versículo es una promesa para padres cristianos, ¿por qué ha fallado en nuestro caso?» O quizás el verdadero asunto es que creen que son ellos los que han fracasado y eso únicamente los hace sentir aun más culpables.

Solía hacerme la misma pregunta hasta que me enteré un poco más lo que significa el texto original en hebreo. En mi copia de la Biblia New American Standard Version [Nueva Versión Americana Estándar] una nota marginal referente a Proverbios 22.6 dice: «De acuerdo con su modo». Chuck Swindoll, autor de best-seller y maestro de la Biblia, cree lo siguiente:

> Dios no dice: «Instruye al niño según lo ves *tú*». En lugar de eso dice: «Si deseas que tu hijo ame a Dios y sea sabio, obsérvalo, sé sensible y mantente alerta para descubrir *su* modo y acomoda tu instrucción a lo que descubras».[5]

Siguiendo esta línea de interpretación encontramos cómo amplía *La Biblia al día* a Proverbios 22.6:

> Enséñale al niño a elegir la senda recta [teniendo en cuenta su don o tendencia individual], y cuando sea mayor permanecerá en ella.

La interpretación «en su propio camino» de Proverbios 22.6 no sugiere que permitas que tu hijo se descontrole mientras crece. En general las enseñanzas de las Escrituras claramente les dicen a los padres que den a sus hijos la mejor instrucción y formación que puedan (véase, por ejemplo, Efesios 6.4). Al mismo tiempo, si tu hijo se desvía, no significa que hayas fracasado ni que la Palabra de Dios sea nula. Significa simplemente que después de haberte esforzado al máximo en la enseñanza de tus hijos, respetando su modo de ser, ellos toman sus decisiones y son responsables por lo que escogen.

Me agrada el modo que tiene de expresarlo cierta madre. Ella cree que Proverbios 22.6 significa: «Instruye al niño de acuerdo con su propio temperamento, aprendiendo el mejor modo de lograr que te responda a ti, a la vida y a Dios».[6] Los principios que se encuentran en Proverbios 22.6 son ciertos, pero no garantizan una vida encantada para tus hijos.

Es deseable que te esfuerces por llenar el depósito de tus hijos de buenos valores, para brindarles un sistema incorporado de determinación del bien y del mal. Entonces, cuando tomen sus decisiones en la vida, tu esperanza es que su instrucción buena y sólida aflore con frecuencia, particularmente si se meten en aguas profundas y comienzan a dar tumbos. A menudo es en ese momento que recuerdan lo que se les ha enseñado. Es cierto que la Palabra de Dios nunca vuelve vacía. El tiempo no puede borrar lo que escribimos en los corazones de nuestros hijos y no cabe duda que es de vital importancia la enseñanza en sus primeros años.

Y puede haber recompensas... recompensas maravillosas. El pasado Día de las Madres mi hijo menor, Barney, me envió una hermosa placa. Dudo que Barney estuviese pensando en cómo esta placa resume bellamente Proverbios 22.6, pero me gustaría creer que sólo intentaba decirme algo muy especial:

LAS MADRES SOSTIENEN LAS MANOS DE SUS HIJOS
POR UN TIEMPO SOLAMENTE...
PERO SUS CORAZONES PARA SIEMPRE.

¿Cómo puedes amar cuando tu corazón se está partiendo?

Siempre es nuestra meta amar a nuestros hijos en los tiempos de dificultades, pero eso no hace que el dolor sea más fácil de soportar. Es más, el dolor puede AUMENTAR. Recibo cartas de los padres que me preguntan de un modo u otro:

¿Cómo puedo soportar que mis hijos me partan el corazón?

Por ejemplo, recibí una carta de una madre de «cuatro maravillosos hijos» que contaba cómo había experimentado la vida de «mejor madre, mejor cocinera y mejor abuela» durante bastante tiempo... y luego todo se «desmoronó». Un hijo los llevó a la bancarrota, pero lo perdonaron y también le disculparon las muchas mentiras que les había dicho. Sin embargo, aunque han pasado tres años, aún no les habla a sus padres. Otros dos hijos se casaron con muchachas de familias de valores totalmente diferentes a los valores cristianos enseñados en casa. Ahora las esposas han prohibido a sus esposos ver a sus padres y también se niegan a permitir que los abuelos vean a sus nietos. Esta acongojada mamá y abuela escribe lo siguiente:

Siento que no puedo encontrar mi vida... ¿Cómo hacer para bloquear recuerdos de amor, atención, de pasar noches cuidando de ellos cuando eran pequeños? Madre de guarida, líder Scout, cumpleaños, ver cómo se les iluminaban los ojos el día de Navidad... Me siento como en prisión sin haber hecho nada. No me puedo vestir. No es justo. No dejo de preguntarme, ¿por qué? El único hijo que se mantuvo a nuestro lado está tan disgustado con sus hermanos y sus esposas que esto ha destruido sus sentimientos hacia ellos. De modo que mi familia ya no existe. Solía reír, pero ya no puedo encontrarme a mí misma. Mi vida era mi familia. Siento que mi vida ha sido en vano.

¿Cómo puede arreglarse un corazón quebrantado?... No sé lo que traerá el mañana. Le oro mucho a Dios. ¿Cómo en nombre de Dios he de soportar esto? Tiempo, ¿será esa la respuesta? Se me está acabando... No quiero escuchar ni a uno solo más que me diga: «Podría ser peor», o «A ti te faltaban zapatos, ¡a ese hombre le faltaban los pies!» Tu dolor es «tu dolor». Sólo quiero que se vaya. Conocí una vez a una mujer mayor que, muchos años antes, había recibido tratamientos de electroshock, y cuando la conocí no podía recordar su infancia ni a algunos miembros de su familia. Pensé: ¡Qué terrible! Pero ahora considero que me vendría bien.

Es obvio que esta mamá no puede aceptar lo sucedido, y no la culpo. Tampoco yo lo aceptaría, pero intentaría ADAPTAR-ME por todos los medios posibles. Después de todo, a pesar de lo que pueda sucedernos:

LOS CORAZONES ROTOS SIGUEN LATIENDO[7]

Tal como dice esta madre, su dolor es su dolor. Eso es absolutamente cierto. Con mucha frecuencia cuando estamos sufriendo dolor deseamos que se acabe. Queremos que Dios de algún modo arregle las cosas y quite nuestra molestias, pero en muchos casos no existe escapatoria y es por eso que debemos aprender a adaptarnos, a vivir con ese cuchillo en nuestro pecho evitando que se retuerza demasiado.

Las drogas y el alcohol equivalen a mucho dolor

Ya bastante difícil resulta criar hijos y esperar que absorban los valores correctos, pero cuando se agregan las drogas y el alcohol a la ecuación, el estrés se multiplica con rapidez. Cuando los hijos se meten en dependencias químicas, resulta difícil mantener una actitud positiva. En un momento como ese, es fácil definir a un optimista como «una persona a la que aún no se le han comunicado todos los hechos». Por cierto, he hablado con padres que con facilidad podrían descubrir cierto humor negro en el siguiente dicho:

DEBERÍAMOS HABER TENIDO CONEJOS
EN LUGAR DE HIJOS...
¡AL MENOS HABRÍAMOS OBTENIDO
UNA BUENA COMIDA DEL ASUNTO!

Un padre me escribió dos veces para relatarme las frustraciones de tener un hijo en rehabilitación de drogas; en parte sus cartas decían:

Supongo que no has tenido oportunidad de «guiar» a un hijo a través de un programa de rehabilitación de drogas[...] Nuestro hijo ha pasado por altas y bajas[...] como una montaña rusa. Recientemente, miembros del plantel (del centro de rehabilitación) me pidieron que fuese testigo de uno de sus arranques de rebelión: cargando una silla como si se fuera a defender de leones (o golpear a alguno con ella).

Cuando lo tomé del suéter y le dije que la soltara, lo único que podía hacer era gritarme: «¡Hombre, suelta mi suéter!» Después de eso me arrancó ambos bolsillos de mi camisa nueva. Por supuesto que yo estaba enojado, pero era como si me encontrara cara a cara con el demonio dentro suyo.

Más tarde, hubo que contenerlo porque únicamente «desea que lo dejen solo». Parece estar destinado a la autodestrucción[...] y sólo la intervención de Dios podrá impedir que eso suceda.

Ciertamente pregunto: «¿Cuándo?», y escucho la respuesta: «A mi tiempo». Me resigno a aceptar esa voz con la esperanza de que no sea un espejismo[...]

El grupo de apoyo a la familia nos sigue animando, nos dice que todo mejorará. En ocasiones creo toda la información positiva durante un período completo de veinticuatro horas, pero amanece el día siguiente y debo volver a la trituradora otra vez. Entonces me deslizo hacia el valle y descubro que sólo creo la mitad de todo lo positivo durante sólo la mitad del tiempo. Eso significa que sólo tengo un veinticinco por ciento de seguridad de que llegará a mejorar o de sentirme menos fracasado[...]

P.D. Lamento mis oscilaciones de ánimo, pero, ¿qué puede esperarse de un tipo que acaba de cumplir cuarenta años y que está leyendo un libro escrito por una mujer?

Admiro a este papá por leer mi libro buscando algunas respuestas y por admitir su necesidad de encontrar algo de orientación en la vida. Y verdaderamente disfruté de su «P.D.» porque en años recientes ha salido un pequeño libro titulado *Everything Men Know About Women* [Todo lo que saben los hombres con respecto a las mujeres].[8] Al abrir el libro, las páginas están *¡totalmente en blanco!* Así que, es un verdadero elogio el hecho de que este papá recibiese un poco de percepción desde la perspectiva de una mujer.

Sin embargo, dejando a un lado las bromas, quiero que sepa

que sí, las cosas VERDADERAMENTE mejorarán, pero es posible que ANTES empeoren. Debe estar preparado para el largo camino a recorrer con su hijo y *sí*, será semejante a una montaña rusa, no a una escalera mecánica de suave andar. No puede deslizarse con suavidad hacia la euforia. El camino subirá y bajará, subirá y bajará, y en ocasiones caerá derribado mientras intenta encontrarle sentido a lo que está sucediendo. Una cosa sí es segura:

¡NO EXISTE SITIO
ADONDE UNA MADRE PUEDA PRESENTAR SU
RENUNCIA!*

Quiero que este padre sepa que no existen ex padres. ¡Tener un hijo se asemeja a estar condenado a cadena perpetua sin esperanza de reducción de sentencia! De modo que esta es la respuesta que ofrecería a ese papá:

Busca lo positivo. Aférrate a la esperanza de que el tiempo será tu mejor aliado, y agradece que eres hombre y no mujer que no sólo tiene el ánimo oscilante del cual quejarse. No tienes que preocuparte por el síndrome premenstrual ni por los calores que a menudo afectan a mamás que atraviesan problemas por causa de un hijo rebelde.

Algún día mirarás todo esto en retrospectiva y te reirás. Créeme, *confía* en lo que te digo; lo he visto suceder. Personas que piensan que nunca superarán los pozos, un día descubren que están de nuevo en la cima. Vuelven a equilibrarse y la vida continúa. Me agrada tu honestidad y franqueza. La mayoría de los hombres no pueden demostrar la transparencia que has dejado ver. ¡Pero aférrate al hecho de que *sí* superarás esto y *sí* te sentirás mejor!

Cuando tus hijos sufren, tú sufres

A veces los padres soportan dolor continuo, no porque sus hijos se hayan rebelado o porque los hayan rechazado, sino

---

* ¡Créeme, lo sé! (Véase Bárbara Johnson, *Where Does a Mother Go to Resign?* [¿Adónde va una madre para presentar su renuncia?], Bethany House, Minneapolis, 1979.)

porque la vida ha dado a sus hijos un severo golpe. Por ejemplo: una de las cosas más dolorosas que deba soportar un padre es el entregar a un hijo en matrimonio y ver cómo ese matrimonio se desintegra por el motivo que sea.

¡A veces recibo cartas de madres que han debido pasar por el divorcio de tres o cuatro de sus hijos! A continuación se enumera por lo que tuvo que pasar la esposa de un pastor durante un período de dieciocho meses:

Noviembre: Pasé por una mastectomía segmentada, quimioterapia por espacio de seis meses, 25 aplicaciones de radiaciones.
Marzo: Divorcio de hija menor.
Junio: Divorcio de hija mayor.
Julio: Fractura de tobillo... terapia durante dos meses.
Octubre: Divorcio de hija tercera.
Febrero: Divorcio de hija segunda al cabo de 15 años de matrimonio... esposo la dejó por una de 21 años.

Esta madre dijo que está afrontando la situación y que Dios ha fortalecido a la familia a través de todo esto. Luego agregó:

Sabemos ahora más que nunca que su gracia basta para cualquier situación y para todas. (A veces pienso que podría escribir un libro. ¡Ja!)

Otra madre de tres hijos, treintañeros (seis nietos), pensó que todos estaban felizmente casados hasta que comenzaron a «suceder cosas». Su carta decía lo siguiente:

El esposo de nuestra segunda hija se fue a la bancarrota con su compañía de construcción, dedicándose luego a la bebida y a las mujeres, y se divorciaron. Al mismo tiempo, nuestra primera hija y su esposo tenían un segundo hijo y, a las tres semanas de su nacimiento, la dejó para irse con la mejor amiga de ella. Se divorciaron tres meses después del divorcio de la segunda hija. Ambas habían estado casadas entre doce y dieciséis años.
Han sido siete años de lucha tanto financiera como mentalmente. Todos vivimos en el mismo pueblo. Hace dos meses se separaron nuestro hijo y su esposa (casados

por espacio de dieciséis años). Aún no se han divorciado, pero quién sabe. Tienen dos hijos.

A través de todo esto hemos contado con el amor y el apoyo de nuestra familia y amigos de la iglesia, y con el amor de Dios y sus promesas que dicen que existe una salida a nuestras luchas, viviendo de día en día.

Estas dos madres se están adaptando a la devastación del divorcio múltiple de la mejor manera que pueden. Al igual que muchos otros padres, andan en busca de las mejores respuestas posibles a preguntas como las que siguen:

¿Cómo podemos ayudar a nuestros hijos que están pasando por un divorcio?

¿Cuál es el papel que nos toca desempeñar?

Al parecer, ninguna de estas dos madres está prejuzgando a sus hijos. Los aceptan y se adaptan a la situación de la mejor manera posible. En la mayoría de los casos estos son los primeros pasos que pueden dar los padres.

Cuando el matrimonio de un hijo adulto acaba en divorcio, los padres pueden brindar su apoyo, pero no su consejo no solicitado. Se aplica el mismo principio de que cada hijo tome sus propias decisiones. Es posible que tu hijo haya escogido un individuo que en realidad no aprobabas. Ahora no será de beneficio alguno criticarlo diciendo: «Te lo dije...»

Lo mejor que puedes hacer es mantener la distancia permitiendo que tus hijos vivan sus propias vidas. Es posible que sientas la tentación de entrometerte, hacerte cargo, volver a ejercer tu paternidad, pero evita eso a toda costa. En lugar de eso, intenta brindarles mucho apoyo emocional porque es probable que su autoestima haya descendido a su nivel más bajo.

Por supuesto que es posible que debas prestar ayuda financiera, y si el divorcio ha convertido a tu hija en una mamá sola, tal vez te busque para que la ayudes con el cuidado de los niños. Ten siempre presente que estás recorriendo una delgada línea. Se te necesita, a veces desesperadamente, pero debes esperar a ser invitado. Cuando tus hijos soliciten tu ayuda o consejo, lo puedes dar. Sin embargo, recuerda siempre que:

EL CONSEJO ES COMO LA NIEVE, CUANTO MÁS DELICADAMENTE CAE, MÁS PROFUNDAMENTE SE HUNDE.

El dolor sigue y sigue y sigue...

Cada día me llegan cartas de padres que están aprendiendo a afrontar situaciones que alguna vez parecieron abrumadoras. Una madre me escribió para agradecerme por el mensaje en *Ponte una flor*, haciendo el comentario de que durante toda su vida había sido el miembro serio de la familia y que apreciaba la chispa y el humor del libro. Luego dijo:

Aunque mi situación es diferente (¿a quién no le pasa?), ciertamente me sentía identificada con tu historia. Soy madre de dos hijos, ambos adictos al alcohol y a las drogas por más de veinte años. La recuperación entró a mi familia hace poco más de tres años. Digo que la recuperación «entró» a la familia, ya que hoy en día la familia en

¡En ocasiones me frustro tanto que no sé si llorar, gritar o mojarme los pantalones!

pleno está en recuperación, incluyéndonos a mi marido y a mí de nuestros asuntos de codependencia.

Otra mamá me contó de sus profundas preocupaciones por su hija que ha tenido problemas con alcohol... y automóviles. La madre explicó:

> Esta semana la pescaron conduciendo con la licencia suspendida. No estaba bebiendo[...] no funcionaba la luz del freno de su auto así que la detuvieron. No es homosexual y decididamente gusta del sexo opuesto ya que tiene un hijo de siete años y está divorciada de su alcohólico ex esposo. Pero antes bebía, por estar en esta desagradable situación. (Eso fue lo que motivó, en primer lugar, la suspensión de su licencia.)
>
> De modo que con frecuencia las lágrimas están a punto de brotar. Entonces me llega tu circular *Línea de Amor* y al leerla lloro y río... y como dice la poesía: «¡Encuentro una tarea para realizar!»

Las historias de dolor permanente que he contado en este capítulo verdaderamente son sólo la punta del tan mentado témpano. Una simple muestra de mi correspondencia semanal revela:

... una preciosa nieta pelirroja que al nacer cuenta únicamente con la tercera parte de su cerebro por causa del abuso de drogas de su madre.

... una madre que lucha por ayudar a su hija mayor, quien ha estado sicológicamente enferma por espacio de veinte años. Su nuera se recupera de manía depresiva, otra hija lentamente va venciendo sus ataques de pánico y otra hija más combate problemas matrimoniales, pero no le cuenta de sus sentimientos a la familia.

... una hija retrasada mental que ha debido someterse a cirugía a corazón abierto y a la extirpación de parte de su estómago. Su hermana quizás deba someterse a cirugía del cerebro y el padre de la familia ha estado sin trabajo la mayor parte de este último tiempo.

... un hijo de catorce años que volcó con su auto y pasó

treinta y tres días en terapia intensiva de donde se le trasladó a una habitación privada donde permanecía en coma.

El mundo real es un sitio muy difícil

¿Puedes ver por qué creo que «sólo Dios sabe»? Muchas veces me agradaría arreglarle todo a estas queridas personas que me escriben para contarme cómo la vida les ha dado la bienvenida al mundo real. Hago lo posible por enviarles cualquier tipo de ayuda que esté a mi alcance: casetes de mensajes que he dado, lectura sugerida que les sea de ayuda para su problema en particular, o sugerencias de organizaciones que tal vez les brinden ayuda experimentada o profesional. Pero lo fundamental es esto:

LLEVA TUS SUEÑOS QUEBRANTADOS A JESÚS...
SÓLO ÉL CONOCE LAS RESPUESTAS A TUS PROBLEMAS.

Únicamente al volvernos a Él en fe habremos de sentir su mano consoladora sobre nuestras vidas. En la mayoría de estas mismas cartas que relatan desastres grandes y pequeños, las personas agregan a menudo sus pensamientos acerca de la fe y la confianza en Dios.

Una vecina me contaba recientemente lo difícil que resultaba dejar a su hija en la universidad y lo deprimida que ha estado. Ella no sabe de ninguno de los problemas a los que nos enfrentamos con nuestro hijo (sólo se puede hablar de ello con pocas personas), pero pensaba lo maravilloso que sería poder llevar a un hijo hasta la universidad, saber dónde está ese hijo y que su vida tiene propósito y dirección. Existen algunas situaciones que no podemos modificar, pero sí podemos cambiar nuestras actitudes con respecto a ellas. Mientras haya vida, hay esperanza, y esto sin duda es lo que nos mantiene en marcha, especialmente en medio de la prueba. Al igual que Daniel en el Antiguo Testamento, hemos experimentado el fuego, pero no nos ha consumido...

✦ ✦ ✦

En estos[...] he mantenido a la familia unida y he apoya-
do a mi querido esposo e hijos, ¡pero empecé a «desmoro-
narme»![...] se multiplicó la tensión ejercida sobre mi matrimonio, mis hijos y mi salud mental. ¡No me había
ocupado de MÍ! ¡Jamás se me había ocurrido siquiera! No
podía ejercer mis funciones en casa ni en el trabajo. Mi tensión emotiva se convirtió en problemas físicos: dolores de
pecho, ahogos, insomnio... No me preguntes por qué le-
vanté el teléfono y te llamé (alguien a quien no conozco)
solicitando ayuda. Y a través de una distancia de miles de
kilómetros, ¡Dios te usó para llevarme hasta la información que necesitaba en mi vida!

Aprendimos que no podíamos hallar respuestas para
las preguntas y que aun así la vida continúa. Dios ha sido
nuestra tierra firme y hubo momentos en que me enojé
con Él por el desastre en el que se encontraban nuestras vidas. Estamos aprendiendo a afrontar las dificultades y seguir adelante con la vida. Gracias a Dios por las personas
que están dispuestas a contar sus historias. Espero que al
hablar de nuestra «esperanza sin fin» podamos ayudar a
otros para que sepan que Dios puede resolver cualquier
problema[...]

Al saber hoy que la recuperación es un proceso, siento
una novedad de mi fe espiritual en Dios y en su Hijo Jesús. Sólo Dios puede obrar milagros; la sobriedad de mis
hijos es prueba de ello. El camino de regreso ha sido muy
pedregoso, pero con la ayuda de Dios las piedras se con-
vierten en escalones[...]

Leí tu libro de tapa a tapa durante toda la noche y en
mi diario copié muchos de tus refranes. No puedo llegar a
decirte cuántas veces a lo largo de los siguientes meses siguió usándote Dios en mi vida. Habías pasado por fases a

las que yo aún no había entrado, pero iluminaste mi camino. He pasado por algunas de esas fases y no sólo he sido perdonada por la gracia de Dios, sino que también he perdonado a mi ex esposo y a su novia, y a los «otros» que escogieron involucrarse en nuestro divorcio. Dios me ha restaurado en su gozo, a pesar de mis circunstancias[...]

Todos los comentarios arriba mencionados me traen a la memoria el viejo refrán:

LO QUE HAYA EN EL POZO
SUBIRÁ EN EL BALDE.

En otras palabras, cualquiera reserva de fuerza y esperanza que haya en tu profundidad interior aflorará cuando el dolor inevitablemente invada tu vida. Uno de los ejemplos más dramáticos que he escuchado en referencia a extraer de la fuerza interior es esta historia que apareció en *People Weekly* [Semanario Gente] acerca de un joven que se resbaló y cayó dentro de una maquinaria agrícola que le amputó ambos brazos en pocos segundos:

Trató de no ensuciar la alfombra de su mamá con sangre

John Thompson, de dieciocho años, estaba solo realizando tareas en el campo de 1600 acres de su familia en Dakota del Norte cuando sucedió el accidente. Al darse cuenta de que sus brazos no estaban, se esforzó por ponerse de pie y tambaleando regresó a la casa donde usó la punta de un hueso que sobresalía de lo que quedaba de un brazo para abrir una puerta de malla metálica. Luego abrió el picaporte con la boca para entrar a la casa.

De algún modo logró desenganchar el teléfono y pudo discar el número de la casa de su tío que quedaba a unos pocos kilómetros de distancia, con un lapicero sostenido en su boca. Su prima de diecisiete años respondió y le dijo que necesitaba una ambulancia porque «estoy sangrando mucho y no tengo brazos».

Luego, John colgó el receptor y fue al baño donde se agachó

en la bañera, ¡porque no quería manchar con su sangre la alfombra de su madre! A los pocos minutos llegaron miembros de la familia e intentaron ayudar a John para que mantuviese su buen estado de ánimo mientras aguardaban la llegada de la ambulancia.

En medio de todo esto, John Thompson nunca perdió el conocimiento ni su sentido del humor. Cuando su tía le dijo que la ambulancia llegaría en un segundo, él le contestó: «Mil uno... bueno, no ha llegado».

Cuando entró velozmente el equipo de la ambulancia para llevar a John al hospital, quedaron impactados por lo que vieron. También se maravillaron cuando John les recordó que buscasen sus brazos, que aún yacían cerca de la máquina poderosa que los había arrancado. ¡Hasta les indicó dónde encontrar bolsas para residuos en la cocina y así poder empacar sus miembros en hielo!

Milagrosamente, las arterias de John se habían cerrado como si se hubiese aplicado un torniquete natural; fue llevado rápidamente hasta una instalación médica que estaba a veinte minutos de allí. Poco después lo transportaron por aire hasta un centro para traumatizados donde aguardaban seis especialistas en microcirugía para reimplantarle los miembros, uno de los cuales había sido cortado por encima del codo y el otro a la altura del hombro. La operación fue exitosa, pero los doctores no sabían con seguridad cuánto uso recuperaría John de cualquiera de los brazos. A continuación se enfrentaba a por lo menos cinco años de penosa terapia física.

Con su habitual actitud positiva, John ya intentaba decidir lo que haría con sus manos y cómo haría para acabar la escuela secundaria. Al referirse al accidente decía: «Estoy agradecido por las oraciones de todos y por todo lo demás, pero cualquiera habría hecho lo que hice. Uno hace lo que tiene que hacer».[9]

Pocas personas deberán enfrentarse al increíble trauma por el que pasó John Thompson, pero muchos de nosotros nos enfrentamos a nuestros propios traumas, y lo que dice John resulta cierto tanto para nosotros como lo fue para él: «Uno hace lo que tiene que hacer». Y al hacerlo, lo que hay en el pozo sube en el balde. Es por eso que resulta tan crucial contar con la posibilidad de extraer las reservas de fortaleza interior que sólo Dios provee. Tal como lo dice el salmista:

TRANSFORMA EL DESIERTO EN ESTANQUE DE AGUAS, Y LA TIERRA SECA EN MANANTIALES...[10]

¿Cuánto dolor podemos soportar? Sólo Dios sabe, pero Jesús promete: «Si alguno tiene sed, venga a mí y beba» (Juan 7.37, Reina Valera). Él proveerá el agua de vida que marcará la diferencia.

Un poco de amor, de confianza un poco,
un suave impulso, un sueño inesperado,
y la vida seca cual desierto y arena,
como arroyo de montaña, se torna fresca.[11]

En este capítulo, nos hemos referido a varias formas «comunes» por medio de las cuales los hijos pueden causarle dolor continuo a sus padres. Obviamente, existen muchas otras, pero en el capítulo 4 deseo enfocar un problema doloroso que solía pensar que era extraordinario.

El día que descubrí que mi propio hijo era homosexual, mi mundo estalló. Enojo, furia y homofobia formaron parte de mi reacción inicial. Sentía que era la única en el mundo entero que tenía un hijo homosexual. Aprendí mucho en los siguientes años al nacer los Ministerios Espátula. Ahora sé que la homosexualidad no es tan extraña como pensaba allá por 1975. Nuestra REACCIÓN es la que hace que sea un asunto tan intratable; a eso nos referiremos en el próximo capítulo.

Aplasta tristezas

La vida se parece a un barquillo de helado:
Cuando piensas que lo tienes todo bajo control...
¡TE CHORREA POR TODAS PARTES!

❖ ❖ ❖

SI EN EL PRIMER INTENTO NO TRIUNFAS,
AVERIGUA SI EL PERDEDOR SE GANA ALGO.

◆ ◆ ◆

Cuando la vida te lance estiércol
que moleste a nuestras narices,
úsalo como fertilizante;
¡es tu oportunidad
de cultivar rosas![12]

◆ ◆ ◆

El secreto del éxito en el trato con un niño
es no ser su padre.

◆ ◆ ◆

¿ME AGRADECERÍAS QUE TE CONFÍE
MI EXPERIENCIA
AUN SI NO TE DIGO EL PORQUÉ?

◆ ◆ ◆

EL DINERO NO ES TODO,
PERO SÍ QUE MANTIENE COMUNICADOS A LOS HIJOS.

◆ ◆ ◆

El ascenso por la escala musical

DO: Domina tu preocupación por cosas que tal vez
nunca lleguen a suceder, y aunque sucedan, la preocupación no te ayudará. Presta atención a tus bendiciones antes de contar tus cuitas.

RE: Reparte tu buena voluntad y espíritu de benevolen-
cia. Como la risa, es contagiosa y hace que tú y otros se
sientan mejor.

MI: Ministra bondad, comprensión, tolerancia y perdón con generosidad. Segarás lo que ministres.

FA: Fantástico alcance tienen los beneficios terapéuti-
cos de la reflexión espiritual. Te conviertes en lo que habi-
tualmente piensas. El resentimiento, el odio, el rencor, la
envidia y la venganza producen una lluvia radioactiva
que carcome tus vísceras. Son autoconsumidoras.

SOL: Solamente debes sembrar semillas de amor, amistad, comprensión y servicio. Estas robustas semillas echan raíz aun en los suelos más duros.

LA: La risa hacia ti mismo debe ser de vez en cuando. Es menos factible que luche consigo mismo aquel que puede reírse de sí. Ríete de ti, aun cuando no sientas deseos de reír.

SI: Sintonízate a la concienciación y apreciación de todas las maravillas de la naturaleza. Agradece diariamente a Dios por el precioso regalo de vida. La gratitud genuina y el descontento nunca van de la mano.

DO: Doblega tus expectativas de que otro te abra la puerta hacia la felicidad. Debes hacerlo tú mismo. Sólo tú posees la llave. Hazla girar.

Origen desconocido

✦ ✦ ✦

Existen momentos en que, a pesar de los puntos,
el simple hecho de estar VIVO equivale a ganar.

✦ ✦ ✦

HAY DÍAS EN LOS QUE ERES EL INSECTO...
¡HAY OTROS EN LOS QUE ERES EL PARABRISAS!

✦ ✦ ✦

Bienaventurados los flexibles,
porque no serán deformados.

✦ ✦ ✦

«Te basta mi gracia, pues mi poder se perfecciona en la debilidad» (2 Corintios 12.9, NVI).

4

Eres un ¿¡¿QUÉ?!?

*Qué hacer cuando tu «quién» favorito se
vuelve un «qué»*

Con todo lo que sucede hoy en día, algunos pecados parecen
casi «aceptables» al compararlos con otras alternativas. Me
llegó una carta de una madre que recibió una llamada preocu-
pante de su hijo. Le comunicó que él y su esposa se habían
separado, que él era el culpable de todo y que tenía un «terrible problema».

El hijo le pidió a su madre que llamase a su esposa y cuando
lo hizo, su nuera le dijo que sí era verdad que su esposo había
tenido un amorío y que existía la posibilidad de que le hubiese
trasmitido una «terrible enfermedad».

Por causa de la preocupación de la nuera, la conversación
telefónica acabó rápidamente y, en el momento en que la
suegra colgó el receptor, temía lo peor. ¿Sería que su hijo era
homosexual y que había trasmitido SIDA a su esposa? Debió
aguardar tres días antes de poder viajar en avión hasta la
ciudad donde vivían su hijo y su esposa para poder conseguir
más datos acerca de la crisis. Su carta decía a continuación:

Permití que me hablara sin interrumpirlo hasta que llegó al relato de su amorío. Insistí que me dijese quién era y cuando me lo dijo, le pregunté: «¿Quieres decir que es una MUCHACHA?» Me contestó: «¡Sí, por supuesto!» Las primeras palabras que me salieron fueron: «¡Oh, estoy tan CONTENTA!» Pensó que había perdido la cordura porque sabía de mis profundas convicciones cristianas con respecto al matrimonio y al adulterio. Cuando pude explicarle acerca de mi terrible mal entendido, quedó horrorizado, pero después de hablar finalmente dijo: «Bueno, madre, ahora sé cómo comunicarte malas noticias... ¡simplemente te doy en primer lugar una noticia peor, luego estarás tan aliviada que no quedarás abrumada por las malas noticias!»

A pesar de lo terribles que resultaron esos tres días de espera y dudas, esta mamá aprendió unas lecciones duraderas. Se incrementó su fe al ayudarla Dios a afrontar la prueba más difícil de su vida. Y por su experiencia de vivir en completo temor al SIDA por tres días, tiene ahora tremenda compasión por todas las familias que se enfrentan a esta fatal situación. Dijo: «¡Ya nunca volveré a ser la misma que era antes de esta prueba de tres días!»

Nunca me enteré del último capítulo de esta historia. No estoy segura si la pareja se volvió a unir, pero sé que esta mamá siguió amando a su hijo a través de toda la situación. Aun cuando sus puntos de vista con respecto al adulterio no cambiaron un ápice, pudo ver que, a pesar de lo malo que puede resultar una aventura extramatrimonial, existen cosas que pueden ser aun más devastadoras.

Ella esperaba escuchar las siguientes palabras horribles: «Soy homosexual y el análisis determinó que soy HIV positivo», y cuando eso no sucedió, emitió un gran suspiro de alivio. Pero, ¿qué sucede cuando sí te anuncia tu hijo o hija (o cónyuge): «Soy homosexual... tengo un amante... me voy a mudar»? ¿Qué *debes* hacer cuando tu «quién» favorito se vuelve un «qué»?

Cuando la bomba cae del ropero

He hablado con muchos padres que dicen: «Si sólo se hubiese ido con alguna mujer. ¡*Eso* lo podría soportar! ¿Pero ESTO?

No juzgo en absoluto a estos padres por darle más peso a un trauma que a otro porque los comprendo. Yo también lo hice. Cuando descubrí que mi hijo Larry era homosexual, el efecto emocional se asemejaba a la explosión de una bomba de cien kilotones. Y desde el inicio de los Ministerios Espátula, hace más de catorce años, he hablado con miles de padres que

han escuchado esas mismas palabras funestas y su reacción ha sido igual a la mía. Es posible que no sea racional ni cristiano siquiera, pero para la mayoría de los padres, en una escala del uno al diez, ¡escuchar que su hijo es homosexual equivale a un trece!

Es por eso que le pusimos el nombre de «Espátula» a nuestro ministerio. A pesar de lo malo que puedan llegar a ser tantas cosas: la muerte de un hijo, escuchar la palabra fatal *cáncer*, enterarte que el matrimonio de tu hija se está rompiendo por causa de adulterio y así sucesivamente... la palabra *homosexual* produce algún efecto que literalmente hace que las personas salten hasta el techo, y ¡sólo una espátula de amor puede despegarlos y ayudarlos a volver a ponerse de pie! A continuación doy unos pocos ejemplos de cómo reaccionaron algunos padres al recibir la noticia.

> Nuestro hijo de treinta y cuatro años, que tiene esposa y dos hijos, nos dijo en junio que era homosexual y que él y su esposa se iban a divorciar. Ambos quedamos devastados. Recién ahora me empieza a importar si vivo o muero.

❖ ❖ ❖

> Conversé contigo por unos pocos minutos cuando nos enteramos del estilo de vida escogido por nuestro precioso hijo Peter. ¡Cuánto duele! Un día estoy arriba, otro estoy abajo. El día de hoy es <u>NEGRO</u> y ni siquiera pude realizar mi caminata.

❖ ❖ ❖

> Mi esposo se alteró tanto que quería matar a nuestro hijo, a su amigo, a nuestro hijo menor, a mí y a sí mismo. Pensaba que esa era la única «salida».

❖ ❖ ❖

> El lunes pasado el mundo mío y de mi esposo se destruyó. Nuestro hijo de diecinueve años nos dijo que es homosexual. ¿Qué más debo agregar? Somos cristianos, hemos trabajado en la iglesia y hemos enseñado a los jóvenes en la Escuela Dominical durante veinte años. En

la comunidad tienen un alto respeto por nosotros... ¿Ahora qué hacemos? Empiezo a descansar en Jesús y luego el pánico me inunda queriendo ahogarme. ¡El sufrimiento de su padre me abruma! El diablo nos ha golpeado en nuestro punto más vulnerable.

◆ ◆ ◆

Si te sueno serena... es porque hoy lo estoy. He dejado pasar dos semanas desde haber leído tu libro esperando un día en el que pudiera escribirte en lugar de tener deseos de colorear o recortar muñecos de papel. Mi amiga me regaló muñecos precortados, ¡dice que no me tiene confianza para usar siquiera las tijeras de punta roma! ¡Es difícil encontrar buenos amigos!

◆ ◆ ◆

Mi hija vino a casa durante el receso de primavera y me dijo que es lesbiana. Perdí el control. Agarré mi Biblia y le rogué, lloré y grité (una cosa que nunca he hecho), amenacé suicidarme, pero nada cambió excepto que se alejó completamente de mí.

Puedo identificarme con todas estas emociones paternales... ¡y muchas más! Después de perder a Steve y luego a Tim, pensé que había colmado mi copa del sufrimiento, pero me equivoqué. Por malo que haya sido tratar con las muertes de dos hijos, resultaba más fácil enfrentarse a muchos detalles de esas muertes que al hecho de enterarme de la verdad con respecto a Larry.

Larry y yo manteníamos una relación «perfecta»

Al retroceder mentalmente hasta ese día increíble de junio de 1975, recuerdo claramente el calidoscopio de emociones que al parecer me atacaron de golpe. Larry no se me acercó para admitir que era homosexual; en lugar de eso lo descubrí por accidente al hallar material homosexual en un cajón de la cómoda donde inocentemente buscaba un LIBRO DE ESTUDIO BÍBLICO para un amigo suyo. A continuación del shock inicial me sobrevino una actitud de incredulidad total, incluso de negación. ¿Cómo podía suceder esto? Él había compartido tanto con nosotros, en particular habíamos disfrutado él y yo de música, y juntos habíamos hecho tantas cosas divertidas.

Durante la escuela secundaria Larry había trabajado el turno de noche en un negocio local de hamburguesas, y al terminar su horario de trabajo traía hamburguesas a casa para los dos. Al llegar siempre olía a cebollas y papas fritas y en ocasiones me encontraba mirando el programa de televisión de Johnny Carson. Se dejaba caer en el grande y cómodo sillón próximo a la TV; luego comíamos las hamburguesas y me contaba las cosas graciosas que habían sucedido en el trabajo.

Una noche describió a una dama verdaderamente gorda que se acercó a la ventanilla y encargó ¡quince hamburguesas, quince raciones de papas fritas y quince batidos de chocolate! Estaba sola en su automóvil y cuando se aproximó a la ventanilla para buscar su pedido, Larry automáticamente le formuló la pregunta de rutina: «¿Es para comer AQUÍ o para llevar?»

Nos reímos con ganas de esa historia y de muchas otras. Me contaba acerca de sus amigos que pasaban a verlo y conversábamos sobre otras personas que conocíamos y de las cuales disfrutábamos. Era nuestro momento para compartir, mirar a Johnny Carson, comer hamburguesas, beber Coca-Cola y reírnos... siempre reírnos.

Larry tiene una risa chispeante que es contagiosa... absolutamente contagiosa... y MUY AUDIBLE. Siempre temí que despertásemos a Bill o a Barney con nuestras fuertes risas, pero cuánto nos DIVERTIMOS.

Durante todos esos años Larry no dejó entrever siquiera su lucha con la homosexualidad, ni hubo indicación alguna de que esto fuese parte de su vida. Tuvo muchas oportunidades de decírmelo cuando de noche permanecíamos sentados los dos solos en el silencio de nuestra casa en penumbras, pero nunca dijo una palabra acerca de su lucha personal.

Al rememorar algunas de nuestras conversaciones, una vez recordé que quería saber lo que pensaba con respecto a la seguridad eterna. Siempre he tenido la convicción de que el creyente está seguro en el amor de Dios, y basándome en mi propia reserva de las Escrituras le dije a Larry por qué y cómo sabía que esto era verdad y el modo en que se aplicaba a mi vida, como así también a la de él. Después de descubrir que Larry era homosexual, sus preguntas referidas a la seguridad eterna me resultaron mucho más comprensibles.

Otro enigma en junio de 1975 era la placa de «Madre del Año» que me había regalado Larry sólo un mes antes para el Día de las Madres. Me expresaba lo maravillosa que era como mamá y agregaba algunas frases floridas más que le dicen a las madres en días especiales. Pero ahora, ¿dónde estaba el querido hijo a quien pensaba que conocía tan bien? ¿Qué le había sucedido al muchacho risueño, de buen ánimo, que repentinamente poseía un LADO OSCURO que nunca antes había conocido?

Cuando hice mi descubrimiento devastador en el cajón de la cómoda de Larry, no había tiempo para conseguir respuestas a mis frenéticas preguntas. Larry no estaba presente y se suponía que yo estuviese en el aeropuerto en cuarenta y cinco minutos para recoger a mi hermana Janet y a su esposo, quienes regresaban a casa luego de unas vacaciones en Hawaii. Todos pensábamos ir a Disneylandia esa tarde y luego celebrar juntos el Día de los Padres antes de que tomasen el vuelo que los llevase de vuelta a Minnesota.

No estoy segura del porqué, pero junté todo el «material» que había descubierto y lo tiré dentro del baúl de mi auto. Tampoco sé con seguridad por qué le escribí una nota a Larry que decía:

> Larry, hallé las revistas y demás cosas en el cajón y tengo todo conmigo. Te amo y Dios te ama, pero eso está muy mal. ¿Sería posible que pasemos esta noche y, después de que los parientes se vayan mañana, hablemos sobre el asunto? Por favor, reúnete con nosotros en el mástil de Disneylandia a las ocho, para que a pesar de todo podamos disfrutar junto a ellos del gran desfile y de los fuegos artificiales con motivo del bicentenario.

Si hubiese querido mantener las cosas calladas hasta que mi

hermana y su esposo se hubiesen ido, lo mejor habría sido dejar el material intacto en el cajón de su cómoda. Mejor habría sido mantener una sonrisa durante todo la actividad, haber pasado esa tarde un tiempo maravilloso en Disneylandia, disfrutar de un gran Día de los Padres, acompañarlos hasta el avión con sonrisas y LUEGO volver a casa para enfrentar a mi hijo y comunicarle lo que sabía.

Nada tenía sentido... NADA

Lo que hice en lugar de eso no tenía lógica alguna, pero a decir verdad, ni la vida tenía mucho sentido en ese momento. Mientras me dirigía al aeropuerto a una velocidad que me parecía alocada, sentí todos los síntomas de un ataque de pánico: falta de aire y una fuerte sospecha de que un elefante invisible se hallaba sentado sobre mi pecho mientras que de algún modo un felpudo había sido metido a la fuerza dentro de mi garganta. Y por algún extraño motivo, ¡me picaban los dientes!

En la profundidad de mi ser sentía dolor, como si hubiese recibido una cornada de toro. Nunca había recibido una *cornada* de toro, pero estaba segura de que ASÍ debía ser. Extraños sonidos de gemidos brotaban de mi boca y me preguntaba si esto «sólo» se trataba de un ataque de pánico... o si era el inicio de un ataque cardíaco.

¿Qué sucedía? Después de todo, no me resultaban desconocidas las crisis ni las noticias espantosas. Nueve años antes había levantado de un oscuro camino de montaña a mi marido medio muerto con su cabeza magullada por causa de un accidente, y había mantenido la compostura al ir a pedir auxilio para luego bajarlo por ese camino de montaña hasta el hospital de la localidad.

Dos años después de eso, la muerte había llegado hasta nuestra puerta por primera vez al morir Steven... y afronté esa situación. Luego cinco años después, la muerte nos hizo una segunda visita por medio de la llamada desde el Yukón que me comunicaba que Tim estaba muerto. No había tenido sensación de felpudos en la garganta ni de elefantes sobre mi pecho en ESE ENTONCES, así pues, ¿qué era lo que sucedía ESTA vez?

¿Sería que me sobrevenían todos estos síntomas porque llevaba en mi baúl una pila de revistas homosexuales y de cartas dirigidas a mi hijo? ¿Debería deshacerme de ellas en algún punto antes de encontrarme con Janet y Mel en el aeropuerto? Pero, ¿cómo podría desembarazarme de ellas sin que la vieran? No contaba con ninguna bolsa de papel donde poder meterlas. Además, posiblemente sería ilegal poseer tal material... tal vez era como poseer drogas o algo por el estilo.

No sabía nada respecto a la homosexualidad y por cierto no sabía cómo afrontar el hecho de que mi hijo precioso fuese uno. Pero lo peor de todo era que me sentía muy TRAICIONADA. ¿Cómo pudo Larry habernos mantenido en oculto esta parte de su vida de manera tan completa? ¿Por qué no me dijo algo, en especial por el hecho de que compartíamos tantas cosas?

Mi hijo siempre había sido muy considerado

Al rememorar la noche del accidente de Bill recordé que Larry sólo contaba con once años en ese momento, sin embargo, había sido muy maduro y muy firme. Después de pedir una ambulancia para Bill, dejé a Larry arriba en el centro de retiros bajo el cuidado de otras personas de nuestra iglesia. Luego volví rápidamente hasta el sitio donde había hallado a mi esposo y llegué justo a tiempo para acompañarlo en la ambulancia durante el recorrido descendente desde la montaña hasta el hospital. Sin ayuda alguna ni sugerencia de los adultos presentes, Larry tomó el teléfono y llamó a nuestro médico de cabecera, a nuestro pastor y a su maestro de la escuela cristiana a la cual asistía y les comunicó lo que había sucedido. Para cuando llegó la ambulancia al hospital, ¡los tres estaban allí esperándonos!

Larry había tenido presencia de ánimo para efectuar estas llamadas mientras que todos los demás oraban e intentaban decidir qué hacer. Sólo tenía once años, pero realmente pienso que poseía el don de la misericordia aun a esa temprana edad y sabía cómo usarlo.

Y durante los dos años siguientes, Larry demostró mucho interés y consideración al lidiar con los diagnósticos que decían que mi esposo quedaría ciego y vegetaría por el resto de su vida, la cual estimaban que duraría cinco años a lo sumo. Más que ningún otro, Larry hizo posible que pasara por ese tiempo increíble de adaptación. Al aprender a ser la enfermera y apoyo total para Bill, Larry me ayudó a planchar las arrugas de la vida; me daba alegría cuando me golpeaba fuerte el estrés.

Cuando descubrí que Larry era homosexual, pregunté: ¿Cómo pudo TRAICIONARNOS de esta manera? ¿Cómo pudo vivir OTRA VIDA de la que no estábamos enterados? ¿Sería que me encontraba tan ocupada con la recuperación de Bill que no había estado atenta a la búsqueda de señales? Pero por otro lado, ¿por qué buscar señales cuando todo se veía tan normal?

Ahora sé que parte de la razón del secreto de Larry era que, como siempre, intentaba ser amable. Sufriendo él mismo, deseaba ahorrarnos la pena de enterarnos de lo que ni él ni nosotros podríamos comprender.

Durante todo el viaje al aeropuerto sólo pasaron por mi mente sentimientos de angustia y traición. Pero también recuerdo claramente haber hecho planes de pasar de algún modo el fin de semana para dedicarme luego, el lunes, a ARREGLAR el problema de Larry. Después de todo, pensé, Dios y las madres pueden arreglar cualquier cosa, y seguramente habría algún tipo de pastilla, inyección, medicación o terapia que pudiese COMPONER A MI HIJO. ¡Nada era imposible para Dios y para las madres!

Ya me anticipaba a mi confrontación con Larry. Le diría que debía «cambiar o arder». Luego recitaría 1 Juan 1.9 y todo habría acabado. Pondría FIN a lo que fuese que estuviese haciendo y sería limpio. Esta cosa terrible se alejaría de nuestras vidas y podríamos volver a unir las piezas.

No, no existía nada que no se pudiera ARREGLAR y, por cierto, que mi confrontación con Larry haría justamente eso, arreglarlo, y se habría acabado esta horrible pesadilla, ¡DE UNA VEZ POR TODAS!

Pero mientras trataba de infundirme confianza acerca de tener la capacidad de arreglar a Larry, también pensaba en versículos de las Escrituras que hablan acerca de una «mente reprobada». ¿Era una mente reprobada una cosa que se podía tener y perder más adelante? ¿Tenía Larry una mente reprobada por causa del material que había hallado en su habitación? ¿Qué ERA con exactitud una mente reprobada?

Con seguridad que toda la porquería en mi baúl no podía ser parte del muchacho al que tanto amaba. ¿Quién era esta persona que tenía un lado oscuro en su vida que nunca antes había salido a la superficie? ¿Lo amaba Dios y lo perdonaba? ¿Podía amarlo y perdonarlo? ¿Podrían alguna vez las cosas volver a ser como eran antes?

Los padres de hijos homosexuales pueden confundirse un poco

Mis preguntas se amontonaron unas sobre otras. Al recordar ese día increíble de 1975, puedo ver que el pánico, el dolor y la ansiedad estaban entremezclados con la ignorancia, el mal entendido y la ingenuidad.

En 1975 no conocía a nadie que tuviese un homosexual en la familia, mucho menos un hijo homosexual. ¡Era una cosa tan ANTINATURAL! El haberse fugado con una muchacha habría sido pecaminoso, pero al menos habría sido un tipo de pecado natural. Esto era anormal... porque era un asunto que desconocía por completo.

Aquello fue en 1975. Hoy en día casi no conozco a nadie que NO tenga en su familia algún homosexual. Desde el inicio de los Ministerios Espátula he recibido cartas que demuestran que no soy la primera madre que pensó que su hijo podía ser «simplemente arreglado» en alguna parte. Por ejemplo, un padre escribió:

> Mi hija acaba de volverse lesbiana y está en la universidad. Dispone de tres semanas de vacaciones en la época de Navidad y nos preguntábamos si sería posible enviarla

a California durante su receso escolar, de manera que la arreglaras antes de que se reiniciara el curso para que no perdiera días de clase por este asunto.

Desde que se iniciaron los Ministerios Espátula, hace más de catorce años, me han hecho preguntas de todo tipo por padres de hijos homosexuales. A menudo escriben o llaman mientras se enfrentan aún al shock inicial causado por la noticia con respecto a su hijo. Mi propia experiencia me ayuda a sentirme identificada cuando suenan un poco confundidos y alterados, y cuando confunden las palabras y tuercen los conceptos. A continuación incluyo algunos extractos de cartas que han llegado por correo, incluyendo una carta que estaba dirigida a: «Queridas MISERIAS Espátula».

Me enteré que mi hijo es homosexual. Se la pasa preguntándonos por qué lo tratamos como un leopardo. ¿Qué quiere decir con eso? No lo hemos visto desde hace varias semanas. ¿Qué piensa él que hacemos... dirigir un zoológico?

Desde que nos enteramos que nuestra hija es homosexual mi esposo se muestra desvergonzado. ¿Qué debería hacer por su falta de pudor?

Mi hija escribió algunas cartas a una amiga donde habla acerca de ser lesbiana. ¿Acaso no es libanés Danny Thomas? ¿Qué tiene que ver eso con que las muchachas se escriban cartas de amor?

Mi esposo me dijo que es un homoseccional. ¿Dónde puede hallar ayuda para seccionales?

Durante varios meses he intentado descubrir cuál podría ser la causa de la homosexualidad de mi hijo. Por fin me di cuenta que de los cinco hijos él fue el único que no amamanté. Me alegra haber encontrado la respuesta ahora, porque este asunto de tratar de dilucidar la causa de este problema me ha tenido muy alterada.

Los padres hacen preguntas muy difíciles

Recientemente una dama me escribió para decirme: «¡Leí que la transpiración evita que los muchachos se involucren en la homosexualidad!» Si al menos fuese verdad su información, ¡pero me temo que las glándulas sudoríparas no tienen nada que ver con el asunto! Mi correspondencia no sólo demuestra que existe mucha confusión con respecto a la homosexualidad, sino que también hay mucho sufrimiento entre padres que con desesperación desean conocer las respuestas a preguntas muy reales y difíciles. En lo que resta del capítulo deseo referirme a algunos de sus interrogantes más frecuentes:

Mi esposo y yo participamos activamente en la vida de nuestro hijo durante su juventud y pasamos mucho tiempo con él. Siempre ha parecido muy feliz y bien adaptado. Estuvo en los Boy Scouts y 4-H (actividades masculinas). ¿Cómo puede ser homosexual?

Es muy posible que esta sea la pregunta que me hacen con más frecuencia. A menudo se comunican conmigo padres que dicen que sus hijos aceptaron a Cristo cuando eran jóvenes y que durante su crecimiento asistían con regularidad a una iglesia de fundamento bíblico. Hasta asistieron a una universidad bíblica, sin embargo, estos hijos resultan ser homosexuales. Es más, ¡frecuentemente tienen su primera experiencia homosexual en una universidad bíblica! Los padres formulan esta pregunta de diversas maneras: «Intentamos hacer todo bien. Tratamos de criar a nuestros hijos en la disciplina y la amonestación del Señor. Por lo tanto, ¿qué es lo que salió mal y qué podemos hacer ahora por nuestro hijo?»

En cuanto a «¿qué es lo que salió mal?», nadie lo sabe a

ciencia cierta. Algunos dicen que la homosexualidad se elige, pero en todas mis experiencias de consejería nunca he conocido a un homosexual que *escogiera* su orientación (a decir verdad, tampoco conozco ningún heterosexual que lo haya hecho). Estudios recientes indican que la orientación sexual quizás tenga un componente genético. Pero incluso entre los que creen que están involucrados los factores ambientales, la mayoría es rápida en señalar que tales influencias aparecen mucho antes de que un niño tenga edad suficiente para «escoger» tal cosa.

He hablado con muchos sicólogos cristianos, sicoterapeutas y consejeros y leído sus opiniones y *ninguno* de ellos llega a un acuerdo en lo que respecta a la causa de la homosexualidad. A esta altura, se puede decir con seguridad que nadie puede explicarla por completo. Es posible que una multiplicidad de motivos contribuya para que uno sea homosexual. He estado aprendiendo sobre esto durante quince años y aún tengo más preguntas que respuestas. Pero esto sí sé: Todos vivimos en un mundo pecaminoso. *Nada es ideal ni perfecto.*

DIOS NOS LLAMA A SER FIELES; NO NOS PROMETIÓ QUE SERÍAMOS EXITOSOS.

Les digo a los padres: Ustedes dedicaron su mejor esfuerzo a la tarea de ser los padres que Dios deseaba que fueran. Tengan presente que Dios fue el padre de Adán y ¡mira el desastre que resultó ser! Así que, ¿quién eres tú para pensar que puedes hacer un trabajo mejor que Dios? Simplemente ama a tus hijos y ten fe en que tus reservas de las Escrituras y preparación los impulsarán a poner sus corazones en línea con Dios. Ora para que sus decisiones y la conducta que escojan a la larga sean regidas por su compromiso con el Señor y confía en que Él conoce mejor que tú los puntos difíciles de sus vidas.

Como padres, nuestras oraciones debieran pedir que nuestros hijos estén limpios delante del Señor. Si tienen un buen matrimonio bíblico, eso está bien. Si permanecen solteros, eso también está bien. El celibato implica una vida solitaria, pero existe un don del celibato. Nadie parece desearlo, pero es un don. El punto principal, sin embargo, es que los padres no pueden culparse por las acciones de sus hijos. Sean cuales fueren las decisiones que tomen tus hijos, serán ellos los que deban responder ante Dios, no tú.

◆ ◆ ◆

¿Cómo debemos reaccionar ante el anuncio de nuestro hijo diciéndonos que es homosexual? ¿Acaso no enseña la Biblia que debemos alejarnos de cualquiera que deliberadamente peca?

Hay versículos que dicen que no debemos estar en compañía de hermanos entregados a comportamiento pecaminoso (véanse 1 Corintios 5.11 y 1 Tesalonicenses 3.6) y valoro lo que puedan comunicar esos versículos en un marco de la iglesia como comunidad, pero no creo que se apliquen necesariamente a las relaciones familiares. Para ir al grano, no creo que se pueda extraer un versículo aquí y allí y colgar de él toda nuestra teología. El mensaje central de Dios es su amor redentor para con todos nosotros.

En lo que respecta a cómo debieran responder a su hijo estos padres, sugeriría que considerasen algunos factores importantes. En primer lugar, si su hijo es menor de dieciocho años, nunca aconsejo que lo echen de la casa para que se las arregle solo. Echar a un adolescente para que tenga que vérselas solo simplemente lo lanza a un estilo de vida promiscuo. Sin embargo, trazo el límite a los dieciocho años. Si el hijo es mayor de dieciocho y practica rebeldemente un estilo de vida promiscuo sin importarle los sentimientos de los padres, mi consejo en lo que respecta al mejor modo de reaccionar es este: Haz lo que resulte MÁS CÓMODO PARA TI. Es posible que esto no sería amor «incondicional» total, pero no debes permitir que el comportamiento de una persona destruya tu familia por completo. Dile a tu hijo que lo amas y que orarás por él, pero que para conservar tu propia salud mental, preferirías no tener que enfrentarte con esto en tu propio hogar.

Luego ayuda a tu hijo a ubicarse en otro sitio y demuestra tu interés comprándole alimentos para poner en el refrigerador y también otros elementos necesarios como pañuelos de papel, jabón, papel higiénico... *cualquier cosa que le recuerde tu amor incondicional hacia él.* Muchos padres posiblemente sientan que su hijo no es digno de su amor, pero después de todo, ¿quién *es* digno de amor incondicional?

Debes comprender que la condenación no producirá ningún cambio en el estilo de vida de tu hijo. Sólo la convicción que viene de Dios puede causar una modificación en el comportamiento de CUALQUIERA de nosotros. Sólo Dios puede tomar un corazón de piedra y convertirlo en uno de carne (véase Ezequiel 11.19).

◆ ◆ ◆

Nuestro hijo homosexual dice que nunca ha sido tan feliz. ¿Cómo puede sentirse así cuando se le ha enseñado que este estilo de vida es tan errado?

Pareciera que muchos hijos, en particular muchachos, pasan por mucha angustia al crecer sintiendo emociones que a su parecer no son aceptables. Tienen demasiado temor a que alguien se entere y muchos de ellos luchan durante años tratando de vivir los dos lados de la moneda. Luego, cuando los descubren, o cuando revelan que tienen una orientación homosexual, se sienten ALIVIADOS porque ahora pueden estar al descubierto sin necesidad de seguir ocultando su lucha.

En lo que respecta a su felicidad, es difícil de decir. Lo único que sé es que nunca he conocido a un homosexual cristiano, hombre o mujer, que me haya dicho que *escogería* ser homosexual. El despliegue complicado de factores que contribuye a los sentimientos homosexuales es tan complejo y entrelazado que no se puede explicar en unos pocos párrafos. Muchos libros enteros lo intentan y no logran aportar respuestas conclusivas.

Cuando terminaba este libro, noté que durante dos días Ann Landers había dedicado su columna a la pregunta: «¿Te da gusto ser homosexual, o preferirías ser heterosexual?» De acuerdo con Ann, las respuestas, en una proporción de treinta a uno, decían: «Sí, me alegra ser homosexual». Pero repito, en más de quince años de trabajar con homosexuales de todas las edades, nunca he conocido a un homosexual cristiano que dijese: «Me da gusto ser homosexual».

Ann Landers publicó varias cartas de homosexuales, algunas de las cuales decían que se alegraban de su orientación; pero otras decían cosas como estas: «¿Si me da gusto ser homosexual? Debes estar loca. Me han golpeado, escupido y discriminado en el mercado laboral. ¿Quién escogería ESTO?»

Otro homosexual le escribió a Ann para decir: «¿Si me da alegría ser homosexual? Mi respuesta es un *sí* rotundo. Resulta emocionante saber que allí afuera hay personas que serían felices si me mataran por causa de mi orientación sexual. Me deleita saber que el gobierno me discrimina al llegar el tiempo de declarar impuestos al no permitir que haga una declaración conjunta. Estoy extasiado porque me han impedido servir a mi país en tiempo de guerra. Reboso de alegría cuando todas las religiones principales rechazan mi estilo de vida. Me encanta saber que podría llegar a perder mi trabajo si se conociese la verdad. Lo mejor de todo, es grandioso que nuestra propia familia nos rechace. Esto es lo que significa ser homosexual».[1]

Desafortunadamente, la carta de esta persona homosexual, cargada de amargo sarcasmo, es demasiado cierta. En ocasiones la persecución puede ser aun peor para un cristiano homosexual. Un hijo homosexual puede decirle a sus padres que es «feliz», pero en lo profundo de su ser por lo general está solo y asustado. Nos corresponde a nosotros amar a nuestros hijos y proveerles todo el consuelo que podamos mientras les aseguramos que Dios aún los ama. El sacrificio de amor de Cristo ha provisto un camino para que Dios nos perdone y acepte a todos.

◆ ◆ ◆

¿Debería decirle a alguno de mis amigos que mi hijo es homosexual?

La situación de cada familia es diferente, pero un principio clave es no permitir que tu hijo te ponga un bozal obligándote a soportar solo todo el dolor, mientras que él se va para dedicarse alegremente a su estilo de vida. En cierto sentido, cuando esto sucede, el hijo ha volcado todo su dolor sobre ti. ¡Ha SALIDO de su escondite y te ha ENCERRADO a ti!

En la mayoría de los casos, es aconsejable comunicar lo que sucede al resto de la FAMILIA INMEDIATA. Cuéntales por qué sufres y diles lo que estás viviendo durante este tiempo. De otro modo, las personas pueden pensar que tienes cáncer o que estás en proceso de divorcio por el hecho de que tus emociones están tan obviamente alteradas.

Al referirme a la «familia inmediata», por lo general no incluyo a los abuelos. Decirle esto a los abuelos no siempre es de ayuda porque tal vez sean demasiado viejos para un golpe de este tipo. Mucho dependería de su fortaleza emotiva y de su capacidad de recuperación.

Pero la familia inmediata puede unirse para orar por el ser amado que se ha metido en este estilo de vida y, por sobre todas las cosas, expresarle amor incondicional. Si hacen un frente común con respecto a esto, estarán más unidos y se interesarán los unos por los otros más que nunca.

Si tu hijo homosexual te ha dado instrucciones de no contarle a nadie, dile que tú también necesitas apoyo. Después de todo, él dispone de su propio sistema de apoyo dentro de la comunidad homosexual, lo cual también te hace falta.

Obviamente, no deberías sacar avisos solicitando apoyo. Por ejemplo, no es aconsejable publicar un pedido de oración en el boletín de la iglesia. Pero puedes escoger unos pocos amigos íntimos, de confianza. La mayoría de los padres generalmente pueden hallar una pareja o dos con las que puedan franquearse respecto a sus sentimientos.

Además, es conveniente decírselo a tu jefe en tu trabajo para que comprenda el porqué no te comportas como de costumbre. Hazle saber al jefe que estás pasando por un proceso de duelo que es tan real como el dolor que sentirías si tu hijo hubiese fallecido.

El principio a destacarse es SER SELECTIVO y comunicar el asunto sólo a aquellos que piensas que serán de apoyo. Recuerda Eclesiastés 4.10: «Porque si cayeren, el uno levantará a su compañero; pero ¡ay del solo! que cuando cayere, no habrá segundo que lo levante» (Reina Valera).

Tienes un largo camino que recorrer y necesitas contarle tu problema a unos pocos que te animen espiritualmente. Es posible que no sepan mucho acerca de la homosexualidad. A lo mejor nunca han experimentado algo así, pero si son personas de compasión, pueden brindarte un importante apoyo moral.

Lo que debe subrayarse es lo siguiente: *Haz lo que sea necesario para sentirte más cómodo. Piensa en ti, y no tanto en lo que será de ayuda para tu hijo.* Esto puede parecer egoísta, pero lo enfatizo por un buen motivo. En este momento necesitas todo el apoyo que puedas recibir. Tu hijo obrará según su antojo dejándote a cargo de arreglar los desarreglos que él hizo. Sólo asegúrate de no desmoronarte también. Haz lo que sea necesario para ayudarte a poner en orden tus prioridades para mantener la unidad de tu hogar.

MÍMATE durante este tiempo. Tienes un gran cuchillo clavado en el corazón y debes hacer lo que sea para evitar que se retuerza, causándote aun más dolor. Sé egoísta, porque ahora el herido eres tú. Es aceptable cualquier cosa que puedas hacer para ayudarte, cualquier modo del que dispongas para brindarte un poco de comodidad. Más tarde puedes extenderte para ayudar a tu hijo, pero ahora necesitas rodearte de cálido apoyo, APOYO QUE ESTÉ RECUBIERTO DE PIEL. Cuando atraviesas un tiempo de dificultad, te hacen falta mimos. Pero más que todo, necesitas ESPERANZA.

Atesoro la carta que se encuentra a continuación y que recibiera del Dr. Wells, el sicólogo que me aconsejó durante mi primer año de agonía después de enterarme lo de Larry. Varios años después de haber iniciado los Ministerios Espátula, le envié al Dr. Wells uno de mis libros y algunos de los otros materiales que había creado para padres, y me contestó diciendo:

> Tu ministerio claramente parece estar dirigido a padres de homosexuales. Los anima a superar sus pérdidas...
> Para tus padres de homosexuales, su esperanza es llegar a recuperarse de su dolor, aun cuando su esperanza principal pueda ser la sanidad de sus seres queridos. Continúa

infundiendo esperanza. Están motivados. Serán beneficiados por tu servicio.

No esperes que los que no están motivados deseen recibir ayuda... Donde no hay control, no hay responsabilidad.

Hay mucha sabiduría contenida en estas pocas palabras del Dr. Wells, pero no todo lo que aconseja es fácil de aceptar. Soltar a tu hijo homosexual es la parte más difícil. Cuando ves que tu hijo se está desviando hacia lo que tú percibes como un precipicio, resulta sumamente difícil no intervenir para detenerlo. Pero es allí donde debes depender de los valores que has edificado en tu hijo. Lo amas lo suficiente como para ponerlo en las manos de Dios mientras sigues adelante con tu propia vida.

Hagas lo que hagas, no permitas que el comportamiento de tu hijo te conduzca al asilo para desorientados, mientras retuerces tus manos y dices: «¿Qué es lo que he hecho?» Date cuenta que has hecho lo mejor posible y luego sigue adelante con tu vida. Ten fe de que SUPERARÁS ESTO. Es tu hijo a quien amas incondicionalmente, sea lo que fuere que esté haciendo. Ese hijo necesita tu amor ahora... y siempre.

◆ ◆ ◆

Los padres del «amigo» de nuestro hijo aceptan sin problema el estilo de vida homosexual. Nuestro hijo está resentido porque no condonamos su modo de vida. Deseamos que siga visitándonos, así pues, ¿qué debemos hacer?

Lo que hagan los padres del amigo de tu hijo es su decisión; vivirán de acuerdo a sus valores. Lo primero que debe comprenderse es que existe una gran diferencia entre aceptar que tu hijo homosexual y su amigo son personas que necesitan de tu amor, y aceptar el estilo de vida homosexual. Es probable que tu hijo esté unido a un joven semejante a él. El mejor modo de acercamiento es demostrarles a ambos el amor de Dios.

Quizás al principio te sientas más cómodo si te reúnes con tu hijo y su amigo para almorzar en un sitio neutral. Pero será aún mejor cuando pueda traer a su amigo a tu hogar. Los cálidos recuerdos del hogar pueden ser de ayuda en la restauración de la relación con tu hijo... mucho más que la atmósfera impersonal de un restaurante.

En ocasiones debes determinar cuál alternativa es más dolorosa e intentar hacer lo que sea menos devastador. El distanciamiento causado por no ver a tu hijo puede ser mucho más doloroso que aceptarlo *sea cual fuere la situación*. Ninguna de las opciones ofrece un camino llano; simplemente debemos decidir, por nosotros mismos, con cuál de las dos nos resultará más fácil vivir.

De mis quince años de experiencia he aprendido que los padres que sí aceptan que su hijo venga a casa, aun con su amigo, logran superar mejor el trance. El amigo de tu hijo quizás sea una buena persona, así como lo es tu hijo. ¿Qué haría Jesús? Creo que brindaría amor incondicional en esta situación.

Mi amiga Anita cuenta que su hijo homosexual la llamó para preguntar si podía ir a pasar el fin de semana. Cuando dijo: «Sí, por supuesto», dejó caer esta pequeña bomba al decirle: «LLEGAREMOS para cenar alrededor de las seis». Su hijo nunca había llevado a su amigo para cenar y al principio Anita no estaba preparada para su primera reunión cara a cara. A cada rato le venían a la mente imágenes de su hijo en la cama con este hombre, pero después de algún modo encontró la fuerza necesaria para ver a este joven bajo otra luz. Ella escribe lo siguiente:

> Parte de mi enojo se disipó; después, al repasar mentalmente nuestra conversación, comprendí que había manejado bien el asunto, lo cual no podría haber hecho sin la sanidad del Señor en mi vida. Con el paso de los años he podido dejar a mi hijo en las manos de Dios. Esto me da la paz que necesito. En ocasiones aún tengo dificultades, pero estoy aprendiendo y creciendo.[2]

❖ ❖ ❖

Mi hija lesbiana quiere venir a casa unos días para la próxima Navidad y traer consigo a su amiga. No soporto verlas juntas. ¿Debería permitir que compartiesen la misma habitación?

¿Debería alojarlas en habitaciones separadas, o simplemente prohibirles que vengan siquiera?

En primer lugar, creo que deberías abrir tu hogar a tu hija y también a su amiga. Haz todo lo que puedas por mantener ABIERTOS los canales de comunicación. Reafírmale a tu hija tu amor e interés por ella. Dios se encarga de ella y no la ha negado debido a sus acciones. Piensa en tu hija como alguien que necesita amor y dirección. En este momento tu amor por ella es un imperativo ya que está luchando con una crisis de identidad.

A pesar de que nunca he debido enfrentarme a un hijo que trae a casa un amigo homosexual para las fiestas, la política que aplicaría sería: «Duerman en habitaciones separadas». Dile a tu hija que, a pesar de que la amas de todo corazón, simplemente no puedes aceptar la idea de que ella y su amiga duerman juntas bajo tu techo. Dile que aunque la amas muchísimo, no apruebas su estilo de vida y que esperas que ella pueda comprender cómo te sientes. ¡Si hubiese traído a casa un novio, tampoco los pondrías en la misma habitación!

Si tu hija decide traer a su amiga para las fiestas y permanecer en tu casa aceptando tus condiciones, confía en que Dios te dará fortaleza cuando entren juntas. Creo que te dará la fuerza necesaria para amarlas como personas que necesitan tu cuidado, no tu condenación.

¿Qué puedo decir cuando me encuentre cara a cara con el «amigo» de mi hijo?

Conversa de forma amigable, del mismo modo que lo harías con cualquier otra persona en tu hogar. Extiende tu amor cristiano hacia el amigo así como también a tu propio hijo. Haz de tu hogar un sitio de amor y ellos se sentirán cómodos contigo. ¿Qué ganarías con hacerlos sentir incómodos? Esto nada cambiaría.

La mayoría de los padres me dicen que el amigo de su hijo (o la amiga de su hija) les resulta agradable y que no les cuesta demostrar hospitalidad una vez que llegan a conocer a esta persona.

✦ ✦ ✦

Nuestra hija deseaba dar una fiesta a sus amigas del equipo femenino de voleibol de su universidad. Consentimos en que la llevara a cabo, pero luego nos horrorizamos al descubrir que todo el grupo es lesbiano. Mi esposo casi tuvo un ataque cardíaco cuando se le dijo que nuestra hija era una de ellas. ¿Dónde puedo encontrar ayuda para mi hija? ¿Está bien que se permita esto en una universidad estatal?

En primer lugar, busca ayuda para ti y no te preocupes por tu hija en este momento. Recuerda lo que mi consejero, el Dr. Wells, me recomendaba en la carta que cité anteriormente: No esperes que los que no están motivados deseen recibir ayuda. La ayuda que se necesita ahora es para tu esposo y para ti. No es posible que lleves a tu hija a algún sitio para que la ARRE-GLEN. Son ustedes los que sangran por dentro, así que consigan la ayuda que necesitan. Tu hija hará lo que se le antoje y, mientras no quiera recibir consejo, ustedes no pueden proveérselo.

En cuanto a lo que sucede en una universidad estatal, no hay nada que puedan hacer al respecto. Incluso hay universidades cristianas donde se dan este tipo de relaciones. Durante años los cristianos hemos intentado barrer todo esto bajo la alfombra, pero ahora la alfombra está tan abultada que es necesario que nos enfrentemos al asunto. Ten conciencia de que atraviesas una experiencia de shock, *pero la superarás.*

✦ ✦ ✦

Nos hemos enterado que nuestro hijo es homosexual, lo cual nos tiene enfermos. Tenemos otros hijos menores en casa. ¿Cómo podemos evitar que se enteren, o deberíamos informarles?

En nuestra experiencia hemos visto que resulta mejor que toda la familia se enfrente a esto. Si los niños son muy pequeños, no entenderán, pero cualquier niño de más de siete u ocho años puede captar cuando hay algo que anda decididamente mal en casa y se preguntan lo que puede ser.

De ser posible, reúne a toda la familia para contar lo que está sucediendo. Hazles saber a los niños menores que estás pasando por un tiempo difícil y que su hermano mayor sufre tanto como el resto de la familia. Sin embargo, *todos seguirán amándolo.* Aún forma parte de la familia. En este tiempo es necesario que la familia forme un frente común, porque el proceso de sanidad será largo.

◆ ◆ ◆

Sé que la Biblia tiene muchos versículos que pueden consolar a las personas que sufren pero, ¿qué tiene para decirles a los padres de un homosexual? Por favor, dame algo a lo que pueda aferrarme ahora.

La Biblia es RICA en versículos para animar a los que sufren, ya sea que tengan un hijo homosexual, un hijo muerto, o un cónyuge errante. No existen versículos «especiales» para los padres de homosexuales. La mejor forma que conozco de abordar el tema es sacar tu propia Biblia y recorrerla en busca de versículos que tengan un significado personal para ti, versículos que puedas adaptar a tu situación.

Localiza en una concordancia temas como dolor, desilusión, ansiedad y consuelo. Hallarás docenas de versículos de los que te puedas asir y lo mejor de todo es que al hallarlos tú misma será como encontrar un tesoro escondido. La Palabra de Dios contiene un rico tesoro, pero el lector es el encargado de hallarlo. Necesitas versículos que tengan significado para ti y que se relacionen con tu problema. Cuando lo hallas tú mismo, te ayudará a superar tu desesperanza con más rapidez que si simplemente absorbieses lo que otro ya hubiese extraído de las ricas vetas de la Palabra de Dios.

Por ejemplo, para ayudarte a empezar, a continuación se encuentran referencias de versículos acerca del consuelo extraídos de la Biblia Thompson de referencias en cadena:

Salmos 35.5; 42.5; 103.13; 119.50; 138.7

Isaías 46.4; 61.3; 63.9

Mateo 5.5

Juan 14.1

Romanos 8.28

1 Tesalonicenses 3.7; 4.13

Así que decídete para que esto sea un auténtico proyecto para ti. Cuando encuentres versículos que te son verdaderos tesoros, memorízalos. O escríbelos en pequeñas tarjetas y llévalas contigo. También puedes pegar versículos en el espejo de tu baño, o en los envases de productos de limpieza que utilizas con frecuencia: como la botella de detergente o la caja de jabón en polvo. Existen incontables maneras de que estos versículos lleguen a ser parte de ti. Pronto empezarás a sentir que se te quita la ansiedad y desciende sobre tu corazón la paz de Dios.

Permite que te hable la Palabra de Dios. Escribe su Palabra en tu corazón, recordando que no sólo te ayuda a no pecar contra Él, sino que también te trae luz, y luz es lo que ahora necesitas. ¡Ponte en marcha y encuentra esa luz! Luego puedes empezar a dársela a otros que andan a tientas en la oscuridad.

En uno de tus libros leí que debería demostrar amor incondicional hacia mi hijo homosexual. ¿Cómo puedo hacerlo cuando la Biblia misma le pone condiciones a lo que hacemos con nuestras vidas?

La Biblia sí le pone condiciones a nuestras acciones, pero Dios nunca le pone condiciones a su amor por nosotros. Existe una GRAN diferencia. A pesar de que hablo mucho acerca de amor incondicional, comprendo a la perfección que a los seres humanos les resulta imposible lograr un amor TOTALMENTE incondicional. ¿Pero acaso no es de eso lo que trata ser padres, intentar lo imposible? Herbert Vander Lugt lo dice de la siguiente manera:

Sé que es difícil mostrar amor incondicional cuando un hijo sigue lastimándote y haciendo que te sientas avergonzado. Pero si eres cristiano, tienes la responsabilidad de seguir amándolos. Y lo puedes hacer mediante el poder del Espíritu Santo que habita en ti. Será de ayuda recordar estos dos hechos: (1) Nosotros, los seres humanos, somos criaturas sumamente complejas... tan complejas que no podemos comprender todo con respecto a nosotros, mucho menos con respecto a otros. (2) Todos nosotros, tanto los respetables como los rebeldes, tenemos constante necesidad de la gracia y la misericordia de Dios.

Al tratar con una persona que se rebela contra ti y contra Dios, recuerda esto: Todos somos iguales aunque seamos criaturas complejas. No somos sólo animales; somos seres morales creados a la imagen de Dios. Poseemos conciencia, pero el pecado nos ha estropeado. Vivimos en un universo que es a la vez bello y feo. La belleza refleja la bondad de Dios, la fealdad demuestra la realidad del pecado y la maldición.

Más aún, a menudo tenemos actitudes ambivalentes. A veces queremos satisfacer nuestros bajos deseos y otras deseamos ser mejores. Frecuentemente hacemos cosas que no teníamos intención de hacer. Vez tras vez nos lamentamos por algo que hicimos o dijimos... ¡aun después de convertirnos en cristianos! Cuánta verdad encierran las palabras de Pablo en lo que respecta a nuestra experiencia: «Tengo el deseo de hacer lo bueno, pero no soy capaz de hacerlo. Pues lo que hago no es el bien que quiero hacer sino el mal que no quiero hacer[...] ¡Qué hombre tan miserable soy!» (Romanos 7.18,19,24, NVI)[3]

A través de los años hemos hablado con cientos de padres desvastados por la homosexualidad en sus familias. Cada situación varía, dependiendo del trasfondo, las finanzas y las relaciones familiares. Pero siempre hay un denominador común: *El amor incondicional expresado hacia el hijo homosexual acelera la sanidad de la relación.*

El amor incondicional es el ancla que necesita todo hijo homosexual para la travesía tormentosa. Cuando sabe que sus padres lo aman, le dicen que Dios tampoco lo ha abandonado, sino que lo ama dondequiera que esté en su camino. El camino hacia la salud es largo, tanto para los padres como para el hijo, así que recuerda:

EL AMOR INCONDICIONAL ES AMAR
SIN CONDICIONES.

A la pregunta acerca de las «condiciones» impuestas por la Biblia sobre nuestras vidas, sigue otra pregunta que desesperadamente necesita aclaración, en particular dentro de la comunidad cristiana:

¿Es pecado la homosexualidad?

A primera vista muchos cristianos dirían: «Por supuesto que lo es». Pero otros dirían: «El comportamiento homosexual es pecado, pero no así una orientación homosexual». Stephen Arterburn, fundador y director de New Life Treatment Centers [Centros de Tratamiento Vida Nueva], lo dice de esta manera:

> Cuando hables sobre esto, por favor no uses nunca la palabra «homosexualidad» como pecado, usa la palabra «comportamiento homosexual». Es un detalle muy pequeño, pero si quieres tener algún tipo de esperanza al tratar con personas, pienso que debes diferenciar las dos cosas[...]
> La homosexualidad es una definida atracción preferencial, es una atracción erótica hacia miembros del mismo sexo. Creo que, ante los ojos de Dios, el asunto clave es si una persona actúa en base a esa atracción[...]
> Creo que las personas que experimentan el estilo de vida homosexual, pueden establecer, si lo desean, una vida y un estilo de vida fuera de la homosexualidad que es muy satisfactoria y enriquecedora. A decir verdad, muchos, aunque no todos, pueden llegar a tener relaciones heterosexuales que son bastante satisfactorias y contraer matrimonio.[4]

Sólo me alegra saber que no es necesario ser el juez cuando se trata de comprender la homosexualidad. No creo que la condenación solucione este problema. Sólo la convicción que Dios da puede cambiar nuestros corazones. No podemos simplemente sacar unos cuantos versículos y citárselos a esa persona; hace falta el amor redentor para rescatar a cualquiera de nosotros de las decisiones que tomamos.

Cómo responder ante la frase: «Soy homosexual»

Cuando tu «quién» favorito se vuelve un «qué» debes decidir cómo responderás. Existen dos formas básicas de abordar el asunto:

1. La forma *equivocada* es desterrar a tu hijo de la familia.

Cortar todo contacto con él. Prohibirle que vuelva a visitar tu hogar y hacerle saber rotundamente que no tiene libertad de traer a ningún amigo si alguna vez se le permite venir.

2. La forma *correcta* es amar a tu hijo incondicionalmente. Dile que él y su amigo son bienvenidos a tu casa respetando ciertas condiciones y que, aunque no apruebas su estilo de vida, tu amor por él nunca cambiará ni se disipará.

En el transcurso de los años he recibido muchas cartas de padres en cada etapa de su travesía por la pesadilla al enterarse de la homosexualidad de su hijo. Algunos están a punto de cometer suicidio y otros están llenos de odio, homofobia e ira santa, y citan textos bíblicos como prueba de que no se debe tener nada que ver con los pecadores.

Otras cartas suplican pidiendo ayuda, deseando saber qué hacer y cómo hacerlo. Y después están las cartas de los padres que han luchado con el estado de shock, la vergüenza y la culpa, pero que ahora comprenden. Se han adaptado a la situación y tienen ESPERANZA.

Describiendo esta esperanza, dijo un padre: «No se trata de esperanza de que mi hijo cambie, sino de la esperanza que surge de una confianza en lo que siempre hemos experimentado en nuestras vidas cuando pensábamos que sabíamos lo que era mejor para nosotros[...] saber que Dios tiene un plan mejor».

La carta de este padre seguía contando cómo él y su esposa habían sobrevivido, no por medio de un curalotodo mágico, sino mediante varios medios clave de apoyo. En las reuniones de los grupos de apoyo de Espátula tuvieron la oportunidad de abrir sus corazones en una atmósfera donde no se sentían amenazados ni prejuzgados. Aprendieron que sobrevivirían, ¡y así fue!

Además de su grupo de apoyo, encontraron muchos miembros de su familia inmediata que les brindaron consuelo y comprensión ante la situación, de modo que no fue necesario que tuviesen una vida secreta. Una de sus victorias más grandes fue cuando dejaron de centrar su atención en enderezar a su hijo y reconocieron que eso le correspondía a Dios. La carta del padre seguía así:

Con esto no quiero decir que nos regocijamos en sus circunstancias. Más bien nos recordamos que Dios nos amó incondicionalmente y desea que eso sea un modelo de amor hacia nuestros hijos.

Esto fue un factor fundamental en la restauración de nuestra relación con él. Cuando reconoció que no estábamos preocupados por enderezarlo, bajó sus defensas y expresó libremente su amor hacia nosotros. También nos permitió ser un consuelo para él cuando nos decía libremente sus heridas y temores... (Resulta gracioso ver cómo nuestros estereotipos se imaginan una persona por completo entregada a la expresión sexual. En realidad los temores y las heridas del homosexual generalmente son los mismos que experimentamos nosotros. Creo, sin embargo, que la carga de su homosexualidad sí incrementa su dolor en relación con lo que otros puedan experimentar.)

Tuvimos otra revelación al evaluar el consejo que nos dieron amigos bien intencionados diciéndonos que deberíamos distanciarnos de nuestro hijo; y se trata de la importancia de una saludable relación padre-hijo para la restauración del hijo y del padre (sí, ¡ambos necesitan restauración!). No hay una ocasión donde un hijo necesite más el amor y el apoyo de sus padres que cuando se halla en la agonía de tratar con su homosexualidad. Incluso un conocimiento superficial del tema homosexual muestra la vulnerabilidad del homosexual ante el escenario de las drogas y el suicidio. ¡Qué momento terrible para abandonar a tu hijo, justo cuando más te necesita!

Aún sentimos dolor, pero con menos frecuencia que antes. Aún sentimos temor, pero raramente. No somos ingenuos. Sabemos que más adelante habrá dolor. Pero la buena noticia es que Dios está en control (¿acaso no fue siempre así?). Con nuestro hijo gozamos de una relación más profunda, más amorosa que antes. Tenemos amigos nuevos que nunca antes tuvimos, amigos que nos aman conociendo a fondo nuestras circunstancias. Conocemos la satisfacción que proviene de ir hacia otros al identificarnos con ellos y ayudarlos a superar un tiempo difícil.

Aguardamos con expectativa saber cuál es el plan de Dios para nuestras vidas... cómo habrá de convertir en bendiciones este punto bajo en nuestras vidas. Hemos pasado de «¿por qué yo, Señor?» a «¡gracias, Señor!»

«¡No escogí ser así!»

La esposa de un pastor, que había servido en su denominación durante bastante más de un cuarto de siglo, escribió un artículo anónimo en el periódico de su denominación relatando el shock que ella y su esposo sintieron cuando recibieron una carta de su hijo diciendo que había luchado con sentimientos homosexuales desde la edad de doce años. La carta llegó justo dos meses antes de su graduación de una universidad cristiana. Siguieron largas llamadas telefónicas, llanto y airados gritos, pero no se obtuvieron muchas respuestas. Durante una de sus conversaciones con su hijo, la madre le preguntó si sabía cuánto dolor les había causado. Su respuesta se clavó en lo profundo de su corazón: «¿Sabes tú cuánto dolor he sufrido durante todos estos años? No escogí ser así».

A partir de ese momento, esta madre y este padre se dedicaron a amar a su hijo incondicionalmente. Se unieron a nuestro grupo de apoyo Espátula y relataron su historia para hacer saber a sus hermanos cristianos cuánta necesidad tienen los homosexuales de recibir el amor adecuado. En su artículo, esta madre escribió:

La persona de orientación homosexual está más necesitada de aquello que, con demasiada frecuencia, nos esforzamos en negarles. Debemos amar como ama Jesús: incondicionalmente. Esto no significa que apoyemos el estilo de vida homosexual[...]

La segunda razón por la que abro mi corazón es para comunicar a otros padres que es posible sobrevivir y recibir apoyo de otros padres cristianos que sufren debido a un hijo que está decidido a ser homosexual.

Si no hubiésemos encontrado otros padres dispuestos a contarnos su propia travesía, habríamos muerto. Nos ayudaron a pasar de la búsqueda de una razón que explicase el porqué nos había sucedido esto (culparnos resultó ser un callejón sin salida), a preguntarnos cómo podríamos ahora llegar a ser parte de una solución. Descubrimos que sí hay algo que podemos hacer por nuestro hijo adulto: podemos amarlo. Es más, en realidad eso es todo lo que podemos hacer... pero no debemos dejar de hacerlo. Hemos adoptado el siguiente lema: «DE AQUÍ EN ADELANTE... ¡AMAR!»[5]

De lo que dicen estos padres, quienes escriben acerca de un viaje que los ha llevado de la desesperanza a nuevos niveles de entendimiento, podemos sacar dos consejos clave acerca de lo que se debe hacer cuando tu «quién» favorito se ha vuelto un «qué».

Tal como dijo el padre citado anteriormente, reconoce que Dios está en control. Ora para que Él te ayude a dejar de preguntar: «¿Por qué yo, Señor?», y te dé la capacidad de empezar a decir: «¡Gracias, Señor!»

Y tal como dice la mamá, cuando ya todo se ha dicho y hecho, cuando las opiniones se han expresado, predicado, gritado y manifestado, sólo hay una cosa que podemos hacer:

DE AQUÍ EN ADELANTE... ¡AMAR!

Pienso al cerrar este capítulo que la oración más útil que podría comentar es la que dijo mi hijo Larry cuando lo entrevistaron recientemente en el programa «Focus on the Family» [Enfoque a la familia]. Abarca en su totalidad la amplia área de cómo podemos buscar sabiduría en referencia a este asunto:

Si nosotros como cristianos podemos proponernos en nuestros corazones ser gentiles y amables en todo lo que hacemos, guardar nuestro espíritu condenador y aprender el temor del Señor, con seguridad la luz de Cristo brillará en nuestro mundo incrédulo y la restauración y el avivamiento echarán raíces en las vidas de aquellos con los que nos relacionamos a diario.

Aplasta tristezas

NO TE PREOCUPES PORQUE EL MUNDO
PUEDA ACABAR HOY
YA ES MAÑANA EN AUSTRALIA.

✦ ✦ ✦

No es posible retroceder
y reconstruir los huevos revueltos.

✦ ✦ ✦

YA NO PUEDO HACERLE FRENTE A LA VIDA,
POR LO TANTO, HE DECIDIDO
RECORRER EL RESTO DE MI VIDA DE ESPALDAS.[6]

✦ ✦ ✦

Si mi vida se parece a un basural
a mí me toca clasificar los residuos,
remover la tierra y plantar flores,
usar todo el fertilizante natural.

✦ ✦ ✦

NO TE PERMITAS SUFRIR SIN NECESIDAD...
BUSCA LA NECESIDAD DE SUFRIR.[7]

✦ ✦ ✦

ESTAD QUIETOS, Y CONOCED QUE YO SOY DIOS.
Quietos, MÚSCULOS MÍOS y conoced el REPOSO de Dios.
Quietos, NERVIOS MÍOS, y conoced el DESCANSO de Dios.
Quieto, CORAZÓN MÍO, y conoce el SILENCIO de Dios.
Quieto, CUERPO MÍO, y conoce la RENOVACIÓN de Dios.
Quieta, MENTE MÍA, y conoce la PAZ de Dios.

Véase Salmo 46.10

✦ ✦ ✦

Salmo 1

Donde sea llevado o empujado,
    ¡allí floreceré!
Los menos fuertes se marchitarían y morirían
    en el suelo sobre el que ahora estoy parado.
Pero como SÍ amo al Señor,
    ¡SOBREVIVIRÉ Y MEJORARÉ!

Otros tal vez esperen que marchite,
    pero Dios espera que florezca.
Les demostraré lo tenaz que soy...
    Floreceré... EN TEMPORADA, Y FUERA DE
    ELLA.

Origen desconocido

✦ ✦ ✦

EL AUTOCONTROL INCLUYE EL CONTROL DE LA BOCA.

✦ ✦ ✦

Viajeros

No hay calamidad permanente
para ningún hijo de Dios;
sólo estaciones de pasaje,
donde brevemente nos detenemos
en nuestro trayecto hacia el hogar.

Nuestro dolor y nuestra pena sólo son manchas del viaje
que un día serán removidas, por la propia mano de Dios
al resguardo de la luz y el calor benditos del hogar.

Martha Snell Nicholson

✦ ✦ ✦

La tierra no tiene dolor que el cielo no pueda sanar.
    (del himno «Come Ye Disconsolate» [Venid desconsolados])

✦ ✦ ✦

JESÚS

Sea cual fuere la pregunta, Él es la Respuesta.
Juan 14.6

Sea cual fuere el problema, Él es la Solución.
Mateo 11.28,29

Sea cual fuere la herida, Él es el Sanador.
Lucas 4.18

Sea cual fuere la atadura, Él es el Libertador.
Juan 8.32

Sea cual fuere la carga, Él es el Vencedor
Juan 16.33

Sea cual fuere la necesidad, Él es el Proveedor.
Mateo 7.7,8

Sea cual fuere el pecado, Él es el Perdonador.
Salmo 103.2,3

5

La vida es una enfermedad terminal de transmisión sexual

Alguien a quien ama Jesús tiene SIDA[1]

SIDA.

Su atemorizante tasa crece sostenidamente hasta agigantarse en los horizontes de todos nosotros al igual que el pálido caballo escriturario a cuyo jinete, LA MUERTE, le es otorgado el poder de matar a un cuarto de la población terrestre (o más).[2]

Para darte una idea de la rapidez con la que se va extendiendo la plaga del SIDA, date cuenta que los primeros casos de SIDA en los Estados Unidos fueron identificados en 1981. Al principio, el SIDA sólo aparecía como un goteo, pero el número total de casos pronto se convirtió en una sostenida corriente, superando los 100.000 para julio de 1989.

Luego, para fines de 1991 *(sólo veintiocho meses después)*, la corriente se convirtió en un torrente al enterarse que 100.000 víctimas más también padecían del virus terminal. Cada año crece la tasa de mortalidad. En 1991 llegó a 32.430.[3] Una madre de cuatro hijos, que tiene muchos problemas familiares, me escribió para decirme que está muy familiarizada con la tasa de mortalidad del SIDA. Para ella, es más que un número en el periódico:

> Soy la encargada de cuarenta y ocho apartamentos de alquiler, de los cuales el setenta y cinco por ciento está ocupado por inquilinos homosexuales. Me llevo muy bien con las personas, pero me destroza el corazón ver este estilo de vida, en especial desde que he perdido cinco inquilinos durante este último año por causa de SIDA. Lo único que puedo hacer es orar por ellos y testificarles acerca del Señor y de cómo me ha ayudado a atravesar mis «túneles».

El SIDA es una enfermedad particularmente peligrosa para los homosexuales, pero como casi todos saben ahora, el SIDA no tiene preferidos. Durante el mismo período de veintiocho meses cuando los casos de SIDA informados en los EE.UU. se duplicaron de 100.000 a 200.000, el número de personas que contrajo SIDA *por vía heterosexual* se incrementó en un ciento cincuenta y tres por ciento.[4] Entre estos casos estaba Magic Johnson, superestrella de la NBA [Asociación Nacional de Baloncesto], quien anunció en noviembre de 1991 que era HIV positivo. Por medio de numerosos contactos sexuales con diferentes mujeres, había contraído los primeros estadíos del SIDA y ahora, aun para uno de los atletas más grandes que el mundo haya visto, sólo es cuestión de tiempo.

Si alguna cosa ha cambiado la faz de los Ministerios Espátula, ha sido el SIDA. Me enfrenté con mis primeros casos de SIDA a principios del 1980. Sólo había unos pocos en aquel entonces, pero ahora, al igual que las cifras nacionales, mis casos de Espátula también han alcanzado niveles astronómicos. ¿Qué puede decirse a los que sufren de SIDA o a sus padres? En muchos casos, los padres se han hundido a tal punto en shock o en rechazo de su hijo que rehúsan hablar con un hijo moribundo. Así que en su lugar voy yo y es posible que me encuentre a las dos de la mañana, al finalizar una reunión de grupo de apoyo de Espátula, ayudando a un joven enjuto, de ojos hundidos a planificar su funeral.

Tal vez pienses, *¡qué morboso!* Pero eso no es necesariamente verdad. Algunos de los ejemplos más emocionantes de fe en Cristo que he visto han surgido de ayudar a las personas a tratar con este temido enemigo llamado SIDA... que algunos cristianos piensan que es el juicio de Dios sobre los homosexuales.

La carta de Andrew

Un querido joven llamado Andrew contrajo SIDA y empezó a asistir, junto con su preciosa familia, a varias de nuestras reuniones Espátula en la *Crystal Cathedral* [Catedral de Cristal]. Hay un piano en el cuarto donde nos reunimos, y la mamá y el papá de Andrew son cantantes cristianos, al igual que Andrew y su hermana. En varias ocasiones le pedimos a toda la familia que cante y qué bendición han sido para todos. Una de sus canciones más alentadoras fue: «Su gracia es mayor si las cargas aumentan». Esta familia especial estaba atravesando su propio paréntesis de dolor, y sin embargo nos ministraron a todos nosotros.

Más tarde, llegó una carta de Andrew. Mi corazón se conmovió con la misma y supe que impactaría los corazones de otros, así que la incluí en un número de *Línea de Amor*. Que un joven veinteañero escribiese una carta tan inspiradora cuando se enfrentaba a una muerte segura, no era común, y sé que esta carta impactará tu vida del mismo modo que lo hizo con la mía:

> Querida Bárbara:
>
> Después del amor que tengo por mi bello Salvador, el primer lugar en mi vida lo ocupa mi familia. Leí tu *Línea de Amor* esta noche y no podía dormir. Todo el ánimo en esas páginas parece venir directo del corazón de Dios.
>
> Al leer, empecé a pensar como un padre (¿es posible eso?) y acerca de cuánto ha hecho este ministerio para mi familia. Pensé que la herida abierta, causada por haberme metido en el estilo de vida homosexual (hace diez años), nunca sanaría.
>
> Estoy seguro de que has escuchado con anterioridad que «Dios contesta la oración, pero no siempre del modo

que esperamos que lo haga». Mi familia puede decir «Amén» a eso.

Esa herida abierta ha sido cosida con el hilo glorioso del amor de Dios para sus hijos. Ahora puedo cantar: Jesús me ama <u>aun</u> a mí, ¡y <u>sé</u> que es así! Soy su hijo. No soy perfecto; aún tropiezo; pero... ¡soy suyo y Él es mío!

Estando el SIDA en el cuadro sé que aún puede aguardarnos un tiempo difícil. Pero no puedo evitar pensar que... podría seguir allá afuera hundiéndome. Tan lejos del faro que impidiese que me socorriesen. ¡Alabado sea Jesús! Estoy seguro en sus brazos, y si Él desea llevarme al hogar... ¡quiero ir! Y para mi familia... como dice la canción: «¡Ante las pruebas multiplicadas, se multiplica su paz!»

Bárbara, por favor, ora para que si el Señor desea usarme para impactar vidas, como ha hecho contigo, yo no sea ciego ante esa puerta que se abre. (El Señor debe estar tan acostumbrado a mi ceguera, que es posible que deba conseguir a alguno que me haga pasar por ella de una patada.)

Te quiero tanto, Bárbara. Dios te bendiga ricamente en Su obra. Estás en mis oraciones, al igual que las vidas a las cuales estás ministrando.

En el amor de Cristo,
Andrew

Las personas a menudo preguntan:

¿Mueren en soledad y amargura, sin ningún tipo de esperanza, las víctimas de SIDA?

Tengo muchas cartas más y recuerdos de conversaciones nocturnas que prueban que SIEMPRE hay esperanza, aun para la persona enferma de SIDA. Es más, las víctimas de SIDA casi siempre tienen una ventaja espiritual. Saben que no les queda mucho tiempo y rápidamente se enfrentan a la realidad de quiénes son y lo que sucederá.

La carta de Andrew es un buen ejemplo. Refleja la fortaleza interior que el Señor le ha dado al enfrentarse a lo desconocido. Desea que Dios lo use de cualquier modo que escoja, mientras que él mismo está en aguas profundas. ¡Qué maravillosa verdad es para nosotros saber que de un modo u otro somos vencedores! Si somos llevados con Él, ¡SALIMOS de todo este dolor y pasamos la eternidad con Jesús! Si Él decide que quedemos aquí, acumulamos tesoros en el cielo donde nada se corrompe. Sin Jesús, nos enfrentamos a un fin sin esperanza. ¡Pero con Él, tenemos ESPERANZA SIN FIN!

En lo que resta de este capítulo, quiero comentar algunas cartas de víctimas de SIDA así como también de sus padres. Estas cartas comprueban que desde la perspectiva cristiana hay fe, esperanza y amor, pero el mayor de estos siempre es el amor... o tal vez una palabra más adecuada sería «compasión». El SIDA ha cambiado nuestras vidas para siempre y debemos extendernos los unos hacia los otros. Más que nunca, todos nos damos cuenta de que estamos marchando inexorablemente hacia la tumba. Ciertamente, la vida ES una enfermedad terminal de trasmisión sexual.

¿Debe permitírseles a los pródigos que regresen a casa?

Una de las situaciones típicas de las que escucho con frecuencia es la de la víctima de SIDA que desea regresar a casa con su familia, pero uno o ambos padres no quieren tener nada que ver con él. Su pregunta siempre gira en derredor de:

¿Debemos aceptar a un hijo cuya vida deliberadamente pecaminosa le ha causado que contraiga el SIDA?

En Espátula hablamos con muchos hombres y mujeres jóvenes que han estado distanciados de sus familias después de abandonar sus hogares y adoptar el estilo de vida homosexual. Entonces, cuando el SIDA alza su fea cabeza, su forma normal de abordar la situación, al igual que el hijo pródigo, es ir a casa para estar con la familia y restablecer las relaciones quebrantadas. A continuación hay un ejemplo típico de las cartas que recibimos de padres que se enfrentan a este problema:

Mi hijo, después de siete años, desea una reconciliación

porque ahora padece de SIDA. Lo he visto y he hablado con él; sin embargo, su padre no quiere que venga a casa. No ha habido ningún cambio en su vida, sólo que ahora quiere que lo aceptemos y estemos con él al llegarle su fin. Eso hace que sea aun más difícil para aquellos que han aprendido que sólo tienes dos opciones: (1) aceptarlos y permitirles que sigan siendo parte de tu vida mientras tienes una fuerte convicción con respecto a su pecado, ó (2) separarte de ellos. Con seguridad ninguna de las dos opciones te resulta agradable.

Comprendo el dolor involucrado en una decisión como esta. Pero, ¿qué cosa es más normal que desear VENIR A CASA? «Los que estáis cansados, venid a casa», ¿no es eso lo que cantamos en la iglesia? ¿Debería permitírseles a las víctimas de SIDA que vengan a casa? La mejor respuesta a esta pregunta es preguntarte tú mismo el interrogante mencionado en el capítulo 4:

¿QUÉ HARÍA JESÚS?

¿No cuidaría Él de los enfermos, heridos y moribundos? ¿No daría sanidad y consuelo a los angustiados CUALQUIERA que fuera el motivo? Ciertamente debemos amar a nuestros hijos pese a lo que sea. ¿Qué manera mejor habría de demostrar genuino amor cristiano que abrir nuestros corazones a la víctima de SIDA, traerla a casa, cuidar de ella, hacer que sus últimos meses sean lo más cómodos posible? Cuando el SIDA devasta el círculo familiar, es el momento para que todos se unan y sufran el dolor. De eso pueden surgir bendiciones mucho mayores que cualquier cosa que pudiésemos pedir o pensar.

Cuando tienes un hijo moribundo, no es de importancia el asunto de cómo llegó a su estado actual, si escogió su orientación, si fue heredada o aprendida. Sólo sabes que tienes un hijo que dispone de un tiempo muy limitado para estar contigo. Cuán vital es tener la seguridad de que en algún momento ha aceptado a Cristo como su Salvador. Quizás hasta este punto no ha habido ningún crecimiento espiritual, pero *ahora*

DANIEL EL TRAVIESO

«NECESITABA VENIR A CASA. ¡ME HACE FALTA QUE ALGUIEN ESTÉ DE MI PARTE!»

se te presenta la oportunidad de promover algún crecimiento espiritual en su vida.

Serás quien lo cuide y le brinde cariño, y podrás proveerle de todas las cálidas y amorosas influencias del hogar. Tal vez puedan juntos disfrutar de música o videos cristianos; existen muchas maneras más en que los padres ejerzan influencia sobre un hijo. Todo está a tu disposición, pero el tiempo es corto. Puedes recuperar los años de distanciamiento al concentrarte ahora en brindar amor incondicional.

Confía en que Dios dé sanidad, si no a su cuerpo, al menos a su espíritu. Luego obtendrás consuelo a partir del hecho de que le brindaste la mayor comodidad posible durante sus últimos días. Y, al igual que muchos padres que conozco, tal vez puedas decir que algún día tu familia quedará restaurada en el cielo. Tal como ha dicho alguien:

LOS CRISTIANOS NUNCA SE DICEN
UN ADIÓS FINAL.

No importa lo que haya hecho tu hijo, ámalo y acéptalo donde esté y dale todo el cuidado amoroso que necesite. El resto le corresponde a Dios.

Otra pregunta que escucho con frecuencia, en especial entre cristianos, es:

¿Es el SIDA juicio de Dios sobre los homosexuales?

Desafortunadamente, algunos cristianos, incluso algunos pastores y líderes cristianos, han dicho tal cosa. Hay más de una historia que se asemeja a la que relató Harold Ivan Smith en un artículo escrito para la revista *Carisma*. Él describió cómo una mujer, llorando, llamó a un ministro y le preguntó si llevaba a cabo funerales para personas que no eran miembros de su iglesia. El ministro dijo que sí lo hacía, pero que deseaba saber si ella era miembro de alguna iglesia y si se había puesto en contacto con su pastor. La mujer le dijo que sí lo había hecho, pero que su hijo había muerto de SIDA. «¿Y qué dijo tu pastor?», quiso saber el ministro.

Con voz quebrada la mujer dijo: «No sólo se negó a realizar el funeral, sino que también expresó que no quería tener nada que ver con nosotros y que sería un buen momento para que transfiriese mi carta de miembro».[5] En ese mismo artículo, Smith mencionó un informe sobre el SIDA emitido por el entonces cirujano general C. Edward Koop, quien declaró con claridad que el SIDA no es una enfermedad homosexual. Es contraída por personas de todas las razas, de sexo masculino o femenino, sean homosexuales o heterosexuales. En resumen, el SIDA no tiene favoritos.

Al escribir en *Christianity Today,* Philip Yancey pesa diferentes puntos de vista acerca de la posibilidad de que Dios haya enviado el SIDA como un castigo apuntado específicamente a ciertos grupos de personas. Señala que muchos cristianos dudan que sea así:

> Ven un grave peligro en querer representar el papel de Dios o incluso interpretar la historia en nombre de Él. Con demasiada facilidad podemos dar la impresión de ser caprichosos o creídos de nosotros mismos, no proféticos. «La venganza es mía», dijo Dios, y cuando nosotros los mortales intentamos apropiarnos de su venganza, transitamos terreno peligroso. Entre los homosexuales de mi barrio, las declaraciones hechas por los cristianos con respecto al SIDA no han hecho mucho por promover el arrepentimiento. El juicio sin amor produce enemigos, no convertidos.[6]

Más adelante, Yancey formula algunas preguntas obvias a aquellos que ven un evidente eslabón causa y efecto al comportamiento y la preferencia sexual:

> ¿Cómo se explican las víctimas que no son homosexuales, tal como un bebé nacido de una madre infectada por una transfusión de sangre? ¿Son muestras del juicio de Dios? Y si repentinamente se hallase una cura, ¿significaría eso el fin del juicio de Dios? Los teólogos de Europa debatieron durante cuatro siglos el tema del mensaje de Dios en la Gran Plaga: Pero sólo fue necesario un poco de veneno para ratas para acallar todas esas preguntas angustiadas.[7]

Junto con la pregunta mencionada arriba se presenta otra que cuestiona el destino eterno de las personas que puedan morir de SIDA, en particular los homosexuales:

¿Es posible que vaya al cielo una persona que ha muerto de SIDA?

Mi respuesta es: «¡Por supuesto que sí!» Resulta tan posible morir de SIDA e ir al cielo, como morir de cáncer, alcoholismo, mal cardíaco, o cualquier otra enfermedad e ir al cielo.

Una joven mujer me escribió con respecto a su tío que

murió del SIDA que contrajo como resultado de su estilo de vida homosexual. Su pregunta fue:

¿Es posible que mi tío se haya salvado? Llevó una vida un tanto doble: Cristiano para con nuestra familia, pero también con un estilo de vida homosexual bastante aloca- do. Me resulta muy difícil reconciliar esto en mi mente, a lo que se agrega la culpa que proviene de no realizar un esfuerzo por enfrentarle con el asunto y testificarle. Según lo que sé, nunca se alejó del estilo de vida homosexual, pero murió convencido de estar bien y de que Dios lo aceptaba tal cual era.

¿Alcanzó salvación el tío de esta joven? Tal vez soy repetiti- va, pero sólo Dios sabe. Todo depende de lo que él haya decidido hacer con respecto a Jesucristo en su vida. Como dije en el capítulo 4, la orientación homosexual no es pecado, pero la práctica de la homosexualidad sí lo es. Cuando el tío de esta mujer esté delante de Dios, la primera pregunta no será: «¿Fuiste homosexual?» La primera pregunta será: «¿Qué hi- ciste con mi oferta de salvación?»

Relacionarse con las víctimas de SIDA o con sus familias cuando no piensan que haya nada malo en cuanto a su estilo de vida homosexual, es un asunto difícil. Aquí la pregunta parece reducirse a:

¿Cómo mostrar compasión sin estar de acuerdo con el estilo de vida homosexual de la víctima de SIDA?

Llegó una carta de una asistente social que trabaja junto con una querida amiga cristiana, cuyo ex esposo se está muriendo de SIDA. Decía:

He intentado ser comprensiva y amable, pero al mismo tiempo hacerle saber cuál es mi postura. Ella ha podido perdonar a su esposo por completo, pero también acepta totalmente el estilo de vida que él escogió. Siente que él es una persona más feliz por haber reconocido al fin «lo que es o quién es». Sus hijos aceptan al amante de su padre como su «tío» o «el amigo especial de nuestro padre». Su- san y su ex desean que sus hijos mantengan una relación cariñosa (¿normal?) con su padre hasta el final... el cual no está muy lejano porque está muy enfermo. Susan y yo trabajamos juntas todo el día, todos los días, y quiero ser de consuelo para ella. Apreciaría cualquier consejo que pudieras darme.

Con tanta frecuencia nos preocupamos por hacerle saber a la gente cuál es nuestra postura (dando nuestro testimonio cristiano), que nos olvidamos del verdadero asunto. No, su estilo de vida no es lo mejor de Dios para él, pero si ella ha aceptado y perdonado a su esposo y acepta su estilo de vida, esa es su forma de enfrentar el asunto y no nos corresponde criticarla por eso. Todos tenemos varios mecanismos para tratar con el estrés y, en este tiempo, esta es su manera de tratar con el horror del SIDA.

Su ex esposo tiene SIDA, su tiempo será corto y pronto se acabará. Es de esperar que ella lo cuide por ser el hombre que fue su esposo y aún es el padre de sus hijos, para que no haya remordimientos cuando se haya ido. La familia necesita todo el apoyo que pueda lograr y el ser una amiga para ella es la mejor forma de brindarle consuelo. Enfrentarse a la muerte, ya sea por causa de SIDA o de cualquier otra enfermedad horrible, siempre resulta difícil. Deja que la familia lo haga a su manera sin criticar su método. Simplemente acércate y demuéstrale amor cristiano, así como también para con los que ama y así poder ayudarla a pasar por este trance.

Muchas cartas provienen de padres que han visto cómo su hijo o hija mueren en agonía por causa del SIDA. Aun cuando el hijo afectado acepta a Cristo (o vuelve al Señor), igualmente puede haber preguntas que queden pendientes y carcoman a estos padres:

¿Cómo puedo vivir con el remordimiento? ¿Cómo puedo sobrellevar la culpa? Y qué hacer con la pregunta más grande de todas: ¿POR QUÉ?

Me llegó una carta de una madre que observó durante cuarenta y tres días cómo su hijo agonizaba hasta morir de SIDA. Había sido internado en el hospital para que le hiciesen cirugía exploratoria, la cual reveló un linfoma extendido en todo su cuerpo. Más tarde los análisis de sangre revelaron la causa. Dos días después tuvo un paro respiratorio y, un momento antes de que los doctores lo conectaran a un respirador, les dijo a sus padres que padecía de SIDA. Jamás lo escucharon decir otra palabra porque durante los siguientes cuarenta y tres días nunca dejó de funcionar el respirador.

Dos meses antes de la muerte de su hijo, esta madre había decidido entregárselo a Dios e intentar seguir adelante con su vida de la mejor manera posible. Escribió lo siguiente:

> Le dije al Señor: «Me doy por vencida, Padre. Mitch es tuyo. Haz lo que tengas que hacer para que vuelva a ti y viva para ti el resto de su vida». Había orado por él durante muchos años, pero nunca así.
>
> Bueno, ¡ya ves lo que sucedió! Sí, Mitch volvió al Señor en su lecho de muerte (y estoy eternamente agradecida), pero es cierto que no tuvo ninguna oportunidad de vivir para Dios. Pienso que tal vez lo que más duele de todo esto es que nunca me pudo hablar. Escribió algunas cosas que son muy preciosas para mí, pero la mayor parte estaba nublada por las drogas que le administraban para contrarrestar el dolor.
>
> En ocasiones me regocijo porque Dios se lo llevó evitándole todo ese sufrimiento con tanta rapidez, pero después me doy vuelta y grito: «¿POR QUÉ? Dios, lo podrías haber sanado. ¡Al menos podrías haberle permitido que me hablase!»
>
> El dolor, el sufrimiento y la sensación de estar en un vacío sumada a la sensación de que parte de mí se ha ido, aún sigue estando presente pero no con tanta intensidad. Sin embargo, las preguntas siempre están en el fondo de mi mente. Me sigo diciendo que hice lo mejor que pude, que fue una decisión que tomó de adulto. Entonces intento seguir hacia adelante.

Esta madre no sólo lucha con su pena, sino también con su culpa irracional (véase capítulo 3), permitiendo que esta falsa culpa le robe el gozo de saber que su hijo está con el Señor.

La primera responsabilidad para cualquiera de nosotros es poner nuestra fe en Dios mediante su Hijo, Jesús, y luego dejar que Él se encargue de lo demás. Cómo o cuánto tiempo desea que vivamos para Él, es estrictamente asunto de Dios. Si esta mamá y yo pudiésemos conversar, le diría:

Sé cuánto dolor te da que no hayas podido hablar con tu hijo durante esos días finales mientras luchaba por la vida y el aliento. Pero existen muchas formas de comunicarse. El simple hecho de saber que estabas allí, el sentir el apretón de tu mano, le dijo cuánto lo amabas. Siempre digo que como padres amamos a nuestros hijos PORQUE, no AUNQUE. Nuestro amor por ellos no cambia cuando descubrimos que están en rebelión contra nosotros o que están metidos en un estilo de vida pecaminoso, el cual no puede contar con nuestra aprobación. Es más, el lazo que nos une se puede fortalecer cuando volcamos sobre ellos nuestro amor. Al ministrarles, nuestro amor por el Señor y por otros se fortalece aun más.

El amor siempre es el bálsamo curativo para todos nosotros. El amor cubre todo, incluso el «porqué» También yo, a menudo le he preguntado a Dios: «¿Por qué?» *¿Por qué* tuvo que estar Steven en esa emboscada en particular? *¿Por qué* tuvo que estar Tim en la misma carretera que el conductor ebrio del camión de tres toneladas? Pero preguntar el porqué no tiene objeto y es debilitante.

Una pregunta mejor (que no resulta fácil de formular) es: «¿Con qué fin?» Así comienzas a apuntar en la dirección correcta y ahora debes preguntar: «¿Con qué fin?» Dices que tu dolor ya está decreciendo y se hará más soportable con el transcurso de los días. Sigue repitiéndote que hiciste lo mejor que pudiste. No eres responsable de las decisiones de tu hijo. Ese es el camino de salida del túnel.

El resultado HIV positivo pone a todos en el limbo

Recibo muchas cartas de padres de hijos adultos que han dado HIV positivo. Ahora verdaderamente pende sobre la familia la espada de Damocles. Sólo es cuestión de tiempo hasta que aparezca el tan temido diagnóstico de SIDA. Los padres, por lo general las mamás, escriben para contar de su shock, perplejidad y temor:

Los resultados de laboratorio de mi hijo finalmente confirmaron que tiene el virus del SIDA después de que rehusara considerarlo por muchos años (estuvo saludable durante cinco años y medio a pesar de ser HIV positivo), y ahora creo que tal vez fue mejor que ocultásemos nuestras cabezas. Aún no está en una etapa de hablar mucho conmigo... es más, siento que soy la receptora de su enojo. Al tener la casa llena de visitas, principalmente mi madre, he puesto mi cara feliz mientras pido fortaleza... para todos nosotros.

◆ ◆ ◆

Nos han destruido en las últimas dos semanas, y por estar en una pequeña comunidad rural, no tenemos a quién expresar nuestro dolor y tristeza por razones obvias. Las pruebas de laboratorio de nuestro hijo soltero de treinta y cinco años han confirmado que es HIV positivo, y hace dos semanas admitió ante nosotros que era homosexual. Es el mayor de nuestros tres hijos. También sufre de una severa enfermedad de la sangre y cualquiera de sus dos enfermedades con seguridad lo matarán tarde o temprano... Mi segundo hijo me llamó esta semana para hablarme acerca de desarrollar una actitud «positiva»... Más tarde le comuniqué todo esto a mi marido que dijo: «Bueno, ya lo creo que somos positivos. ¡Estamos positivamente seguros de estar metidos en un verdadero desastre!» Luego, nos reímos acerca de eso.

Necesitamos recibir ayuda de alguna parte. Por lo general ambos somos muy fuertes, pero esto es horrible.

◆ ◆ ◆

Uno de mis compañeros de trabajo es homosexual y tiene SIDA. Cuando era joven entregó su vida al Señor, pero de adulto se volcó al estilo de vida homosexual. Hace unos pocos meses cuando estaba enfermo se enteró que padecía de SIDA. Sabía que era HIV positivo, pero suponía que pasarían años antes de que descendiera su recuento de células T. Se equivocó. Su madre, que vive en otro estado, no sabe que es homosexual y mucho menos que

padece de SIDA... En estos momentos no cuenta con muchos amigos y he sido la persona de apoyo en su vida... la
persona con la cual puede hablar. El amigo con el que ha
vivido por años está a punto de morir de SIDA, es cuestión de pocos meses o tal vez semanas.

Cuando llega el veredicto de HIV positivo, resulta devastador para todos, tanto para la víctima como para los padres y
amigos. Ahora nos preguntamos: *¿A quién le podemos contar?*
¿Qué podemos hacer?

En primer lugar debemos darnos cuenta de que a la larga el
hecho saldrá a la luz y le corresponde a la persona que ha
dado HIV positivo determinar cuánto desea saber con respecto a su enfermedad. Hay muchas cosas que peligran tales
como el seguro, la seguridad laboral y otras ramificaciones. La
persona afectada debe ser quien determine cuánto y a QUIÉN
contarle.

Para los padres es el momento de ayudar a aliviar ciertas
incertidumbres que pueda sentir su hijo enfermo. Ahora es el
tiempo de brindar amor incondicional. Ustedes los padres,
junto a su hijo, vivirán durante muchos meses, o tal vez años,
en una especie de dimensión desconocida. No sabrán de un
día para otro si «ha llegado el momento». Nunca sabrán lo que
viene ni cuándo: sufrimiento, ceguera, pérdida de la memoria,
completo deterioro. Como amas a tu hijo, tienes el deseo de
aliviarle todo el dolor que sea posible, brindándole total apoyo para asegurarle de tu interés a través de todo el trance.

El papel del perdón

Es importante que los padres pasen por este asunto conjun-
tamente con su hijo. Este es el momento de resolver conflictos
y reparar relaciones, de arreglar cualquier ruptura que puede
haberse dado en el pasado.

El perdón cumple un papel muy importante... es más, posiblemente sea la única respuesta verdadera a la aceptación de
lo que resulta casi demasiado doloroso para soportar. Sin el
perdón, habrá dureza de corazón, y los corazones duros y
quebradizos se rompen con más facilidad. Pero Dios puede

convertir el corazón de piedra en uno de carne (véase Ezequiel 11.19).

Al cuidar de una persona moribunda, *sin importar cuál sea el motivo por el que está enferma*, podemos demostrar mejor el amor cristiano. Quizás no ocurra la sanidad física, pero puede darse la sanidad espiritual y emocional. Un joven homosexual vino a nuestra reunión Espátula; acababa de perder a su compañero debido al SIDA, y sus resultados de laboratorio acababan de confirmar que él mismo era HIV positivo. Este joven no tenía ningún trasfondo eclesiástico y comentó: «No asisto a la iglesia y no sé nada acerca de los cristianos excepto que ODIAN a los homosexuales».

Qué comentario más triste... que nosotros los cristianos seamos conocidos por nuestro disgusto u odio por los demás, en lugar de que sea por nuestro amor. Los padres que cuidan de un hijo enfermo de SIDA deben llevar una carga pesada. No sólo están perdiendo a su hijo, sino que también queda la familia marcada por causa del SIDA. A menudo se alejan de la iglesia y de sus amigos, quedando aislados y en soledad. Después de todo, el SIDA no es una cosa para publicar en el boletín de la iglesia.

Los cristianos deben ser receptivos a las heridas de otros, y si tenemos alguna pregunta sobre cómo reaccionar ante la víctima de SIDA, sólo debemos repetir la pregunta: «¿QUÉ HARÍA JESÚS?» Conocemos la respuesta y provee el mejor consejo posible.

Afortunadamente, las actitudes dentro de la iglesia y entre los cristianos han estado cambiando en días recientes. Sigo recibiendo llamadas de personas que desean saber cómo ayudar. Me agrada lo que se dijo en un editorial de la revista *Wesleyan Advocate* [Vocero Wesleyano] acerca de cómo el pueblo de Dios puede comportarse con las víctimas de SIDA:

1. El ser amado debe entregarse a Dios.

2. Debe buscarse en oración la ayuda y dirección de Dios diariamente.

3. Debemos creer que la sanidad puede venir y por cierto ven-

drá... a la mente y a nuestras emociones, aunque no lleguen para el ser querido y su enfermedad.

4. Se debe pedir perdón a Dios y se debe brindar perdón al pecador.

5. No debemos condenar, pues Jesús no lo hizo ni lo hace.

6. Debemos siempre comunicar esperanza.

Resumiendo, SIDA representa:

Sufrimiento	y	**Soledad**,
Ignominia	e	**Incapacidad**,
Desesperanza	y	**Devastación**,
Aislamiento	y	**Alienación**.

La iglesia no siempre ha estado en su mejor estado ante estos nuevos desafíos. Pero espero que eso pueda cambiar al presentarse cada vez con más frecuencia la oportunidad de alcanzar a otros padres y otros seres queridos que sufren del shock producido por estas lagunas sociales y espirituales entre los miembros de la familia. La actitud del cristiano debe caracterizarse por:

Sostén de,
Interés en,
Dedicación a, y
Aceptación de la persona que se ha convertido en presa de una de las maldiciones más recientes del pecado.

La condenación, el juicio, el temor y el rechazo sólo harán empeorar el suplicio del que está en aflicción. El consuelo, la identificación con el enfermo, la fe, la esperanza, el amor y la comprensión serán recibidos con gusto por cualquiera que esté pasando por semejante valle de desesperación.[8]

El SIDA es la principal prueba de fe

Como dije al inicio de este capítulo, no todos los informes de SIDA son tan deprimentes. He recibido muchas cartas de padres que se regocijan porque cuentan con una esperanza sin

fin; no ven únicamente un fin vacío de esperanza. He aquí
unos pocos ejemplos:

Verás, tal como te dije el año pasado, nuestro hijo amado era homosexual y también HIV positivo desde abril de
1990. Ahora puedo informar que tiene un cuerpo de resurrección, porque en septiembre de 1991 se fue para estar
con nuestro Señor... Durante dieciséis días lo mantuvieron
con vida por la tecnología médica y se le hizo diálisis cinco veces. Dos veces se nos dijo que la muerte era inminen-
te, pero cada vez se reanimaba. Los doctores nos habían
dicho que deberíamos desconectarlo. Bendito sea Dios, no
fue necesario que hiciésemos tal cosa ya que simplemente
cerró sus ojos y se fue para estar con Jesús...

Han pasado unos seis años desde que nos enteramos
que nuestro hijo era homosexual... Supe que había encontrado una amiga en ti, Bárbara, y me llamaste. Eso me im-
pactó. Aprendimos a amar a nuestro hijo incondicionalmente, a pesar de lo que era. Así lo hemos hecho, y me
alegro. Tenemos una maravillosa relación con él. En realidad ha dado resultado... AMOR INCONDICIONAL.
Finalmente conocí a su amigo y Jesús me ayudó a pasar
por eso. Nos volvimos buenos amigos, a larga distancia, y
ahora se está muriendo de SIDA. Se ha deteriorado mucho y habrá que internarlo en un hogar para sidóticos. No
puedo explicar mis sentimientos. He llorado muchísimo
en el transcurso de los últimos dos días. Hoy lo llamé y él
(el amigo de mi hijo) me consoló a mí. Es un joven maravilloso, sensible, que fue criado por un alcohólico en un hogar disfuncional.
Sólo quería que supieses cuánta ayuda me has brindado a lo largo de estos últimos años. Gracias por llegar hasta los que estamos lidiando con nuestros sentimientos.

Mediante absoluta determinación, muchas oraciones y
la gracia de Dios, mi hijo duró hasta febrero... Finalmente,

una noche mi hijo pidió ir al hospital ya que tenía gran dificultad para respirar. Por primera vez, excepto por un accidente, fue en ambulancia. Viajé con él y tenía perfecta conciencia de que este sería nuestro último viaje al hospital... Permanecí con él en su habitación, en cierta forma acampando, hasta la cuarta mañana cuando se fue para estar con su Salvador.

Un querido amigo que era tanto enfermero como ministro dijo que raramente había visto que alguien se fuera con tanta paz y gracia. Me aseguró que mis oraciones habían sido respondidas. De no ser por esa sentencia de muerte, es muy improbable que mi hijo hubiese prestado atención a alguno que le hablase de nuestro Señor. ¡Aleluya! Me espera en el cielo donde nos volveremos a ver.

El Dr. Ralph Osborne, quien anteriormente integraba el equipo que servía en la Hollywood Presbyterian Church [Iglesia Presbiteriana de Hollywood] junto con el Dr. Lloyd Ogilvie, es un buen amigo y apoyo de los Ministerios Espátula. Hace poco me leyó (y a Ministerios Espátula) una carta de un amigo profesional altamente respetado al que se le había diagnosticado SIDA, pero su corazón ardía algo así como los corazones de los discípulos que vieron al Señor resucitado camino a Emaús en Lucas 24. Establece con mucha claridad lo que significa tener esperanza sin fin al enfrentar un fin sin esperanza, en lo que respecta a este mundo.

Ralph preguntó si tal vez pudiese escribir algo acerca de mi experiencia con Dios y su propósito para mi vida y la realidad de mi fe en Él.

He sido cristiano desde los ocho años de edad, pero no entré en una relación vital con Él hasta hace un año y medio. Entré en esa relación porque estaba cansado de sentir odio por mí mismo y enojo hacia Dios. Lo que descubrí fue que Él siempre había estado presente, pero que lo había mantenido a distancia porque nunca sentí que era lo suficiente bondadoso o digno de que Él me aceptase. Me tomó tal cual era y esto hizo posible dejar que Dios me amase y pude amarme yo. Me llevó a iniciar una emocionante travesía. La mejor forma de describirla es como un encuentro con el Cristo viviente. Tenía un conocimiento intelectual de Él y de sus atributos, pero no había entrado en una verdadera relación con Él.

Varios meses después del inicio de mi viaje con Dios, mi fe fue probada al máximo. Descubrí que tengo SIDA. Mi peor temor en la vida se hizo realidad. Todo aquello por lo que alguna vez había albergado esperanza o había trabajado, todos mis sueños llegaron a un abrupto fin delante de mis ojos. Me pregunté: «¿Qué hago con esto?» ¡No me llevó mucho tiempo darme cuenta de que este asunto escapaba a mi control! De modo que nuevamente puse mi vida en las manos de Dios y dije: «No tengo poder sobre esto. Tu voluntad es lo único que tengo». Ahora escucho a mis doctores, hago lo que me dicen y le entrego todo a Dios.

Para mí, esta situación es un bautismo de fuego. Es pasar por el peor infierno de la vida, pero en medio de ese infierno hay un dulce gozo indescriptible, porque sabes que Él está allí contigo en medio de todo. Es la presencia divina del Cristo viviente.

Estoy aprendiendo muchas cosas respecto a la vida y a Dios al tratar con el SIDA. Una de ellas es que ninguno de nosotros tiene garantía alguna para el mañana en cuanto a la vida o a la muerte física. He dejado de vivir en el pasado o en el futuro. Trato de abrazar cada día como regalo de Dios y de descubrir el gozo que pueda hallar en mi trabajo y en las personas que me rodean. El padecimiento de una enfermedad como el SIDA te lleva a enfrentarte cara a cara con tu temor a la muerte. Como cristianos, deberíamos enfrentarnos a este temor. A la postre resulta ser una experiencia muy liberadora.

A todos les digo lo siguiente, no crean que en el andar cristiano todo es color de rosa y sencillo, sino que en medio del gran sufrimiento Él está presente. Sea esto la pérdida de un hijo, un padre o cualquier ser querido; la traición de un cónyuge, la pérdida de todas las posesiones o de un trabajo, aun al enfrentarte a tu muerte física, Él está presente en plenitud de amor y de poder. No hubiese elegido

SIDA para mí, pero padecer de esta enfermedad ha sido una experiencia muy conmovedora ya que me ha llevado a una comunión profunda con Dios que posiblemente no habría alcanzado de otro modo. Cuento el costo y es suficiente.

Dios los bendiga a todos.

El tiempo marca una diferencia

A menudo he dicho:

TODO—INCLUSO EL SIDA—SUCEDE,
PERO NO PERMANECE.

Una nueva prueba de eso vino cuando recibí una serie de cartas de una mamá que, cuando su hijo moría de SIDA, me escribió para contarme que algo que había dicho en uno de mis libros no le había ayudado mucho. Unos pocos meses después me volvió a escribir para explicar que en el transcurso del último año su esposo había fallecido de un aneurisma y que su hijo finalmente había sucumbido también ante el SIDA. No sentía que su historia y la mía tuviesen mucho en común, porque la suya «no tenía un final feliz». Pero unos pocos meses después me volvió a escribir y dijo:

Después de perder a mi hijo a causa del SIDA en el pasado mes de junio, he desarrollado una filosofía referente al SIDA:

He aprendido a aceptar sin agonizar ni argumentar... sucedió.

He aprendido a perdonar sin olvidar... nunca puedo aprobar.

Los que somos «tocados» por esta espantosa enfermedad sufrimos GRANDES Y GRAVES riesgos al confiar en otro ser humano... No aceptes el riesgo a no ser que puedas (al igual que la otra persona) vivir con él.

Habrá muchos que necesiten de apoyo y comprensión... es difícil de encontrar. Esta enfermedad nos afectará a todos de un modo u otro. Mantén tu sentido de realidad cuando tratas con ella.

Celebro a esta mamá. Ella tiene razón. El SIDA nos está afectando a todos, pero al mismo tiempo nos ayuda a muchos a relacionarnos los unos con los otros de maneras que nunca imaginamos fuesen posibles. Hoy le preparaba a Bill un emparedado para el almuerzo y pensé que si damos a alguien una rebanada de pan con mantequilla, eso es BONDAD, pero si le ponemos mermelada, eso es AMOR Y BONDAD. Me recordó que siempre quiero dar a otros y agregar ese toque de gracia. Cuánta verdad tiene esto para los que padecen de SIDA. Amor y bondad es justo lo que necesitan estos muchachos... ese toque EXTRA.

En su impactante historia personal, *How Will I Tell My Mother?* [¿Cómo se lo diré a mi mamá?], Jerry Arterburn relata lo que representó para él ese toque extra en los días finales de su vida:

En abril de 1987 nuevamente me enfermé de neumonía. Nadie pensó que sobreviviría. Sin embargo, estaba decidido a sobrevivir y me recuperé otra vez de forma milagrosa. En ese momento comencé a escribir este libro y mi vida se volvió un tanto más recluida... Durante un tiempo viví con Steve y su esposa, Sandy, en Laguna Beach, California. Luego me quedé con Terry, quien tiene cuatro hijos y por esposa una santa, Janette. Fue hermoso en ambos sitios. Qué inspiración observar a las ballenas en Laguna o las cascadas y el verdor de Tennessee. El mundo de Dios es bellísimo y nunca antes me había detenido verdaderamente para notarlo.

La Biblia dice que Dios nunca nos envía un problema que no podamos soportar con su poder. También dice que Él nos consolará. En ambos casos, las Escrituras se han cumplido en mí. Me ha acercado más a un dulce y amoroso Jesús y comprendo que las enfermedades y los males no vienen de Él. Nuestro Dios está presente para ayudarnos a pelear contra las fuerzas malignas. Tengo paz y consuelo como nunca antes tuve, aunque sé que el SIDA sigue destruyendo mi sistema inmunológico. Oro cada noche por todos los que la han contraído. Pido que Dios nos consuele a todos y a todas nuestras familias. Dios es un Dios bueno y perfecto.

Para mí, durante estos tiempos difíciles de lucha, al volverse cada día más oscuro, se acerca cada vez más un nuevo amanecer. Esa cercanía al Dios que amo me da una paz y una sensibilidad sobrehumanas que me mantienen lleno de esperanza de que llegue un día nuevo y mejor.

> Cantad alabanzas, oh cielos,
> y alégrate, tierra;
> y prorrumpid en alabanzas, oh montes;
> porque Jehová ha consolado a su pueblo,
> y de sus pobres tendrá misericordia.
>
> *Isaías 49.13*[9]

Aplasta tristezas

> ¿Tuviste alguna vez la sensación
> de que aunque
> estás tomando las cosas
> «de día en día»...
> resulta ser unas veinticuatro horas
> más de las que puedes soportar?

❖ ❖ ❖

> Justo cuando me acostumbraba al día de ayer,
> tuvo que aparecer el hoy.[10]

❖ ❖ ❖

LAS PERSONAS QUE DISPONEN DE TIEMPO PARA OTROS SON FELICES A TODA HORA.

❖ ❖ ❖

> En lugar de cerrar la puerta en la cara,
> haz lo posible por reparar la cerca.

❖ ❖ ❖

NO POR HACER OLAS SE INVIERTE LA CORRIENTE.

❖ ❖ ❖

No es necesario un diccionario
para aprender el lenguaje del amor.

La Biblia nos enseña la mejor manera de vivir...
la manera más noble de sufrir...
la manera más cómoda de morir.

Lo más difícil

Inventar el corazón artificial...
Eso fue lo más fácil.

¿Quién puede volver a unir un alma desbaratada?
¿Quién puede un pegamento inventar
   que un corazón partido pueda arreglar?
¿Pueden las mentes destrozadas
   por nuevas ser permutadas,
los egos por desesperanza herrumbrados
   en taller ser reparados?

Hallar una cura para estos
que no se remedian con prótesis
eso es lo más difícil.

Y Dios dijo: «No»

Le pedí a Dios que quitara mi orgullo, y Dios dijo:
«No». Me dijo que Él no debía quitarlo, sino que yo lo debía rendir.

Le pedí a Dios que sanara a mi hijo incapacitado, y
Dios dijo: «No». Dijo que el cuerpo es sólo temporario.

Le pedí a Dios que me diera paciencia, y Dios dijo:
«No». Dijo que la paciencia es producida por la tribulación. No se otorga libremente, se gana.

Le pedí a Dios que me diera felicidad, y Dios dijo:
«No». Dijo que Él da sus bendiciones. La felicidad me toca
a mí.

Le pedí a Dios que me evitara el dolor, y Dios dijo:

«No». Dijo que el sufrimiento te aparta de los intereses mundanales y te acerca más a Él.

Le pedí a Dios que hiciera crecer mi espíritu, y Dios dijo: «No». Dijo que debo crecer por cuenta propia, pero que Él me podará para que lleve más fruto.

Le pregunté a Dios si me amaba, y Dios dijo: «Sí». Él dio a su Hijo unigénito que murió por mí y algún día estaré en el cielo porque he creído.

Le pedí a Dios que me ayudase a amar a los demás tanto como Él me ama a mí y Dios dijo:

«¡Ah, por fin has entendido!»

Origen desconocido

Por lo cual estoy seguro de que ni la muerte, ni la vida, ni ángeles, ni principados, ni potestades, ni lo presente, ni lo por venir, ni lo alto, ni lo profundo, ni ninguna otra cosa creada nos podrá separar del amor de Dios, que es en Cristo Jesús Señor nuestro (Romanos 8.38,39).

6

¿Dónde meto mi odio mientras oro?

La vida es una prueba. Sólo es una prueba. Si fuese vida de verdad, habrías recibido más instrucciones acerca de adónde ir y qué hacer.[1]

Recientemente, mientras aguardaba mi turno para hablar al finalizar un almuerzo, una amiga sentada a mi izquierda empezó a explicar cómo se había enterado de que su esposo con quien tenía diecisiete años, era homosexual. Se había divorciado de ella para adoptar el estilo de vida homosexual junto a un joven en una de las ciudades costeras de California. Nuestra anfitriona, que estaba sentada a mi derecha y se preparaba para presentarme, escuchó la historia. Inclinándose hacia mí dijo muy claramente entre dientes: «¡SI LLEGO A SABER QUE MI ESPOSO ES HOMOSEXUAL, LE DISPARARÍA Y DESPUÉS LE DIRÍA A DIOS QUE SE MURIÓ!»

Comprendo por qué esa dama fue tan vehemente. Se nos enseña desde la niñez que la ira y el odio son emociones MALAS que ningún cristiano «genuino» debería albergar. Sin embargo, cuando nos golpea el dolor devastador, puede surgir de nuestro interior una ira al rojo vivo cual lava que lanza un volcán. A lo mejor nos negamos a reconocer que albergamos estos sentimientos intensos, pero cuanto más intentemos negarlos, más nos abruman.

No es fácil admitir que alguna vez el odio fue parte de mí, pero así fue. Cuando me enteré que mi hijo era homosexual, mi shock se convirtió en furia hirviente que nos quemó a los dos y dejó una cicatriz que sigue siendo un recuerdo visible de cómo las emociones descontroladas pueden arruinar una relación.

Vaya, ese equipaje es de un hermoso color violeta

Luego de descubrir el «material» homosexual de Larry en el cajón de su cómoda, de algún modo pude sobrevivir a lo que he denominado el Sábado Negro.* Habiendo puesto el material en el baúl de mi auto, logré conducir hasta el aeropuerto para buscar a mi hermana Janet y a su esposo. No estaba en condiciones de estar con otros, pero me esforcé para no perder el control. Desafortunadamente, lo primero que vi fueron las dos maletas color violeta de Janet. En alguna parte había escuchado que a las lesbianas les encanta el color violeta, y aunque sabía que no era verdad, no podía dejar de pensar: *Mi propia hermana tiene equipaje color violeta. Trabaja para Billy Graham, su esposo es un ministro ¡y ella es lesbiana!*

Intentando comportarme como si nada hubiese sucedido, murmuré algo acerca de lo hermosas que eran las maletas nuevas de Janet, pero luego me di cuenta de que no me atrevía a abrir el baúl de mi auto porque allí estaba desparramado el material homosexual de Larry, a la vista, listo para comunicarle a todo el mundo mi secreto. Abracé a Janet y a Mel y les dije que no era posible abrir mi baúl, de modo que metimos su equipaje a la fuerza en el asiento posterior junto con un cajón de piñas que habían traído de Hawaii. Luego me dirigí hasta un motel frente a Disneylandia, donde pensábamos pasar la

---

* Puede encontrarse un informe más completo sobre el «Sábado Negro» en *Ponte una flor en el pelo y sé feliz*, Casa Bautista de Publicaciones, El Paso, TX, cap. 3, y en *Where Does a Mother Go to Resign?* [¿Adónde va una madre para presentar su renuncia?], Bethany Fellowship, Minneapolis, 1979, cap. 1.

noche después de disfrutar de la celebración especial a llevar-
se a cabo allí durante ese fin de semana con motivo del bicentenario.

Después de acomodarnos en nuestras habitaciones, fuimos
hasta el parque para unirnos a otras cincuenta mil personas
para las festividades del bicentenario. Faltaba poco para las
ocho de la noche, la hora que le había dicho a Larry que se
encontrara con nosotros, así que aguardamos junto al mástil
en Main Street y a los pocos minutos apareció. Janet y Mel
podían percibir que había algo que realmente me estaba alte-
rando, pero no dijeron nada. Saludaron con afecto a Larry y
todos hablamos durante unos pocos minutos. Luego Janet y
Mel se disculparon, diciendo que deseaban ver la exhibición
del señor Lincoln.

Larry y yo quedamos parados junto al mástil mirándonos a
los ojos. Los míos estaban llenos de pánico; los suyos estaban
oscuros y llenos de aprensión. Sus primeras palabras fueron:
«Soy homosexual... o tal vez bisexual».

Mientras se movían en derredor nuestro unas cincuenta mil
personas, frenéticamente traté de comprender. *¿Bisexual?*
¿Qué era eso? ¿Sexo dos veces por mes? ¿Por qué diría algo así?
Bisexual era una palabra extraña para mí, pero sabía por la
Biblia lo que significaba homosexual y cuando usó esa pala-
bra, resonó en mis oídos como la señal del juicio final.

Tampoco ayudó para nada que en el momento exacto en
que Larry ampliaba mi vocabulario con la introducción de esa
exótica palabra nueva, el hada Tinkerbell saliese volando por
los aires encima de nuestras cabezas, ¡proclamando a viva voz
que estaba a punto de empezar el desfile eléctrico de Main
Street! Por mi mente pasó un pensamiento: *¡Ahora están POR
TODAS PARTES... incluso en el AIRE!* En ese momento volvieron Janet y Mel y traté de mantener un gesto firme, pero como
dijo alguien, eso sólo hace que sea más difícil sonreír.

De algún modo logré pasar toda esa noche sin decirles nada
acerca de Larry. Sin embargo, debí hacerlo a la mañana siguiente y quedaron tan sorprendidos como yo. Más tarde,
después de la cena del Día de los Padres en Knott's Berry
Farm, llevé a mi hermana y a su esposo al avión. No hablamos

mucho... sólo lloramos. ¿Qué PODÍAMOS decir? Nos abraza-
mos mientras llorábamos cerca del pasillo y luego se fueron. Y
allí quedé yo con mi «problema».

Durante el viaje de regreso desde el aeropuerto, intenté
planificar mi siguiente paso. Esa mañana temprano, Bill ya
había hablado con Larry a solas y había regresado para decirme: «Sólo es una etapa». Pero tenía un presentimiento abrumador de que se trataba de mucho más que eso. Como Bill iba
a visitar a sus padres para llevarle su regalo por el Día de los
Padres, decidí que ese sería un buen momento para conversar
con Larry. Arreglaríamos todo este asunto de una vez por
todas. Creía con toda seguridad que se podía arreglar. Ciertamente Dios no permitiría que esto le sucediera a NUESTRA
familia. Debía haber algún tipo de medicación o de pastilla
que ayudara a Larry. No dejaba de asegurarme a mí misma
que Dios y las madres pueden arreglar CUALQUIER COSA,
incluso esto.

¿Cómo pudo traicionarnos nuestro hijo amado?

Por más que intentaba bloquearlos, constantemente me
venían a la mente pensamientos airados acerca de cómo Larry
nos había traicionado. ¿Qué le había sucedido al niño amado
que a los tres años de edad se ponía de pie frente a la gente y
cantaba? Al cantar, se movía al ritmo de las palabras, haciendo
que todos se rieran de sus payasadas. ¿Era homosexual EN
AQUEL ENTONCES? ¿Sucedió todo esto repentinamente?
¿Cuándo? ¿Qué hice para causarlo? ¿Es cierto que fue culpa
mía? ¿Estuve demasiado cerca de él? ¿Será que disfruté demasiado de él?

Pero no, eso no podía ser así. Larry había sido muy vivaz,
con sus amigos y sus actividades. Había brindado tanta VIDA
y ALEGRÍA a nuestro hogar... Él embellecía nuestra familia
con su personalidad chispeante. Y sin embargo, ¿cómo podía
ser este el mismo hijo que había coleccionado toda esa pornografía? ¿Dónde obtuvo todas esas cartas enviadas por hombres que estaban en su cajón? ¡Incluso algunas estaban dirigidas a nuestro hogar! ¿Habrían llegado cuando yo no estaba?

¿Será que las puse en su habitación sin tratar de saber de qué se trataban? Igualmente, si hubiese mirado, ¿habría sabido de qué se trataba?

Ese quizás era el asunto. No había tenido motivo para sospechar. No pertenecía a ninguna agencia local del FBI (Family Bureau of Investigation [Buró de investigación familiar]). Siempre había respetado la privacidad de Larry, al igual que la de los otros muchachos, en lo concerniente a lo que tenían en sus habitaciones. Pero ese debe haber sido el punto donde fui negligente: no revisar la correspondencia que recibía, al menos observar la dirección del remitente. ¡Con seguridad en algo debí haberme equivocado para que esto nos sucediese AHORA!

Luego de estacionar el auto en el garaje, entré para encarar a mi hijo: el homosexual/bisexual que al parecer había traicionado totalmente la educación cristiana que le habíamos dado durante veinte años. Larry me estaba esperando; al principio ninguno de los dos habló. Cada uno esperaba que empezase el otro; finalmente lo hice yo. Traté de mantener la calma, pero mi enojo entró rápidamente en ebullición y pronto estaba azotándolo con versículos de la Biblia, con justicia cristiana y una bofetada. Él respondió con obscenidades y una fiera terquedad que nunca antes había visto. Luego siguió un empellón que me tiró contra el reloj de pie.

Ese día escuché de boca de mi hijo palabras que nunca en mi vida había oído y él vio hasta qué punto la homofobia puede afectar a una mamá frustrada que ve cómo se desmorona todo su mundo. Amaba a mi hijo, pero mi odio por lo que él decía tapaba ese amor. Lo único que trasmitía en ese momento era disgusto hacia él.

¡Preferiría que estuvieses muerto!

Comprendí que Larry estaba enfermo, emocionalmente enfermo, y supe que debía hacer todo lo posible para conseguirle alguna ayuda. Estaba tan alterada que mis deseos de ayudarlo se nublaron con mi enojo. En cierto momento dije explotando:

«¡Preferiría que mi hijo estuviese MUERTO antes que fuese homosexual!»

Mis palabras azotaron a Larry como un látigo, pero siempre pensaba que hacía lo que era cristianamente correcto al recordarle que era un creyente y que «conocía lo que enseña la Biblia». Seguramente que sabía que «Dios nos puede lavar de cualquier tipo de pecado dejándonos limpios de nuevo».

Pero todos mis fervientes ruegos cayeron en oídos sordos. La expresión facial de Larry estaba desencajada y sus ojos oscuros y relampagueantes. Su aspecto parecía decir: *Es inútil, no te puedo hablar. No comprendes.*

Él tenía razón. Yo no comprendía. Rompí a llorar y corrí hasta mi dormitorio mientras que Larry entró como tromba en su habitación dando un portazo. Entre mis sollozos, podía escuchar cómo Larry lloraba también. Aun en ese momento mis instintos maternales deseaban ir a consolarlo, pero luego mi odio rebotó y pensé: *¿Cómo puedo consolarte cuando estás destruyendo nuestra familia?*

Al día siguiente Larry se había ido. Encontré su habitación completamente vacía cuando regresé de un viaje hasta un centro de asistencia en Anaheim, adonde había ido en busca de ayuda. Deseaba encontrar una madre que hubiera pasado por mi agonía, pero lo único que me ofrecieron fueron dos ex homosexuales. Les dije que no me interesaba, que ya TENÍA uno y si no había una madre a la que me pudiesen referir, simplemente debería regresar a casa e intentar sobrellevar el problema por mi cuenta.

Mi enojo se convirtió en depresión

Y eso es lo que hice. Un recuento detallado de cómo intenté sobrellevarlo puede encontrarse en *Where Does a Mother Go To Resign?* [¿Adónde va una madre para presentar su renuncia?]. Al descubrir que Larry se había ido sin dejar una nota que me dijese dónde estaba, entré en un estado de pánico total. La furia que había rugido el día anterior ahora se interiorizó convirtiéndose en depresión.

Retrocediendo hasta mi dormitorio, pasé la mayor parte de

mis días y mis noches penando. El empapelado del dormitorio tenía unas maravillosas rosas de color rosa y rojo que se trepaban por un enrejado, así que me acosté en la cama y me dediqué a contar las rosas e imaginar que las iba entretejiendo en el enrejado. Cuando me cansaba de eso, levantaba la vista y observaba la salida de ventilación del aire acondicionado que se encontraba en el cielorraso e imaginaba que entrelazaba rosas por las ranuras de la rejilla que lo cubría.

No pasaba todo mi tiempo en el dormitorio. Un par de veces tuve que asistir a funerales de amigos donde, curiosamente, sentía algo de alivio, porque allí al menos podía llorar abiertamente. Nadie pensaba que era rara, porque era un momento «apropiado» para derramar lágrimas.

Y también iba de vez en cuando al supermercado, pero aun allí me perseguía la terrible maldición que había descendido sobre todos nosotros. Al pasar por el sector de lácteos veía la palabra «HOMOGENEIZADA» en un cartón de leche y, por irracional que parezca, se me ocurría que adentro había algo HOMOSEXUAL.

Pero la mayor parte del tiempo era una reclusa, pues me encerraba en mi dormitorio donde podía hallar consuelo al taparme totalmente con mi cómodo edredón. Evitaba el contacto con las personas, incluso mi familia. No cociné nada durante un año completo. Bill vivía a base de rosetas de maíz; Barney sobrevivió porque trabajaba para Taco Bell.

Pero no me importaba. Sólo deseaba estar a solas sin tener que aceptar ninguna responsabilidad. Estaba herida... el cuchillo estaba enterrado en lo profundo de mi pecho... y sólo quería permanecer tranquilamente acostada para evitar que se hundiera a mayor profundidad.

Mi aislamiento era como una niebla protectora. No era necesario que viese a nadie ni que le encontrase lógica a ninguna conversación. Nadie me confrontó buscando saber lo que me sucedía. Todos los que nos conocían sentían que aún no me había recuperado de la pérdida de los otros dos hijos. No tenían idea siquiera de la pérdida real, porque no podía ni quería decírselo a nadie.

Cómo saber cuándo estás deprimido

Mi homofobia me mantuvo en un constante estado de depresión durante casi un año. He leído bastante acerca del tema de la depresión y he aprendido que la palabra se usa para describir una amplia gama que va desde sentirse triste hasta padecer de una seria enfermedad. Algunos expertos creen que la depresión «incapacita más que la artritis o la enfermedad cardíaca, una enfermedad [que] en su forma más severa, lleva al quince por ciento de sus víctimas a cometer suicidio».[2]

En su excelente manual sobre síntomas, causas y curas de la depresión, *¡Elige ser feliz!*, los doctores Frank Minirth y Paul Meier enumeran 101 rasgos y señales que caracterizan al deprimido.[3] Dudo que los haya tenido todos, ¡pero tuve unos cuantos de ellos!

Sólo unas pocas de las señales de la depresión incluyen sentimientos de tristeza, aburrimiento, desilusión, soledad, falta de confianza, desagrado hacia uno mismo, temor, enojo, culpa. Los que sufren de depresión tienen dificultad para tomar decisiones y se sienten frustrados por la vida. Te sientes desesperado como si hubieras perdido tu fe y la vida no tuviera sentido. A lo mejor consideres el suicidio y en algunos casos hasta lo planifiques.

Mientras pasas por una depresión, es posible que adoptes una apariencia desaliñada. Tal vez te muevas con lentitud y tengas los hombros caídos. Quizás estés cabizbajo. Puede ser que te irrites con facilidad y no quieras relacionarte con nadie, ya que la comunicación con los demás se vuelve prácticamente inexistente.

Las señales físicas de la depresión incluyen dificultad para dormir y, con frecuencia, una importante modificación del apetito o del peso (bajé quince kilos en menos de tres meses). También experimentas fatiga y un cansancio generalizado. Para la persona deprimida, la vida absorbe toda la vitalidad, la energía y la fuerza. Hasta el acto de respirar se convierte en un problema.

Mientras pasé casi un año en esa habitación, contando todas esas rosas, experimenté casi todos los síntomas arriba mencionados. ¡De paso, el recuento final de rosas sumó 1.597!

El Dr. Wells fue bondadoso, pero cándido

Más o menos durante una semana después de la partida de Larry, anduve en una montaña rusa emocional. Sin embargo, por fortuna, aún me quedaba la entereza necesaria para darme cuenta que debía conseguir alguna ayuda. Pero no sabía a dónde recurrir y no tenía con quién hablar. Bill, percibiendo mi deseo de estar completamente a solas, se mantuvo alejado. De modo que empecé a escribir algunas cosas para ayudarme a mantener contacto con alguna forma de realidad. Eso me ayudó a comprender que iba deslizándome hacia el interior de un cajón, en realidad un féretro emocional. Era evidente que ningún otro iba a despegarme de la pared y reconstruirme.

Aunque estaba deprimida, nunca dejé de orar. Decidí proponerle un trato a Dios: Yo obraría como si todo dependiera de mí, pero comprendería que, a la larga, todo dependía de Él.

Y Dios respetó el trato. Me dio la fuerza necesaria para salir de ese féretro. Fue mi primer paso pequeño hacia la sanidad, pero me aguardaba una larga serie de subidas y bajadas.

Mi depresión me llevó a ver a un terapeuta cristiano llamado Dr. Wells. Era amable y profesional, y también mi amigo personal para el cual había trabajado en el pasado como secretaria. Pero a pesar de ser amigo, nada me ocultó al acabar de hablarle y él de escucharme. Finalmente, cuando al Dr. Wells le llegó el turno de hablar, me dijo lo que pensaba acerca de los homosexuales en base a sus años de experiencia.

De acuerdo con él, ya no ocupaba el «nivel de madre» para con Larry. A pesar de que aún era su madre, nuestra relación se ubicaba más en un plano de adulto a adulto; por lo tanto, no debía adjudicarme crédito ni responsabilidad por sus decisiones.

«Por cierto que no deseo crédito por nada», dije yo, «pero sí me siento responsable de ayudarlo a cambiar».

El Dr. Wells respondió: «En mi experiencia, he visto que si adoptan algún cambio en su estilo de vida, es por decisión propia y de nadie más».

Me molestaba escuchar eso porque el enojo aún hervía dentro de mí. Utilizando versículos bíblicos de apoyo, le recordé al Dr. Wells que todas las cosas pueden ser hechas nuevas. Es seguro que ningún cristiano necesita permanecer encadenado a un tipo de vida tan dañino. Yo quería que Dios cambiase a Larry AHORA MISMO... a decir verdad, ayer sería mejor.

¿Qué HACÍA Larry allá afuera?

Durante todo ese verano seguí asistiendo a mis sesiones con el Dr. Wells, pero mi depresión no desapareció. Pensaba constantemente que Larry estaba en alguna parte en lo que denominaban «el estilo de vida homosexual». ¿Estaba herido? ¿Enfermo? ¿Extrañaba a la familia? ¿De qué vivía?

Mi mente era una licuadora llena de emociones que giraban dando vueltas y más vueltas. Amaba a Larry. Lo odiaba. Deseaba matarlo. Deseaba matarme yo misma. Quería enterrarlo y quería enterrarme yo misma.

Permanecí en esa montaña rusa, en ocasiones sintiendo alguna mejoría y luego volviendo a caer, principalmente porque no aceptaba la idea de que esto le había sucedido a nuestra familia y que no se podía arreglar a Larry de INMEDIATO.

Por difícil que resulten las muertes de dos hijos, ninguna tragedia me sumió en la profunda depresión que experimenté después de enterarme de lo de Larry. Seguí pensando que sería más fácil que estuviese muerto antes que viviendo por ahí el estilo de vida homosexual, participando de actos despreciables con otros hombres. En un sentido muy real, resulta más difícil soltar a alguien que lleva una vida rebelde y destructiva que soltar a alguien que ha muerto. En alguna parte encontré la siguiente observación que describe a la perfección mis sentimientos durante esos meses de desolación después de que Larry desapareciera:

EL MANTO NEGRO DE LA DEPRESIÓN IMPIDE
QUE VEAMOS EL RAYO SOLAR DE ESPERANZA DE DIOS.

Así que comprendo lo que quieren decir los que me escriben para contarme: «Estoy deprimido», o «He estado deprimido durante los últimos dos años». Mi correspondencia está llena de dolor, pero también de sinceridad:

Actualmente estoy combatiendo una depresión intermitente y sé que puedo ponerme una flor, vestirme de punta en blanco y sonreír hasta que se resquebraje mi cara, engañando de ese modo a todos los que me rodean, pero no soy feliz. El dolor lo puedo tolerar. La desdicha no la deseo para nada, pero la he experimentado. Hace cinco meses perdimos a nuestra hija, Cindy, quien padecía de cáncer de ovario. La acompañamos durante todo el L-A-R-G-O y agonizante proceso hasta que murió en su casa... Puedo tolerar la muerte y la pérdida, pero el largo y agonizante proceso de muerte parece muy innecesario y reconozco mi enojo hacia Dios por no haber intervenido para sanarla o bien llevársela más pronto. En fin, esa es la base de mi depresión.

Permíteme decirte que verdaderamente tu libro me fue de ayuda, y lo extraño es que... no me dijiste ni una sola cosa que no supiese de antemano, cosas que incluso he usado muchas veces para aconsejar a otros.

❖ ❖ ❖

Tres días antes de nuestro vigésimo cuarto aniversario llegué a casa del trabajo donde encontré una nota sobre el escritorio que decía que me abandonaba y tenía la intención de tramitar el divorcio... Aun cuando Dios estuvo conmigo y me dio versículo tras versículo para sostener, abrazar y animarme, en ocasiones el dolor todavía me resultaba mayor de lo que pensaba que podía soportar... Durante las últimas semanas he estado luchando contra una severa depresión y me he estado preguntando cuál sería el propósito de mi vida. Estoy sumamente vacía y seca; incluso me cuesta trabajo orar y cuando lo hago, ni siquiera sé con seguridad por lo que debo orar ni cómo hacerlo. Siento mucha soledad. Mi hijo mayor está casado y el menor está lejos de casa, en la universidad. Cuando regreso a casa por las noches no hay nadie con quien conversar, alguien que me pueda tocar...

Gracias por su maravilloso ministerio. Mi esposo ha estado sin trabajo durante más de tres años. He llegado al punto que no sé si debería matarlo, echarlo de casa o aguantar y seguir orando. Por supuesto, tu libro me ha alentado para que haga lo último... Me di cuenta de que no había luz al final de mi túnel, por lo cual pedí un turno para que mi esposo iniciase tratamiento con un sicólogo y finalmente ha reconocido su depresión.

Aunque mi problema no tiene nada que ver con la homosexualidad, el dolor que sufro por causa de mis hijos es muy semejante. La culpa, los porqué, los cómo puede ser, etc., etc., etc.

Siento como si te conociera y quería que supieses cuánto me has ayudado ya. Necesito tener tu libro a mano y usarlo a menudo para volverme a encarrilar. Sé que la depresión es una cosa horrible y una pérdida de tiempo y de energía. Realmente deseo llevar una vida productiva, ya que sé que nada de lo que diga o haga a esta altura producirá cambio alguno en mis hijos.

La mala noticia contenida en estas cartas es que todas estas personas están deprimidas hasta cierto punto, pero la buena noticia es que están intentando decirle a alguien cómo se sienten. Una de las primeras cosas que aprendí del Dr. Wells es que mientras estés hablando y ventilando problemas, no estás en peligro de «perder contacto con la realidad».

Uno de los primeros pasos positivos que puedes dar para conquistar la depresión es negarte al aislamiento. ¡Consigue la ayuda de alguien! La persona deprimida que no busca ayuda puede estar en peligro de desconectarse permanentemente de la realidad y de que la confinen al asilo para desorientados.

Durante todo ese verano y entrado el otoño, seguí asistiendo regularmente a la consulta del Dr. Wells, pero mi viaje sobre la montaña rusa de la depresión no se detuvo. A mediados de octubre hubo un suceso que me levantó el ánimo: por casualidad me enteré que Larry seguía formando parte de su grupo coral que daría una función en el *Los Angeles Music Center* [Centro musical de Los Ángeles]. En compañía de una amiga asistí al programa con grandes esperanzas, pero la noche se convirtió en un desastre. Justo antes del intermedio, Larry me vio entre el público y, cuando el grupo volvió a escena para la segunda parte del programa, ¡el lugar que había ocupado estaba vacío! Había huido sin que tuviese la más mínima oportunidad de hablarle.

Eso me hizo entrar en otra espiral descendente y en una profunda depresión que duró hasta bien pasada la Navidad. El calendario cambió de 1975 a 1976 y empecé a ver un poco menos al Dr. Wells. Para la llegada de la siguiente primavera, me decía que estaba mejorando. Al menos mostraba al mundo mi yo normalmente alegre; pero por dentro aún había mucha agitación, mucho ardor y muchos anhelos insatisfechos. Aún estaba muy enojada, seguía estando en una crónica depresión leve, a pesar de que la mantenía oculta en los pocos contactos que establecía con otros.

Tal vez sencillamente me trague una hoja de afeitar

De acuerdo con los doctores Frank Minirth y Paul Meier, una de las señales de depresión es la creencia de que la MA-ÑANA es la peor parte del día.[4] Justo para la época del Día de las Madres, las mañanas empezaron a parecerme extremadamente malas. Supongo que la idea de pasar ese día sin Larry iba más allá de lo que deseaba soportar. Un día le murmuré a Bill: «Ojalá usases hojas de afeitar de doble filo. De ese modo podría tragarme una en un pedazo de pan y tal vez me mataría».

¡ESO captó la atención de Bill! Insistió que viese al Dr. Wells INMEDIATAMENTE. Hice lo que me pidió Bill, pero no se produjeron los resultados que esperaba. Cuando el Dr. Wells revisó mi caso y vio que ya casi había pasado un año desde la partida de Larry, dejó caer una bomba que convirtió en un millón de astillas mi alegre fachada exterior:

«Bueno, si Larry ha estado ausente todo este tiempo», dijo, «es muy posible que nunca regrese a casa. Es posible que haya encontrado apoyo emocional permanente en el estilo de vida homosexual».

Regresé a casa sumida en un estado de ánimo aplastante y me dirigí al dormitorio posterior donde entré en una especie de trance zombi. Ni siquiera me molesté en contar las rosas. Más tarde, ese mismo día, el Dr. Wells llamó a Bill y le dijo que al abandonar su oficina yo estaba sumamente deprimida por lo cual sugería que se me internase en Parkside West, una excelente institución en nuestra área que se especializa en brindar cuidado las veinticuatro horas del día a personas con tendencias suicidas.

Bill le dijo al Dr. Wells que no sabía si su seguro médico cubriría algo de esa naturaleza, pero que lo investigaría y luego le avisaría. Mientras tanto, pensaba que podría permanecer en casa porque «no es violenta ni nada por el estilo».

Al día siguiente mientras Bill se preparaba para ir al trabajo, me dijo que esa mañana efectuaría algunas llamadas para averiguar si su seguro me servía o no. Después de alejarse, quedé sentada considerando mis opciones: si me cubría el seguro de Bill, me llevarían al asilo para locos. Si no, debía permanecer en casa y contar más rosas del empapelado. Allí fue que me golpeó con fuerza el siguiente pensamiento: *¿Por qué seguir acariciando la idea del suicidio? ¿Por qué no ACABAR con el asunto de una vez por todas?*

Subí a mi auto, le di marcha atrás hasta la calle y comencé a andar sin saber con seguridad hacia dónde me dirigía. Lo único que sabía era que no podía seguir así. No estaba cumpliendo mi función de esposa. No era una madre. Había alejado a mis amigos. Me sentía como un cero a la izquierda... una NADA. ¿Cómo podía Dios decir que me amaba y permitir que sucediese esto?

Un brusco giro le pondría fin a todo

Me dirigí hacia un elevado viaducto con toda la intención de llegar hasta la cima, dar un brusco giro del volante hacia la derecha y precipitar mi auto sobre la autopista que se encontraba abajo. Se acabarían todos mis problemas... ¿o no? Después de todo, sólo sería una caída de unos quince metros; tal vez no sería suficiente para acabar el asunto. Quizás sólo quedaría lesionada e incapacitada de por vida, para luego ocupar una silla de ruedas y confeccionar canastas... con muchas rosas, por supuesto.

Al acercarme a la cima del viaducto, ya sabía que no podía matarme. Pero también sabía que debía hacer ALGO para deshacerme de esta horrible carga que había llevado durante casi un año. Había entregado a Larry a Dios varias veces en el transcurso de los últimos meses, pero siempre lo volvía a levantar. Conocía las instrucciones de la Biblia acerca de echar nuestras ansiedades sobre Él, porque Él tiene cuidado de nosotros (véase 1 Pedro 5.7). Este versículo significa que deberíamos DEPOSITAR nuestras ansiedades sobre Dios y *nunca más volver a levantarlas*. Ese era mi problema. ¿Cómo podía «depositar a Larry sobre Dios» de una vez y para siempre?

Al pasar por la cima del viaducto, se me ocurrió una respuesta. Quizás podía, en mi imaginación, tomar un martillo y simplemente CLAVARLO a los pies de la cruz. Eso daría resultado. Era necesario que encontrase algún modo real de depositar esta horrible carga sobre el Señor y no seguir llevándola yo. Al clavarla, no podría volver a levantarla. La idea me resultaba atractiva, pues a decir verdad estaba exhausta.

Al iniciar el descenso por el otro lado del viaducto, hice exactamente eso. En mi mente saqué un martillo y clavos, y clavé en la cruz mi carga de preocupación y ansiedad por mi hijo.

«Señor», oré, «esta vez de veras te doy a Larry. Al clavarlo a la cruz, te lo entrego de una vez por todas. Si nunca regresa a casa, no importa. Si nunca lo vuelvo a ver, no importa. Todo está en tus manos. ¡HAZ LO QUE QUIERAS, SEÑOR... suceda lo que suceda, clavo ese muchacho a la cruz y te lo entrego a ti!»

Nunca he tenido grandes experiencias en lo que respecta a milagros... al menos en mi propia vida. Tengo el don del gozo, pero no el de la fe. (Resulta de consuelo saber que no se espera que ninguno de nosotros tenga *todos* los dones.) Así que lo que sucedió a continuación no era para nada algo típico en mí. Era como si esas palabras: «Haz lo que quieras, Señor», hubiesen abierto algunas cámaras escondidas en mi interior. La pesada sensación de depresión que por tanto tiempo había cargado se evaporó. Sentí que brotaban de mi interior un millón de pequeñas salpicaduras de gozo. Canté durante todo el camino de regreso a casa, la primera vez que cantaba en un año, luego entré corriendo y llamé a Bill por teléfono.

La emoción que trasmitía mi voz le hizo pensar que estaba totalmente loca. Traté de explicarle lo de «clavar a Larry a los pies de la cruz», pero después de varios intentos Bill finalmente me dijo que no llamase a nadie más ni le dijese NADA a nadie. Él vendría a casa inmediatamente. Bill era el que había sufrido una lesión cerebral por causa del accidente. Él era quien no había sabido nada por espacio de dos años, y ahora ÉL me decía a MÍ que no llamara ni hablara con nadie hasta que llegara.

Bill llegó a casa en tiempo récord y le expliqué de nuevo todo el asunto, mientras se esforzaba por comprender qué cosa había producido la transformación que me había llevado de ser un zombi a ser otra vez una persona feliz y gozosa. Finalmente pareció darse cuenta de que lo que decía con respecto a «clavar a Larry a la cruz» era mi forma de decir que por fin había soltado a Larry y lo había entregado ENTERA, TOTAL Y COMPLETAMENTE a Dios.

Bill se sintió aliviado. Ese día se había enterado que su seguro de todos modos no me protegía.

Entonces sonó el teléfono

Al día siguiente se dio el milagro. Por primera vez en casi un año tenía deseos de limpiar la casa, y mientras pasaba la aspiradora sonó el teléfono. Era Larry que quería saber si podía venir a casa para traerme una hamburguesa como acostumbraba. Si me hubiese llamado el día anterior, le habría dicho: «Sinvergüenza, ¿acaso no sabes que están a punto de internarme en un asilo para locos?» Pero ayer había clavado a Larry a la cruz; hoy podía decir: «Ven a casa, querido». Lo único que sentía por él era un gran amor.

La hora siguiente fue una mezcla de gozo, aprensión y curiosidad. Mientras Larry y yo comíamos nuestras hamburguesas, era evidente que estaba nervioso, así que no le hice preguntas acerca de su vida. Lo que sí me dijo era que estaba asistiendo a la UCLA [Universidad de California en Los Ángeles], que trabajaba y que vivía solo. Después de un rato, Larry se fue con la promesa de volver a visitarnos la semana siguiente. Cuando se fue, quedé sentada pensando: *Así es como obra Dios, ¿no? En el momento que de veras entrego a mi hijo, él me es devuelto.*

Sin embargo, resultó que Larry aún no había regresado de verdad. Se mantuvo en contacto con nosotros durante un par de años y luego se volvió a ir, con el agravante de que esta vez estaba más enojado que nunca y tenía aun mayor determinación de vivir como homosexual. Pero me sentía en paz porque finalmente había aprendido lo que significaba ceder o entregar a Dios el ser que amas.

En lo que resta de este capítulo deseo hablar acerca del ceder... y del perdón. Cuando puedes decir: «HAZ LO QUE QUIERAS, SEÑOR», con sinceridad, la depresión pierde el poder que tiene de carcomer tu interior. Cuando cedes, la vida ya no absorbe todo lo que tienes. Cuando solté completamente a Larry, mi dolor se convirtió en GOZO.

¿Cuál es el verdadero significado de «ceder»?

Uno de los mejores escritos sobre el tema fue el de unos buenos amigos de una organización llamada «Love in Action» [Amor en acción]. Lo que sigue es un extracto de un artículo escrito por Bob Davies y Lori Torkelson que con alegría expresan estos pensamientos a las personas que sufren:

Uno de los consejos más frustrantes que pueda dar un cristiano a otro es: «Simplemente cédele tus problemas a Dios». La mayoría de las personas no están seguras de lo que significa en realidad la palabra «ceder». Tres definiciones básicas de la palabra «ceder», obtenidas del diccionario, son:

1. Entregar un derecho.
2. Renunciar a un plan.
3. Aflojar las garras que se tienen de algo o de alguien.

Esto explica en términos más concretos el asunto al cual nos referimos. ¡Este tipo de cesión al que hacemos alusión por lo general involucra estas tres acciones!

Todos participamos de un modo u otro en el acto de ceder. Diariamente debemos tomar decisiones. Debemos rendir cosas que nos separan de Dios. Podemos entender esto cuando se refiere a cosas, pero cuando se trata de personas, a menudo existe una confusión en lo que respecta a nuestra responsabilidad cristiana. También ceder es muy difícil porque con frecuencia involucra a alguien muy cercano a nosotros, justamente el que menos desearíamos ceder.

Cuando Dios nos pide que cedamos a alguno que está cercano a nosotros, el dolor de la entrega puede parecerse a un castigo... ¡pero NO lo es! Ceder no es un acto de Dios que quita de nuestras vidas a alguien al cual nos une el pecado. La verdadera «cesión» es una decisión madura que tomamos como respuesta al requerimiento de Dios. Para Abraham, su entrega de Isaac fue un acto de adoración (Génesis 22.5). Cuando Dios nos pide esto, está probando nuestra lealtad, perfeccionando nuestra capacidad de confiarle aquello que nos es más preciado. El hecho de que

Dios nos pida que entreguemos a alguien es una señal alentadora de que sabe que ya hemos establecido con Él una relación de confianza. No nos pide que cedamos algo que supere nuestro nivel de capacidad.

¿Aspectos de la entrega?

- Enfrentarnos a nuestras limitaciones. A la larga llegamos al punto de reconocer nuestra propia impotencia en relación con el ser querido, comprendiendo que hemos alcanzado los límites de amor y sabiduría humanos. Estamos en condiciones de reconocer nuestra necesidad de permitir que Dios se haga cargo.

- Reconocer que Dios es el dueño. Al igual que Ana, nos damos cuenta que la persona que amamos le pertenece a Dios... no a nosotros. Aunque se nos haya colocado en una posición de cuidado y responsabilidad por ellos, en última instancia le pertenecen a Dios y son su responsabilidad.

- Ceder nuestras expectativas. Es posible que haya habido muchas cosas que esperábamos que la persona que amamos cumpliera: esperanza de que nuestros hijos se casasen y formasen una familia, planes emocionantes para el futuro que hicimos con nuestro cónyuge cuando nos casamos. ¡Y por cierto que no es malo albergar estas esperanzas! Pero parte del acto de ceder es aceptar el hecho de que es posible que estas cosas no sucedan. Rendimos nuestras expectativas al comprender que Dios igualmente dará realización a nuestras vidas, aunque tal vez no suceda del modo que habíamos planificado.[5]

Para lograr una conclusión definitiva es necesario ceder

Sea cual fuere la causa de tu depresión, *el acto de ceder es clave en tu recuperación*. En el capítulo 2 hablamos acerca de cómo enfrentar la muerte de un ser querido y de la necesidad de lograr una CONCLUSIÓN: entregar por completo al que ha muerto, permitir que se sanen las heridas causadas por la pena y seguir adelante con tu vida. A menudo recibo cartas de padres que les cuesta mucho hacer esto. Quieren saber:

¿CÓMO puedo entregar a mi ser querido?

Algunos padres no parecen tener deseos de ceder. Recibí una larga carta de una mamá que había perdido a su «hijo preferido». Me escribió hacia fines de año, después de haber perdido a su hijo durante la pasada primavera en un accidente de un automóvil incendiado. Reconoció que había momentos en los que revivía ese día horrible y suplicaba que su hijo le fuese «devuelto». Sabía que esto era necio, pero no podía evitarlo.

Decía que no podía dormir sin medicamentos y cuánto deseaba poder ver en sueños a su hijo, pero los sueños nunca parecían llegar. Quería ver su rostro guapo y escuchar su risa. Siempre había sido una inspiración y el payaso de la familia. Todos la pasaban bien en compañía de su hijo. Según sus palabras: «Él era nuestra conexión con la vida y sin embargo perdimos muchísimas oportunidades de decírselo».

A esta madre también la perseguían sentimientos de culpa por no haber podido pasar mucho tiempo con su hijo durante las tres o cuatro semanas que precedieron su muerte. Tuvo que permanecer un tiempo en otra ciudad con su hija y un nuevo nieto. Cuando finalmente regresó, estaba ocupado con sus estudios universitarios. La noche anterior a su muerte llegó muy tarde y aunque la madre estaba levantada, él estaba cansado e inmediatamente se fue a dormir. No se dirigieron una palabra siquiera. Ella escribió lo siguiente:

Ay, si sólo pudiese regresar a esa noche.

El accidente ocurrió alrededor de las siete y media de la mañana del viernes. En el momento que llegamos a la escena del accidente, no podíamos ver los vehículos por causa del humo negro. No puedo creer que me fuera del lugar según me pidió la Policía Estatal. Debí haberme quedado hasta que fuera retirado el cuerpo de mi hijo. Otro error que no puedo subsanar...

Mi hija menor, que tiene catorce años, dice que hago todo por mi hijo. Que es el único en quien pienso. Que debía haber hecho todo lo que hago cuando estaba con vida. Pregunta cuándo le dedicaré tiempo a ella, ¿acaso cuando muera también? Creo que sú pena es tan grande como la mía, porque ella y mi hijo se llevaban muy bien y se parecían mucho...

Bárbara, no sé qué hacer. No puedo actuar como lo hacía. Me consume el tratar de mantener viva la memoria de mi hijo. Nunca fue un hijo difícil y pedía muy poco. Si alguna vez tuve un hijo perfecto, fue este muchacho. ¿Por qué parece que Dios se lleva a los mejores? Sólo tenía veinte años y se esforzaba mucho por conseguir una educación y hacer que nos sintiéramos orgullosos de él. Dejamos pasar tantas oportunidades de decirle que no hacía falta que nos probase nada y que siempre estábamos orgullosos de él...

Tú misma conoces los pensamientos suicidas que se cruzan por nuestro camino y lo difícil que resulta acallar los pensamientos. Tengo un esposo, tres hijas y un nieto que nació un mes antes de la muerte de mi hijo. Tengo bastante por lo cual estar agradecida. Pero son muchas las veces en que estoy impedida de ver todo esto porque mi muchacho está solo en el cielo y necesita que su mamá esté con él. ¡Ruego que el Señor venga esta noche!

Tengo gran preocupación por esta mamá, no sólo porque perdió a su único hijo, sino porque simplemente no parece poder aceptar lo que ya sabe: que está en el cielo con Dios y se encuentra muy feliz allí. Él está a gusto esperándola, pero ella pasa cada día deseando que se lo devuelvan o queriendo unirse a él.

Cuando me puse en contacto con esta madre, traté amablemente de decirle que lo sé porque tengo dos hijos en el cielo, pero que de ninguna manera están solos. No hay que olvidar que están con Jesús, y eso es más que suficiente. No necesitan que esté con ellos. Se están regocijando y están más felices de lo que jamás fueron aquí sobre la tierra.

Al intentar concluir con la muerte de un ser querido, quizás podamos pedirle a Dios que nos dé una IMAGEN CONGELADA de esa persona en el cielo. Podemos imaginarnos la belleza de lo que Dios ha preparado para aquellos que lo aman. Podemos hallar consuelo en la promesa de las Escrituras que dice que «cosas que ojo no vio, ni oído oyó» son las que nos aguardan (véase 1 Corintios 2.9). Podemos ver una imagen de nuestro ser querido en un lugar glorioso donde hay gozo sin fin.

Cuando Tim fue asesinado y tuve que ir a reconocerlo en la MISMA habitación con el MISMO alfombrado y el MISMO empapelado en la MISMA funeraria y pararme al lado del MISMO empleado de traje azul oscuro para identificar OTRO muchacho en un cajón, la pena rodó sobre mí en oleadas hasta hacerme pensar que me ahogaría.

Pero cuando salí de esa funeraria al calor de agosto, pasados cinco años *exactamente* desde la fecha en la que había identificado el cuerpo de Steven, tuve una experiencia que me dio la imagen congelada de Tim que necesitaba. Al dirigirme hacia el auto, podía oler el aroma de césped recién cortado y podía escuchar el graznido de los cuervos en los árboles. Luego miré hacia arriba y ¡allí en el cielo había una imagen del rostro sonriente de Tim! Lo rodeaba una luz brillante y resplandeciente y escuché que me decía: «No llores, mamá, porque no estoy allí. Me estoy regocijando alrededor del trono de Dios».

Como dije anteriormente, las experiencias milagrosas no me son familiares. Nunca antes me había sucedido eso y no me ha vuelto a suceder desde entonces, pero tal vez Dios sabía que necesitaba algo extra que me ayudase a dar por concluido el asunto después de la muerte violenta de un segundo hijo.

Resulta más difícil entregar a los que están con vida

Después de leer *Ponte una flor en el sombrero y sé feliz*, una madre me escribió para contarme que luego de que el cáncer derribara a su esposo, su hijo de diecisiete años, al no poder controlar el estrés, se volcó a las drogas. El padre de familia soportó cinco años de hospitales, radiación, cirugías y terrible dolor al desintegrarse los huesos de su espalda y fracturarse. La madre describió lo que sucedió:

> Nuestro hijo de diecisiete años, que era un joven maravilloso, levantador de pesas, fanático de la comida saludable y el ejercicio, que no podía soportar el cigarrillo, a seis meses de la hospitalización de mi marido era adicto a las

drogas. Perdió el control. Adelgazó y daba lástima. Pelea-
ba: portaba pistolas y cuchillos. Nos robó. Abandonó sus
estudios en el último año de la secundaria.

No podía creer lo que estaba viendo con mis ojos, mi esposo que se moría lentamente, sin cura, y mi hijo que se
mataba con las drogas. Nuestro hogar parecía el infierno
sobre la tierra... Era como si el mismo diablo se hubiese
mudado a nuestro hogar... que una vez fue una familia
que expresaba amor y felicidad, un hogar cristiano. ¿Era
esto real? ¿Estaba soñando? Iba a mi cuarto y le rogaba a
Dios que nos devolviese nuestra otra vida.

Esta madre y esposa sabía exactamente lo que era la agitación, el ardor y los anhelos insatisfechos. Después de su esposo haber estado enfermo unos dieciocho meses, la madre de la
mujer empezó a chocar con las paredes y pronto también la
tuvieron que hospitalizar y se hallaba moribunda. Se le apli-
caron tratamientos de radiación y la tenían que alimentar y
bañar. De modo que la mujer debía soportar a un esposo que
era un enfermo terminal, a una madre que era otra enferma
terminal y a un hijo adolescente que se estaba matando con
drogas. En cierta ocasión este se aplicó una sobredosis y,
cuando lo llevaban al hospital, suplicaba: «Mamá, ora para
que muera». Sobrevivió y ahora, con más de veinte años,
«sigue combatiendo a los demonios del infierno». Su carta
continúa:

Mi hijo está mejorando, pero su enojo es muy grande...
es un gigante con el que sólo Dios puede tratar. Como madre debo lidiar con él a diario. Tengo que clavarlo a la
cruz y decir: «¡Haz lo que quieras, Señor!», del mismo
modo que hiciste tú.

Las palabras de esta querida mamá se aplican a cualquiera
que se enfrenta a la pena persistente, del tipo que te puede
llevar a la desesperanza total. Finalmente, cuando no existe
recurso, ni cura y pareciera «no haber esperanza», debes clavar todo a la cruz y decir: «¡Haz lo que quieras, Señor!» Me
alegró ver que esta madre finalizaba su carta citando dos
versículos de las Escrituras que le dan fuerza para seguir
avanzando:

Porque yo sé los pensamientos que tengo acerca de vosotros, dice Jehová, pensamientos de paz, y no de mal, para
daros el fin que esperáis (Jeremías 29.11, Reina Valera).

Porque no nos ha dado Dios espíritu de cobardía, sino de
poder, de amor y de dominio propio (2 Timoteo 1.7, Reina
Valera).

El abandono puede convertirse en una muerte en vida

Muchas cartas provienen de esposas deprimidas cuyos matrimonios se han deteriorado. Sus esposos desean abandonar-
las o quizás ya lo han hecho. Sus preguntas siempre se redu-
cen a:

*Mi esposo me ha abandonado... ¿cómo puedo seguir viviendo
cuando la vida ya no parece tener sentido?*

Por algún motivo el dolor del rechazo o aun la amenaza de
abandono por parte de un cónyuge puede llevar al otro cónyuge al borde del suicidio. A continuación se encuentra una
carta típica de una esposa que ha llegado a ese borde:

Tengo treinta y un años, un hijo de dos años y medio, y
mi esposo ha iniciado el trámite de divorcio. Siendo cristiana se me ha dicho que deje ir a este hombre impío. La
iglesia me ha dicho que lo deje. No puedo darte una idea
siquiera de lo doloroso que resulta esto. ¡No sé cómo sobrevivir a esto! Quiero que Jesús me lleve. Bárbara, por favor, ora por mí. Esta vida es un verdadero infierno. No
dispongo del dinero suficiente para conseguir consejo le-
gal adecuado, ni mucho menos de consejería para la culpa, el dolor y la condenación que siento. Estoy ta-a-an triste. Me siento tan sola.

Este hombre con el que me casé ahora es un monstruo
y amenaza con quitarme a mi hijo. Ya no puedo soportar
esto. ¿Qué puedo hacer? ¿Puede uno sufrir más dolor del
que pueda soportar? He considerado quitarme la vida,
pero amo a mi hijo demasiado para hacer eso... mas, en

ocasiones, incluso eso me cuestiono. ¡A veces pienso que lo haré!

Cuando el dolor y la depresión llegan a abrumar, nos pueden agobiar los pensamientos de lo maravilloso que sería «liberarse de todo esto». Pero como dije en el capítulo 2, el suicidio es una solución definitiva a un problema temporal. Mi consejo a esta esposa abandonada, y a cualquiera en situación similar, es este:

Sí, todo está negro para ti, pero el suicidio nunca es una solución. La devastación que causa a los seres amados no puede ser evaluada. Aunque tengas la sensación de estar en un pozo sin fondo, existe una salida. Tu sufrimiento no durará para siempre. Hallarás la salida al laberinto si te enfrentas a cada día confiando que Dios te dará la gracia necesaria para sobrellevarlo.

Es mucho más fácil pensar en enfrentarlo día a día y no a todo el futuro de una sola vez. Ve paso a paso y persevera hasta el final del día. Antes de darte cuenta habrá pasado una semana y luego un mes. Pronto habrán pasado varios meses, ¡y podrás ver a la distancia una brillante luz que no es simplemente otro tren que se acerca!

En lugar de eso, descubrirás que a lo lejos hay un faro para ti. Ese faro es la Luz del mundo y Él nunca cambia ni se muda. Siempre está allí para buscar a los suyos. Sólo por medio de Cristo puedes atravesar la espesa niebla y llegar a puerto seguro. Cristo es el faro que siempre te ayudará a orientarte SI LO BUSCAS.

Uno de mis versículos preferidos es 1 Corintios 10.13 (NVI):

Dios es fiel; Él no permitirá que sean tentados más allá de lo que pueden soportar. Más bien, cuando llegue la tentación, Él dará también una salida a fin de que puedan soportarla.

En las Escrituras la palabra griega para «ser tentado» también puede traducirse como «ser probado». La idea es pasar por una prueba. Vuelve a leer 1 Corintios 10.13, insertando la palabra «probados» en lugar de «tentados» y podrás ver por qué es uno de mis versículos preferidos.

Mejor es haber amado a alguien...
¿y haberlo perdido?

Ya resulta bastante difícil que tu esposo te deje después de varios años de matrimonio, pero es un golpe aun mayor cuando sucede siendo recién casada. La siguiente esposa escribió:

> He estado casada desde hace tres meses y tres días. Bueno, hace un mes mi esposo me dijo que había cometido un error y ya no deseaba seguir casado conmigo. No es que nos hubiésemos apurado a dar este paso. Hemos estado juntos desde la secundaria, en octubre se cumplieron ocho años. Durante este último mes he estado tan herida y confundida que poco faltó para matarme y/o matarlo a él.

Lo primero que necesita esta querida muchacha es familiarizarse con las leyes de su estado. Podría ponerse en contacto con un abogado que pudiera aconsejarle acerca de la posibilidad de tramitar una anulación. Por otro lado, dice que «habían estado juntos desde la secundaria, ocho años». Si «juntos» significa que vivían juntos, quizás no sea posible una anulación.

Sin embargo, lo que importa aun más es su estado emocional. Debería tratar de encontrar un buen consejero, tal vez alguien de su iglesia que pueda guiarla por estos meses de completo desorden hasta que logre recuperar su equilibrio.

También es posible que necesite ponerse en contacto con un consejero profesional que pueda brindarle una percepción sicológica de sus necesidades emocionales al crecer durante este tiempo de rechazo.

Aquí va otro consejo. Tal vez no sea lo que todos deseen escuchar, pero en este caso, sí, pienso que promueve a la reflexión. En cualquier ocasión que te deprimas tanto que sientes la tentación de matarte, es el momento indicado para reflexionar seriamente. Una vez alguien me dijo:

> MEJOR ES HABER AMADO A ALGUIEN
> Y HABERLO PERDIDO... ¡MUCHO MEJOR!

Seguramente habrá muchas ex esposas y ex esposos que estén en desacuerdo con esta idea, pero al menos aporta otra manera de encarar el problema. Siempre que tengamos la oportunidad de amar a otro, contamos con un gran privilegio y una gran responsabilidad. Que cumplamos con nuestra parte de la responsabilidad realmente es lo único que nos pide Dios.

A veces se comunica conmigo alguien que había planificado un casamiento que nunca se dio. Por ejemplo, una joven desilusionada escribió:

> Debía haberme casado en junio, pero no sucedió. La boda se postergó. Ahora nunca nos comunicamos. Es como si un año completo de mi vida se hubiese borrado o ni siquiera hubiese sucedido... aun sigue siendo tan incre<u>í</u> <u>ble</u>. ¡Es una verdadera pesadilla! No me ha resultado fácil la recuperación. A veces me resulta atractiva la vida de un ermitaño.

Le contestaría a esta joven diciéndole que tengo la seguridad de que no resulta nada divertido que te abandonen, pero puede llegar a ser una forma de encontrar lo mejor de Dios para ti. Ahora sufres un dolor intenso, pero a la larga sanarás. Más tarde, quizás hasta puedas apreciar esta paráfrasis de la idea dada anteriormente:

MEJOR ES HABER AMADO A ALGUIEN Y HABERLO PERDIDO QUE QUEDAR PERMANENTEMENTE ENCADENADA A UN NECIO.

Es posible que quien te abandonó no sea un necio, pero es obvio que no era la persona adecuada para ti. Más adelante podrás mirar hacia atrás y AGRADECER A DIOS por haberte guardado de lo que podría haber sido. También, aunque ahora te duele, recuerda que esta experiencia puede convertirte en una persona más sabia y de mayor discernimiento, mejor preparada para tomar decisiones.

El acto de ceder siempre incluye el perdón

Muchas personas escriben para contarme que fueron rechazadas, que sufrieron abuso y se les «trató como basura». Sus historias pueden ser diferentes, pero lo principal que desean saber es:

¿CÓMO puedo perdonar y olvidar lo que se me hizo?

Por ejemplo, recibí una carta de una joven que daba la impresión de haber sufrido abuso sexual a manos de su padre, pero en realidad hablaba más acerca del abuso mental del que pueden ser culpables los padres durante el crecimiento de sus hijos. Esta madre soltera quería saber:

¿Y qué pasa con los padres que son una desilusión para sus hijos?

Mi padre ha sido una desilusión para mí desde hace muchos años. Desde... hostigamiento mental, hasta golpearnos físicamente por no apoyar a su familia, por hacerme sentir que siempre era yo la que estaba equivocada (por lo cual aún siento que es así).

Tuvo, o por lo menos me dio a entender (y por las reacciones de mi madre aparentemente fue así), un romance extramatrimonial. Trataba a mi madre como si fuese mercadería de segunda mano, nunca estuvo presente para animarme en mis partidos de sófbol ni de baloncesto. Me lavaba la boca con jabón si alguna vez pronunciaba una mala palabra, pero él mismo las usaba con liberalidad. No asistía regularmente a la iglesia, detestaba la idea de los devocionales familiares y muchas otras cosas que han ejercido una influencia sobre quien soy y mi modo de reaccionar ante hechos de mi vida actual.

Siendo madre soltera, no me brinda apoyo verbal ni monetario. Ah, supongo que lo desilusioné por haber quedado embarazada. ¿Hubiese sido mejor que me hiciese un aborto y nunca haber dicho nada que pudiera haberlo desilusionado? Me han ofendido tus declaraciones con respecto a los hijos que desilusionan a sus padres. Tal vez algún día veas que esas desilusiones fueron el resultado de que los padres desilusionasen a sus hijos.

Mis palabras de aliento para esta joven mamá soltera son que no permita que los «si sólo» se la coman viva. Sería muy fácil para ella entrar en el juego de los «si sólo»: *Si sólo* él le hubiese prestado atención mientras crecía. *Si sólo* hubiese tratado mejor a su madre. *Si sólo* hubiese sido un dedicado padre cristiano. Y ahora en su lucha como madre soltera, *si sólo* le pudiese brindar *cualquier* tipo de apoyo, ya sea verbal o monetario.

Pero nada de eso sucede. Con razón esta querida mamá soltera se ofende ante mis declaraciones acerca de los hijos que desilusionan a sus padres. En su caso, a *ella* la han desilusionado ¡y el zapato está en el otro pie! Eso no hace que el zapato sea más fácil de calzar; a decir verdad, probablemente sea más difícil.

Esta mamá soltera puede quedarse en el pasado con las fallas de su padre, pero no le servirá de nada. La vida le ha dado cartas malas, pero debe decidir cómo jugarlas. Como dijo Robert Louis Stevenson:

> LA VIDA NO SE TRATA DE TENER BUENAS CARTAS,
> SINO DE JUGAR BIEN UNA MANO MALA.

Siempre se vuelve al mismo asunto: la actitud. Tu actitud puede estar endurecida en tu vida a tal punto que le asignes a tu problema actual la calidad de absoluto sin posibilidad de cambio. Vives pensando en tu problema: «Mis padres fueron de lo peor» o «Tuve un padre débil y negligente que era un hipócrita. Estoy atascada y no encuentro la salida...»

O puedes adoptar el otro punto de vista, el cual dice que *ningún problema tiene por qué ser absoluto*. Todo se puede estudiar, observar, aplicar y evaluar. Así es como aprendemos a adaptarnos. La adaptación es un proceso continuo porque la vida cambia constantemente. Surgen desafíos y aparecen desvíos. Nuestros objetivos deben cambiar. La única respuesta saludable es ser flexible.

Recientemente una amiga mía vino para traerme varios paquetes de jabón de burbujas para baño. Ella sabía cuánto me deleita gozar de todas esas cosas de delicioso aroma mientras me baño, pero tuvo que decirme: «Definitivamente prefiero la DUCHA. No podría soportar un baño de inmersión y en todos mis años de vida sólo me he dado duchas. Si voy de visita a algún lugar que no cuenta con ducha, me urge volver a casa porque a mi edad no puedo adaptarme a darme un baño de inmersión». En mi mente se izó una banderilla roja. ¿Mi amiga no puede adaptarse a una cosa como tomar un ocasional baño de inmersión? ¿Qué cosa hacía que fuese tan inflexible? ¿Se le estarían endureciendo las actitudes?

Como para asegurarme de que no me estaba endureciendo en mis preferencias, deliberadamente me di una DUCHA durante los siguientes días con el único fin de recordar que es necesario que seamos adaptables, flexibles, moldeables... tener la capacidad de «seguir la corriente», como dicen los jóvenes.

El resignarse al hecho de que «la vida me ha tratado mal en el pasado» es el camino hacia los sentimientos de desesperanza. En cambio, la adaptabilidad provee la esperanza de que en algún momento llegaremos a nuestro destino. Si pudiese abrazar a la mamá soltera cuyo padre había sido tan negligente, le diría esto:

Sé que te duele. Te han tratado como nunca debiera ser tratada una hija y tu papá sigue siendo muy desagradable al no brindarte ningún tipo de apoyo. Pero no aceptes esto como tu destino. ADÁPTATE. Estás en una travesía, al igual que yo. Muchas veces he tenido que adaptarme y quiero decirte que al aprender a adaptarte, aprendes a disfrutar en lugar de sólo soportar.

A través de la vida todos sufrimos fracturas emocionales. Las tuyas están muy astilladas, pero puedes aprender de tu pasado y no es necesario que DESPERDICIES TUS SUFRI-MIENTOS. Asegúrate de amar a tu propia hija e intenta mantener lleno su tanque emocional. Al expresarle tu amor, te liberarás un poco del dolor que llevas dentro. Te ayudará a perdonar al que te lastimó. Recuerda que el perdón es una increíble fuerza sanadora. Es como un bálsamo aplicado sobre los puntos de tu memoria que aún arden de dolor.

Utiliza esta experiencia para bien de modo que aun puedas inculcar en tu hija la seguridad emocional que te robaron. Tal vez puedas tratar de imaginar a Dios extendiéndose hacia ti y envolviéndote en una manta especial mientras te dice: «Ya está, tranquila, todo mejorará».

Cuando te encuentres sola y necesites que te animen, haz la prueba de cantarte una canción como esta:

Mi Padre me ama, mi Padre me ama,
mi Padre me ama, mi Padre me ama.

Esta simple frase repetida vez tras vez, utilizando una tonada rítmica como si cantaras «Aleluya», será un consolador recordatorio de que ERES AMADA. Eres especial. Sentirás que se te devuelve la sanidad.

Para ceder... perdona

Pregúntale a cualquier sicólogo y te dirá que muchos pacientes están deprimidos porque no logran perdonar. Alguien en quien confiaban los ha lastimado mucho. Siguen masticando esa lastimadura y nunca permiten que se cure. De acuerdo con Lewis Smedes, autor de *Forgive and Forget: Healing the Hurts We Don't Deserve* [Perdonar y olvidar: Cómo obtener sanidad para las heridas que no merecemos], dispones de tres opciones para enfrentar el dolor injusto: (1) Puedes intentar negarlo y hacerte la idea de que nunca sucedió. (2) Puedes vengarte, pero como dice Smedes, «la venganza es el juego del perdedor». (3) Puedes perdonar, que sin duda es lo más difícil, pero es la única forma saludable de enfrentarte a la situación. Smedes escribió:

Perdonar es la obra más difícil del amor. Pero puedes hacer que resulte más fácil si no confundes perdonar con olvidar. No es necesario que olvides para poder perdonar. Además, algunas cosas nunca debieran olvidarse, no vaya a ser que permitamos que vuelvan a suceder.[6]

Para poder perdonar de veras, Smedes nos aconseja que sintamos el dolor. Y cuando el dolor es inmerecido, tendemos a sentirlo aun más intensamente. Al mismo tiempo, es posible que sintamos resentimiento, hasta odio. No deberíamos tenerle miedo a estos sentimientos, pero tampoco deberíamos vivir pensando en ellos. Estos son los sentimientos que pueden conducir directamente hacia la depresión.

Para iniciar tu sanidad, empieza a visualizar a la persona

que te lastimó en calidad de débil y necesitado. No la disculpes, pero trata de comprender. Esto te lleva a lo que puede ser el paso más importante de todos:

PARA PERDONAR,
DEBES CEDER TU DERECHO DE VENGANZA.

Una de las maneras más creativas de perdonar que haya visto proviene de una mujer cuya carta decía:

He fortalecido mi vida de oración al desyerbar mi cantero de flores. Solía dar nombres a todas las malezas y de ese modo golpeaba con el azadón, trituraba y mutilaba a las personas que me habían frustrado. Ahora mis malezas siguen teniendo nombres, pero en lugar de triturarlas, las extraigo con delicadeza y me detengo a orar por ellas. Lo denomino el abordaje de amor en lugar del abordaje airado. También he agregado a mi lista aquellos que están más necesitados de que se les aliente mediante la oración, así no me ocupo sólo de mi lista de «tiro al blanco».

Tal vez quieras poner en práctica la forma que aplica esta mamá para quitar de tu vida las malezas de resentimiento, disgusto e incluso odio. Además, a continuación hay algunos consejos más del Dr. Smedes:

Es de ayuda ser concreto. No trates de perdonar a alguno por ser lo que es. Perdona a las personas únicamente por lo que hacen. Perdona usando verbos, no sustantivos, una a una.

Y recuerda, el perdón sólo da resultado cuando estás listo. Es bueno recordarlo cuando queremos que alguien nos perdone. Perdonarás cuando decidas que ya has sufrido suficiente dolor...

No existe un modo fácil de perdonar. El acto de perdonar es una especie de cirugía espiritual. Haces un corte para quitar de tu pasado un cáncer que no tendría que estar allí. Y la cirugía nunca es sencilla. En resumen, el perdón invierte la corriente de dolor que fluye silenciosa pero dolorosamente desde tu pasado.[7]

Perdonarte tú mismo puede ser lo más difícil de todo

En ocasiones la persona a quien más cuesta perdonar es a uno mismo. Hace poco hablé ante un Club Rotario y durante mi charla enfaticé que el ayer es un cheque cancelado, el mañana es un pagaré y el hoy es el efectivo. Les recordé que no debiéramos crucificarnos entre dos ladrones, remordimiento por el ayer y temor por el mañana. También cité 1 Juan 1.9: «Si confesamos nuestros pecados, Él es fiel y justo para perdonar nuestros pecados, y limpiarnos de toda maldad» (Reina Valera).

Al finalizar, un hombre de unos cuarenta y cinco años se me acercó para decirme cuánto había significado la charla para él. Es más, dijo que literalmente le había cambiado la vida. A la edad de nueve años había matado accidentalmente a un amigo de quince años y había cargado esa culpa e incapacidad de perdonarse hasta ese mismo día. Su culpa había destruido su primer matrimonio y ahora amenazaba con arruinar una nueva relación con una mujer con la que deseaba casarse. El único problema era que ella tenía un hijo de quince años, la misma edad del amigo que había matado. Su hijo también tenía el *mismo nombre* que su amigo.

«Realmente no lo puedo explicar», dijo él, «pero el escucharte hablar hoy me ayudó a darme cuenta de que podía perdonarme, que puedo mirar hacia adelante y encontrar una luz. Sé que el pasado se ha acabado y que ya no necesito darme latigazos de culpa».

Esa es la clave: darte cuenta de que lo que pasó está en el pasado y que no te hará ningún bien seguir dándote latigazos.

El día que «clavé a Larry a la cruz» subí por el viaducto llevando mi pesada carga, con la intención de matarme, pero al descender por el otro lado estaba libre de dolor, depresión... y odio. Rendir a Larry también significaba perdonarlo por todo el dolor que había causado. Durante meses había tratado de convencerme de que lo había perdonado, pero todo ese tiempo aún había estado alimentando el dolor. Crecía dentro de mí hasta que me llevó al borde del suicidio.

Pero al momento de decir: «Haz lo que quieras, Señor», no

sólo perdoné a Larry, perdoné a todo el mundo. A decir verdad, había estado enojada contra Dios durante casi un año. ¡En ese momento decidí perdonarlo a Él también! ¡Y al perdonarlo, me sentí perdonada! El gozo inundó mi corazón y una canción brotó de mis labios.

Quizás podríamos discutir con respecto a lo que viene primero: perdonar o ceder. Tal vez se hacen las dos cosas al mismo tiempo. Como dice el poeta:

> Ceder no significa DEJAR DE MOSTRAR INTERÉS,
>   significa que no puedo OBRAR por otro...
> Ceder no equivale a tratar de CAMBIAR o CULPAR a otro,
>   SOLAMENTE puedo producir un cambio en mí...
> Ceder no es JUZGAR, sino permitir que otro
>   sea un ser humano...
> Ceder no es LAMENTARSE por el pasado,
>   sino CRECER y vivir para el futuro.
> Ceder equivale a TEMER MENOS,
>   confiar más en Cristo,
>   y brindar libremente el amor que Él me ha dado.[8]

Aplasta tristezas

> A veces y sin aviso,
> a cada uno le toca pasar un buen día;
> por favor, Señor,
> hoy es mi turno, ¿no es así?
>
> ¿Mañana tal vez?
> ¿El próximo martes o miércoles?
> ¿... a mediodía del jueves?
> (¿De 8:30 a 9:15 el viernes por la mañana?)

◆ ◆ ◆

AUNQUE EN OCASIONES LA LLAMA APENAS ARDA,
EL SECRETO DE LA VIDA ES
MANTENER SIEMPRE ENCENDIDA LA LLAMA DE LA
ESPERANZA.

◆ ◆ ◆

Cantemos los himnos con sinceridad

Si fuese perfectamente sincera cada vez que cantase un himno o algún coro evangélico, así es como se verían algunos de los títulos conocidos:

Yo me rindo un poco
Oh, cuánto quiero a Cristo
Él es bastante para mí
Que mi vida entera esté consagrada a mí, Señor
Hay nubosidad variable en mi alma hoy
Donde Él me guíe, consideraré si lo sigo
Tal como pretendo ser
Cuando los santos entren a escondidas

Origen desconocido

✦ ✦ ✦

NO ERES LO QUE PIENSAS,
PERO LO QUE PIENSAS, ESO ERES.

✦ ✦ ✦

Haz que los que nos aman, nos amen.
Y aquellos que no nos aman,
que Dios produzca un giro en sus corazones.
Y si no hace girar sus corazones
que les gire los tobillos,
para que sepamos quiénes son por su cojera.

Origen desconocido

✦ ✦ ✦

MEJOR ES BORRAR QUE CARGAR LAS TINTAS.

Tal vez hayas escuchado la anécdota del niño que oraba: «Padre, perdónanos nuestras deudas, así como se la damos a nuestros deudores».

Al menos el niño era sincero. ¡Así somos tantos de nosotros que deseamos reaccionar con violencia en lugar de devolver amor!

Es humano querer vengarnos de los que nos ofenden; pero es divino perdonar.

No perdonamos con el fin de ser perdonados, pero si Dios nos ha perdonado, perdonaremos a otros.

Cuando perdonamos a otros, prometemos hacer tres cosas:

(1) no descargarnos atacando a otros,

(2) no hablar acerca del asunto con otros,

(3) no seguir rumiando el asunto.

Borremos en lugar de cargar las tintas.

Adaptación. Origen desconocido

FE, AMOR Y CARIDAD...
SI TUVIÉSEMOS MÁS DE LOS DOS PRIMEROS,
NECESITARÍAMOS MENOS DE LA ÚLTIMA.

El buen Señor nunca te da más de lo que puedes soportar, a no ser que te mueras de algo.

QUÉ HACER EN CASO DE EMERGENCIA

1. Ponte tu sombrero.
2. Agarra tu saco.
3. Deja tus preocupaciones en el umbral.
4. Dirige tus pies hacia el lado soleado de la calle.

Feliz el hombre a quien sus culpas y pecados le han sido perdonados por completo (Salmo 32.1, Versión Popular).

¡Guarda tus tristezas en una caja grande, siéntate encima y ríe!

Si Noé hubiera sido verdaderamente sabio, habría acabado con aquellas dos moscas.[1]

La colección de poesías me da casi tanto gozo como las calcomanías de los parachoques o los refranes. El otro día encontré una parte de un poema que resume mi filosofía en lo que respecta a enfrentar la vida cuando el dolor y la dificultad producen TRISTEZAS:

> Constrúyete una caja que sea fuerte,
> cada parte hazla con atención;
> cuando esté lo más fuerte posible,
> encierra en ella toda preocupación;
> esconde allí todo recuerdo de fracaso,
> cada trago amargo que has debido beber;
> guarda en ella todo quebranto,
> luego, riendo, súbete encima en el acto.
> A nadie le digas lo que contiene,
> nunca sus secretos deberás divulgar;

deja allí tus cuitas y pesares,
    nunca los vuelvas a levantar;
que a tal punto estén tapados;
    que el mundo ni la mitad se imagine;
cuando la caja fuerte hayas asegurado...
    súbete encima y ríe.

Bertha Adams Backus[2]

La gelatina roja corrió por la pared

Mucho antes de que los cuatro jinetes del dolor descendieran sobre nuestro hogar, siempre disfrutaba de una buena risa y hacía todo lo posible por convertir los problemas en algo de qué reírnos. Por ejemplo, una vez sucedió lo que en ocasiones llamo: «Los niños Johnson y su alocada aventura gelatinosa».

Un día llegué a casa después de hacer compras y escuché que mis cuatro hijos estaban en la cocina riéndose a carcajadas. Tim tenía unos diecisiete años en ese entonces, Steve quince, Larry once y Barney ocho años. Pero Tim era el conductor que dirigía todo el acontecimiento.

No podía imaginarme lo que estaban haciendo hasta que entré y los vi sentados alrededor de la mesa, hundiendo cucharas soperas dentro de un gran tazón de gelatina roja de frambuesa, dentro del cual había rodajas de bananas. Estaban LANZANDO a cucharadas esa masa roja pegajosa contra la pared de ladrillos blancos que se encontraba del otro lado de la cocina, para luego observar cómo corría lentamente hacia abajo mientras los pedazos de banana se enganchaban en los ladrillos.

Oh, cuánto se divertían, pero debía decidir cómo reaccionaría: ¿Desmayarme? ¿Gritar? ¿Castigar? (¿MATAR?) He aquí una oportunidad de crear recuerdos que durarían de por vida. Ninguno de nosotros olvidaríamos este momento, así que decidí disfrutarlo.

Aún quedaba por lo menos la mitad del tazón de gelatina, aguardando ser comida... o disparada a los ladrillos. *De todos modos los niños tendrán que limpiar todo esto*, reflexioné. *¿Por qué no divertirnos entonces?*

Sentándome a la mesa al lado de Tim pregunté: «¿Dónde está mi cuchara?»

Era tal la alegría de Tim al ver que lanzaría la gelatina en lugar de lanzarlo a él que agarró un gran cucharón y me lo alcanzó. Después de todo, ¿por qué desperdiciar tiempo con simples cucharas cuando uno intenta divertirse? Cargué el cucharón gigante de gelatina roja y la lancé contra la pared de ladrillos. Empecé a reírme, cargué otra vez y la hice volar. Pude comprender por qué los niños disfrutaban tanto de lanzar la gelatina.

Al principio no sabían qué pensar de mí, pero luego captaron el mensaje, en especial cuando les dije entre risas que de todos modos tendrían que limpiar todo el desastre así que más vale que nos divirtiéramos antes de hacerlo.

De modo que, allí estábamos los cinco, disparando gelatina roja contra los ladrillos a la mayor velocidad posible mientras nos reíamos con tal intensidad que casi estábamos histéricos. Pronto la pared quedó hecha un chorreado desastre rojo. No quedaba un solo ladrillo blanco.

Supongo que algunos expertos en el tema de crianza de los hijos podrían decir que estaba sirviendo de modelo de irresponsabilidad para mis hijos, pero no creo que fuera así. Después de acabar con toda la gelatina, les llevó casi dos horas cepillar la pared y limpiar el piso. Pero los recuerdos que nos forjamos ese día fueron INOLVIDABLES. Aún hoy cuando Barney o Larry ven a Bill Cosby haciendo propaganda de gelatina por televisión, se acuerdan del día que mamá los pescó lanzando misiles de frambuesa contra la pared de ladrillos blancos y de cómo ella participó con ellos de la diversión.

Los recuerdos de gelatina son buenos para mi salud

Esa escena de gelatina es una imagen fija en mi mente y de vez en cuando la hago revivir cuando la vida se vuelve estresante. ¡Qué mejor para aliviar el estrés que concientizarse del humor presente en la vida diaria! Por ejemplo:

Puedes obtener humor de tus recuerdos, del mismo modo que lo hago yo al pensar en la palabra *gelatina*, pero también puedes estar preparado para reírte de las cosas más cotidianas. La próxima vez que veas un cartel en una cafetería que diga: «Se necesitan zapatos para comer en cafetería», dile a la persona que te acompaña: «¿Dónde comerán las medias?»

Ten siempre la disposición de reírte de ti mismo. Hace poco viajé a Grand Rapids, Michigan, adonde me invitaron para llevar a cabo una conferencia de dos días en la misma iglesia a la cual había pertenecido de niña. Ciertas personas muy generosas me prestaron un hermoso auto nuevo para usar mientras estaba allí y mi hermana, Janet, se convirtió en mi «chofer oficial».

Al menos en dos ocasiones mientras usábamos el auto, debimos detenernos para pedir indicaciones a personas en la calle y ninguna de las dos veces pudimos descubrir cómo abrir la ventanilla. En lugar de eso debimos ABRIR LA PUERTA para poder hablar con la gente. Por algún motivo no pudimos localizar el control que abría las ventanas. Apretamos todos los botones del tablero pero lo único que logramos hacer fue encender la radio, la casetera, el aire acondicionado, el control de la atmósfera, etc. Recuerdo haberle dicho a Janet: «¡Qué estupidez que un auto tan maravilloso y computarizado como este no tenga forma de bajar las ventanillas!»

Al día siguiente devolvimos el auto y de paso mencionamos al dueño: «Este automóvil es hermoso, pero, ¿cómo se bajan las ventanillas?»

Él señaló una manivela en la puerta y dijo: «Simplemente se gira la manivela».

Janet y yo miramos el panel interior de la puerta y allí estaba... la «anticuada» manivela que unos años atrás tenían *todos* los automóviles. Por un segundo, hicimos un gesto de vergüenza. Luego me miró Janet y empezamos a reír. ¿Cómo podíamos ser tan estúpidas como para no pensar que el auto podía contar con una manivela en la puerta para bajar las ventanillas? Por algún motivo, todos los otros instrumentos computarizados, las luces y los botones del tablero, nos habían engañado por completo. Durante el resto del día nos reímos tanto de nosotras mismas que corrían lágrimas por nuestras mejillas. Obviamente, ninguna de las dos tiene una «inclinación por la mecánica».

Memoriza Proverbios 17.22 y practícalo con frecuencia: «El corazón alegre es buena medicina» (Biblia de las Américas). Cada vez hay más investigadores médicos que reconocen que existe una «fisiología de la felicidad» que afecta no sólo nuestros corazones, sino también el resto de nuestros cuerpos físicos, en especial nuestro sistema inmunológico.

Cuando golpea la tragedia, muchas personas tienden a enfermarse físicamente. Por ejemplo, después de perder a un ser querido es posible que permitan que sus mentes se llenen de pensamientos negativos y el consecuente «estofado químico» inhibe el sistema inmunológico, lo cual los vuelve aun más susceptibles a la enfermedad. Por otro lado, cuando tenemos la capacidad de descargar nuestros recuerdos de tribulaciones y encontrar alivio en la risa, mejora nuestra función inmunizante.

El Dr. Paul McGhee, un sicólogo y presidente de The Laughter Remedy [El remedio de la risa], ha realizado una investigación de la risa durante veinte años. Recientemente fue citado en un periódico donde decía: «Realmente tiene lógica la idea de que el estado mental de uno tiene impacto sobre el sistema de salud del cuerpo». McGhee dijo además que durante los años noventa escucharemos cada vez más acerca de un área totalmente nueva que él llama «administración del estado de ánimo para lograr mejor salud».[3]

Norman Cousins ayudó a revolucionar la forma de abordar la sanidad cuando utilizó viejas películas de los hermanos Marx y del Gordo y el Flaco para autotratarse su padecimiento de una enfermedad terminal. Escribió *The Anatomy of an Illness* [La anatomía de una enfermedad] para relatar lo que había aprendido. Durante los siguientes diez años, muchos de la comunidad médica siguieron las pautas de Cousin. Por ejemplo, Clemson University realizó una investigación en pacientes de asilos de ancianos que habían visto la película «The Honeymooners» [Los recién casados] y otras viejas comedias. Sus achaques y dolores desaparecían y por lo general estos «ancianos» se sentían mejor.

En años recientes, se han otorgado sumas de dinero a ciento veinticinco hospitales, asilos y otras instituciones con el fin de iniciar programas de humor para sus pacientes. Específicamente, enumero aquí lo que puede lograr en ti un poco de risa:

La risa te ayuda a relajarte y eliminar tensiones. Intenta simplemente levantar algo pesado cuando estás riéndote a carcajadas. No lo puedes hacer porque tus músculos largos están totalmente relajados. Los únicos que trabajan son algunos músculos de tu rostro y de tu abdomen.

La risa fortalece el sistema inmunológico. La investigación demuestra que cuando te ríes con ganas, el cuerpo produce más inmunoglobulina A, el guerrero del cuerpo contra infecciones de vías respiratorias superiores.

La risa mejora tu circulación al incrementar el ritmo cardíaco y aumentar la provisión de oxígeno al cerebro. Esto es en parte lo que te ayuda a relajar y calmarte.

Lynn Erdman, coordinadora de servicios de enfermería de un gran centro de tratamiento del cáncer, fue citada en el mismo artículo en el que hicieron mención a McGhee. Acerca de la risa, dijo ella: «Sientes como si te quitaran de encima las cargas del mundo». En su hospital, a Erdman le agrada entregar recetas para la risa que advierten a los pacientes sobre los «*humoroides*». ¿Y cuál es la cura para los humoroides? «Un suave *risante* por día».[4]

Mediante la risa se enriquece la vida en lugar de existir simplemente, logrando de alguna forma llegar al final de cada día. La risa es clave en el logro del placer y, cuando debes soportar dolor mental y emocional, te hace falta todo el placer que puedas obtener. No me refiero a ser «más amigas del placer que de Dios» (2 Timoteo 3.4, NVI), o a «disfrutar de los placeres efímeros del pecado» (Hebreos 11.25, NVI). Esos versículos describen el tipo de hedonismo que deja afuera a Dios, pero existen ilimitados placeres legítimos de los que puedes disfrutar al darle entrada a Dios. Por ejemplo:

... disfrutar de una sabrosa comida... escuchar música favorita... mirar las brasas de una fogata... maravillarnos ante el cambio de color de las hojas en el otoño... Y VER EL HUMOR QUE NOS RODEA.

Todos estos son momentos de placer que Dios desea que disfrutemos, y podemos hacerlo si aprendemos a sintonizar los canales de placer de nuestras vidas dentro de Su frecuencia. Para mí, el mayor placer proviene de escribir libros y dar charlas para alentar a las personas descorazonadas. Mi mayor satisfacción deriva de decirle a los corazones TRISTES cómo llegar a ser FELICES.

Chuck Swindoll, a quien le agrada reír tanto como a cualquiera (si no más), escribió un libro excelente llamado *Diario de un viajero desesperado*, basado en Eclesiastés, acerca de las observaciones del rey Salomón en la búsqueda de una vida de valor. Si hubo alguien que conocía la diferencia entre la búsqueda del placer hueco y el tipo de placer bueno, ese era Salomón, quien dijo:

> Anda, y come tu pan con gozo,
> y bebe tu vino con alegre corazón;
> porque tus obras ya son agradables a Dios.
> En todo tiempo sean blancos tus vestidos,
> y nunca falte ungüento sobre tu cabeza[...]
> Todo lo que te viniere a la mano para hacer,
> hazlo según tus fuerzas.
>
> *(Eclesiastés 9.7,8,10, Reina Valera)*

Según comenta Swindoll, Dios quiere que sigamos adelante con nuestra vida, no que nos lamentemos por el pasado. En otras palabras:

¡DISFRUTA MIENTRAS DURES![5]

Aceite de oliva... y champú para mascotas

Las palabras de Salomón en el pasaje antes mencionado en relación a que nunca falte ungüento sobre nuestras cabezas, no hace mucho adquirió un significado especial para mí. Bill y yo planeamos salir un viernes al mediodía hacia una conferencia de fin de semana cerca de Denver, donde debería hablar varias veces. Había sacado un turno temprano por la mañana del viernes en la peluquería para que me arreglasen el cabello, lo cual nos dejaba tiempo suficiente para llegar al aeropuerto. Sin embargo, la noche anterior decidí darle a mi cabello un tratamiento casero superacondicionador que consistía en saturarme el cuero cabelludo de aceite de oliva espeso. Sí, sé que pueden adquirirse tratamientos de aceite en los comercios, pero supongo que soy un poco anticuada (¡y también tacaña!). Después de aplicar el aceite, envolví mi cabeza en una toalla y me fui a dormir, confiada en que por la mañana mi cabello estaría liso y brilloso... después que lo lavara, por supuesto.

Justo cuando me disponía a salir para la peluquería temprano por la mañana del viernes, Judy mi estilista me llamó y dijo: «Barb, se cortó nuestra electricidad. NO tenemos agua caliente NI secadores».

«Pero mi cabello y cuero cabelludo están empapados de aceite de oliva... ¡me hice un tratamiento y necesito QUITÁRMELO!»

Judy sugirió que buscase algún champú de brea, me lavase el cabello a fondo un par de veces y luego la llamase para ver si se había restaurado la electricidad. «Está bien», le dije, pero luego de cortar la comunicación me pregunté: *¿Dónde hallaré champú de brea a las siete de la mañana?*

Envolví de nuevo mi cabeza aceitada en una toalla y salí corriendo hasta el almacén de la esquina donde encontré un estante cargado con montones de champúes comunes, pero ninguna de las etiquetas mencionaba brea de carbón ni de pino. Al alejarme de ese estante, me llamó la atención una botella de CHAMPÚ PARA MASCOTAS SARGENT, que se suponía era buena para quitarles las pulgas a los perros. En letras llamativas la etiqueta decía: «CON BREA DE PINO». Y más abajo en la etiqueta, en letras más pequeñas, decía: «Contiene también brea de carbón, mata piojos».

«¡ESO ES!», casi grité en voz alta. «¡Eso es lo que necesito!»

Corrí hasta casa y me lavé dos veces con el champú para perros, frotándome «a fondo», tal como me había instruido Judy. Luego la llamé, sólo para enterarme que aún no había corriente eléctrica. Mi cita con la peluquería estaba perdida. ¿Qué hacer ahora? Tenía que arreglármelas sola, equipada únicamente con champú para perros y SIN SECADOR DE CABELLO. Como voy a la peluquería una vez por semana, nunca me hizo falta un secador.

Luego me acordé de nuestra vieja aspiradora Electrolux, la misma del poder supersuccionador que he descrito en un libro anterior. Saqué la aspiradora del armario, la enchufé e invertí la succión para convertirla en un poderoso secador de cabello. Luego me acosté sobre la alfombra, esperando que el aire tibio lograse el secado.

Finalmente, mi cabello sí se secó, pero quedé con dos problemas: (1) ahora tenía olor a brea o a nafta o lo que sea que le ponen al champú para mascotas, y (2) en lugar de verse liso y brilloso, mi cabello bien erizado me daba el aspecto de un puerco espín atrapado en un viento intenso.

También había otro problema. Se me estaba acabando el tiempo. Tendríamos que partir en pocos minutos para poder alcanzar el avión.

¿QUÉ DEBÍA HACER? Podía envolverme la cabeza con un turbante y posiblemente tratar de conseguir que me arreglasen el cabello en Denver antes de tener que dar mi charla, pero eso no era muy factible, ya que el programa en realidad no dejaba tiempo para eso. Luego recordé una caja especial en mi cuarto de gozo donde guardaba una selección de juguetes para los nietos cuando venían de visita. En esa caja había una vieja peluca rubia que a los niños les encantaba usar para disfrazarse. La corona de la peluca estaba rala y en algún momento había sido reacomodada por algún cachorro, también estaba llena de migas de galleta y etiquetas de lápices de colores que habían tirado dentro de la caja mis nietos. La sacudí con fuerza y me la calcé sobre la cabeza, empujando mi cabello hacia arriba y hacia dentro de la peluca, para luego tirar hacia afuera por los agujeros de la corona algunos mechones míos. Mi cabello era de color castaño oscuro y la peluca era rubio ceniza, pero nada importaba. Para ese entonces estaba DESESPERADA.

Bill me estaba llamando, de modo que no quedaba tiempo para efectuar ninguna mejora. Agarré mi cartera y salí corriendo al auto donde él me esperaba. Durante todo el tiempo que había estado pasando por mi crisis capilar, él ni se había enterado de ningún problema. Había estado conversando con un vecino, preparando la valija, sacando la basura, ajustando el termostato... perdido en su mundo de detalles con absoluto desconocimiento de mi estado casi frenético. Al subir al auto, me miré en el espejo del parasol y casi lloré al ver la peluca deshilachada y raída de color rubio ceniza, con los mechones de mi cabello oscuro que se asomaban en los costados y en la corona.

«¿Qué sucede?», me preguntó Bill al tomar la autopista.

Al borde del llanto le expliqué lo que había sucedido y lo patética que me veía para el viaje. Pero Bill siguió manejando en su típico modo imperturbable. Echándole un vistazo a mi cabello, sólo sonrió y dijo: «¡Yo no te veo nada diferente!»

La risa está en demanda a nivel nacional

De acuerdo con mi correspondencia, muchas personas están buscando gozo y risa. He aquí algunos de sus comentarios:

Oro pidiendo más gozo en mi actitud para que pueda reírme más y disfrutar más de la vida. Tiendo a ser demasiado seria, así que tu libro ha sido una bocanada de aire fresco.

Perdimos una hija de seis años que padecía de leucemia y conocemos por experiencia algo del dolor y del sufrimiento sobre los cuales escribes. Ciertamente nos ha brindado las credenciales para ayudar a otros en situaciones similares. Nos llevó ocho años resolver el duelo hasta poder hablar sobre el tema entre nosotros. Gracias a Dios que permanecimos unidos en lugar de separarnos como hacen tantas parejas al surgir en sus vidas situaciones tan difíciles.

En nuestra área la gente está muy necesitada de encontrar un poco de gozo en la vida. La gente ha embotellado las fuentes de gozo y Dios los libre de reírse de alguna cosa tonta, ni hablemos de permitir que alguien se entere de que el humor sí ocupa un sitial en la vida.

Los padres de sueños, familias y corazones destruidos necesitan un toque especial con la mayor frecuencia posible. Dios te está usando a ti y a tu ministerio para darnos un «auxilio de gozo».

Acabo de leer tu libro y recibí una bendición tremenda. Me exhorta a buscar la risa todos los días, ya que soy un individuo muy serio y negativo. Me recuerda que Dios dispone de liberación que puede glorificarlo a Él al ser una ayuda para otros.

Recibí un ejemplar de tu libro y empecé a leerlo cuando verdaderamente necesitaba que me levantaran el ánimo. Pero recomiendo que el editor le ponga el siguiente rótulo:

ADVERTENCIA
Para las mujeres que sufren de incontinencia urinaria, se les recomienda el uso de PAÑALES.

Tu libro me vino en un momento de mucha necesidad en mi vida ya que acababa de perder a mi marido de forma repentina luego de treinta y un años juntos... Me costaba mucho adaptarme a mi pérdida e intentar ser valiente para mis hijos, tomar decisiones sola, vivir sola, ir a la cama sola, despertarme sola, vivir rodando como una bolita por el piso de linóleo, sin dirección, sólo existiendo. Luego empecé tu libro y me di cuenta que ciertamente no tenía por qué patalear. Había pasado 31 años buenos y maravillosos con pocos baches en el camino. Siempre había usado el humor en mi vida para sobrepasar los baches, pero ese humor me había abandonado y tu libro y tus lecciones me ayudaron a recuperarlo.

Estas cartas sólo son una muestra de la correspondencia que recibo de personas que no se han reído en meses o incluso años. Una pregunta básica que muchos formulan es:

¿Alguna vez volveré a reír? ¿Cuánto tiempo dura este dolor intenso?

Una de las calcomanías de parachoques que más me gusta dice: «El dolor es inevitable, pero la agonía es optativa». (Es más, me agrada tanto, que la utilicé en la cubierta de mi libro: *Ponte una flor en el pelo y sé feliz*. Pero a veces, cuando sufres dolor debido a una pérdida o porque alguien te está empujando al asilo para desorientados, piensas que la desdicha NO es optativa. Tal vez sientas que NUNCA volverás a ser normal.

Un manto pesado de dolor te envolverá en la niebla espesa de la desesperanza, pero el llorar, hablar y el paso del tiempo obrará maravillas. Una mañana despertarás y repentinamente te darás cuenta que no piensas en tu dolor. Hasta podrás escuchar cómo cantan los pájaros o verás una esponjosa nube blanca cruzar el cielo. Un día tendrás un destello de esperanza y empezarás a comprender que en la vida hay mucho más que tu PROBLEMA ESPECÍFICO.

Dicho de otra manera, se acabará la noche de dolor y, como promete el Salmo 30.5:

A LA MAÑANA VENDRÁ LA ALEGRÍA.

El dolor intenso aflojará, disminuirá, dejará de ser tan envolvente. No puedo dar ningún tiempo específico en lo que respecta a cuánto durará el dolor de nadie. Depende de lo que hagas para acelerar la duración de tu período de duelo. A tu alcance hay todo tipo de recursos: cintas de audio y video que brindan ayuda, grupos de apoyo, sistemas de recuperación, o simplemente abrir tu corazón a un amigo en quien confías.

Ten en cuenta que, aunque las lágrimas y la conversación ayudan, *el tiempo es tu amigo de más confianza*. Quizás quede una cicatriz del dolor que sufres, pero tus heridas profundas sanarán. Una manera de sobrellevar esto es seguir diciéndote:

UN DÍA MIRARÉ TODO ESTO EN RETROSPECCIÓN
Y ME REIRÉ.

Si te parece que eso suena alocado, lo comprendo. Yo creía que nunca volvería a reír, mucho menos contar ante auditorios las experiencias vividas por nuestra familia y poder hacerlo con humor. Por ejemplo, he encontrado muchas risas en mi ignorancia de la homosexualidad y ahora al relatar historias sobre cómo me enteré de lo de Larry, incluyo abundantes ejemplos que hacen reír al público.

Por ejemplo, en 1975, ¿quién sabía lo que significaba *bisexual*? Por cierto que yo no. ¡Tuve que aprender del modo difícil que no significa realizar el acto sexual dos veces por mes! Siempre provoca otra buena risa el asunto de las maletas color violeta de mi hermana Janet, y mi ingenuo temor (totalmente infundado) de que Janet fuera lesbiana, porque al parecer a las lesbianas les encanta el color violeta. En realidad, a las lesbia-

DESODORANTE EXTRAPOTENTE

A veces la vida apesta.

nas les gusta toda la gama de colores, dependiendo del gusto personal.

Varios meses después de mi experiencia de: «Haz lo que quieras, Señor», y del regreso de Larry, visité a Janet en Minneapolis, donde le confesé mi problema de «paranoia violeta» con respecto a su equipaje. Me alegró cuando Janet se rió más que nadie al contarle mi historia. Hoy en día me gusta decir a las personas que el color violeta es el color de la realeza y a mí me encanta el violeta, ¡porque soy una hija del REY!

A través de los años mi historia, que se inició con la gran devastación que golpeó cuatro veces en nueve años, se ha convertido en un recuento salpicado de humor y de gozo, pero no sucedió de un día para otro. Espero que muestre a las personas cómo, al mirar hacia atrás, podemos reírnos de nosotros mismos y descubrir humor aun en los momentos trágicos. Podemos ver cómo Dios puede usar las fracturas en nuestras vidas para restaurar a otros. Es por eso que aprecio la forma en que Dios ha tomado los episodios dolorosos de mi vida y los ha usado para infundir en otros el gozo que Él me ha dado.

¿Alguna vez volverás a reír? ¡POR SUPUESTO que sí! Te sentirás mejor. Sonreirás y a la larga te reirás a carcajadas. Aguanta. Mañana podría traerte ese momento brillante... es más, ¡hasta podría suceder HOY!

Los padres necesitan todas las risas que puedan conseguir

Por relacionarme con tantos padres que sufren, siempre ando en busca de algo que les ayude a ver el lado gracioso de la vida. Créeme, si alguna vez has sido padre, ¡sabes que te vienen bien todas las risas que puedas conseguir!

Alguien me envió las siguientes instrucciones acerca de «cómo comer como un niño» y, como suele suceder, no se nos dio el nombre del autor. Pero sea quien sea el que haya escrito las siguientes instrucciones sabía algo acerca de los niños y acerca de cómo reírse de la función de padre/madre. (Aunque nunca hayas tenido un hijo, es probable que en alguna parte hayas visto comer a alguno, así que no te saltes esto porque te perderás unas buenas risas.)

ARVEJAS: Aplastar hasta formar una delgada capa sobre el plato. Presionar reverso del tenedor contra las arvejas, sostener tenedor en posición vertical, dientes hacia arriba, y lamer las arvejas.

PURÉ DE PAPAS: Dar golpecitos hasta que la superficie quede plana. Cavar varias pequeñas depresiones. Imaginar que son lagunas o piscinas. Llenar las piscinas con salsa. Con tu tenedor, formar ríos que las unan. Decorar con arvejas. No comer. Método alternativo: Hacer un gran agujero en el centro del puré. Echarle ketchup. Revolver hasta que se ponga rosa. Comer del mismo modo que se comerían las arvejas.

SANDWICH: Dejar las cortezas del pan. Si tu madre te dice que las comas porque son la mejor parte, métalas en tu bolsillo o entre los almohadones del sofá.

ESPAGUETI: Retuerce alrededor de tenedor demasiados espaguetis asegurándote de que al menos dos queden colgando. Abre grande la boca forzando la entrada del espagueti; chupa ruidosamente hasta inhalar los que quedan colgando. Limpia plato, pide segunda ración y come sólo la mitad. Al llevar plato a la cocina, sostener desnivelado para que espagueti restante se deslice hasta el piso.

CUCURUCHO DE HELADO: Pide dos bolitas. De un golpe tirar bolita de arriba al salir caminando por la puerta de la heladería. Llora. Lame lentamente la bolita restante de modo que el helado se derrita chorreando por fuera del cucurucho y de tu mano. Deja de lamer cuando el helado esté al ras del borde superior del cucurucho. Haz un agujero en la parte de abajo del mismo para chupar el resto del helado por allí. Cuando sólo quede el cucurucho cubierto por dentro con los restos del helado, dejar sobre tablero del automóvil.

ESPINACA: Dividir en pequeños montículos. Reacomodar formando nuevos montículos. Después de realizar cinco o seis maniobras, inclínate hacia atrás y di que estás lleno.

GALLETITAS DE PEDACITOS DE CHOCOLATE:
Adopta la posición semisentada, semiacostada en la cama, apoyada sobre almohada. Lee un libro. Coloca galletitas a tu lado sobre la sábana de modo que las migas se metan en la cama. Al comer las galletitas, quita cada pedacito de chocolate y colócalo sobre tu estómago. Cuando todas las galletitas hayan sido consumidas, come uno a uno los pedacitos de chocolate, a razón de dos por página.

BATIDO DE LECHE: Quita con los dientes la punta del envoltorio de papel de la pajita. Sopla por pajita para disparar papel hacia el otro lado de la mesa. Coloca la pajita dentro del batido y sorbe. En el momento que el batido te llegue a la boca, coloca tu dedo sobre extremo superior de la pajita... la presión hará que el batido quede dentro de la pajita. Levántala fuera del batido, coloca extremo inferior en boca, suelta dedo y traga. Haz esto hasta que la pajita quede aplastada de modo que ya no sirva para sorber. Pide otra. Esta vez dispárale el papel a la camarera cuando no esté mirando. Sorbe tu batido con parsimonia, sólo te interesan tus asuntos, hasta que te queden unos 2,5 cm. de batido. Entonces sopla por la pajita hasta que las burbujas lleguen al borde superior del vaso. Cuando tu padre diga que ya se está cansando de tu comportamiento, te quejas de dolor de estómago.

Las travesuras de los niños son tan graciosas porque nos esforzamos mucho por «criarlos correctamente», pero parecen contar con un sexto sentido que les hace saber con exactitud qué hacer para volvernos locos. A pesar de eso, la mayoría de los padres que conozco no cambiarían esos momentos divertidos y locos por todos los cruceros del Caribe. Si tus hijos aún están en casa, ten en cuenta los siguientes pensamientos:

Lo mejor que les puedes dar a tus hijos, aparte de buenas costumbres, son buenos recuerdos.

Los niños tienen más necesidad de modelos que de críticos.

La niñez se parece al viejo chiste acerca de un pequeño pueblo: desaparece en un abrir y cerrar de ojos.

Aprecia cada momento con tus hijos. No desees que desaparezca su niñez. De aquí a cien años no tendrá ninguna importancia el tipo de auto que conducías, ni el tipo de casa en el que vivías, ni la cantidad de libros que escribiste, ni el aspecto que tenía tu ropa; pero el mundo puede ser un poco mejor porque fuiste importante en la vida de un niño.

Ella festejó su propio cumpleaños

Como siempre estoy animando a las personas a incluir la risa en sus vidas, te puedes imaginar la alegría que me produjo recibir la siguiente carta:

> Hoy es mi cumpleaños. Ayer asistí a una conferencia para mujeres en San Bruno, California. Sentí mucho gozo después que fui a Mervyn's y cargué $100 a mi tarjeta de crédito.
>
> Verás, estoy casada con uno de esos extraños hijos únicos. Piensa tanto en sí mismo que debo ayudarle a celebrar mi cumpleaños del modo «apropiado». Así que me compré unos regalos de cumpleaños. También me compré una torta y me fabriqué unos carteles que dicen: «Te amamos. ¡Feliz cumpleaños, mamá!»
>
> Nos dijiste que buscásemos formas de producir el gozo. Estoy pasando un día maravilloso, gracias a mí. Es más, diría que este es el mejor cumpleaños que he pasado desde la última vez que estuve con mi madre. La veré pronto ya que saldré para mi tierra natal dentro de unas veinticuatro horas. Yo soy la que viaja con frecuencia. Gracias por toda la risa y las palabras de sabiduría.
>
> P.D. Hoy salí a caminar y vi los diamantes en la acera. Eran hermosos.

Aproximadamente un mes más tarde recibí otra carta de la misma dama después de haber hecho su viaje de ultramar para ver a su mamá. Al regresar encontró aún más gozo, pero esta vez su familia tuvo mucho que ver en el asunto:

> Fui a pasar dos semanas con mi hija, mi hermana y mi madre el día después de mi cumpleaños. Este tiempo de separación de mi familia fue el más largo de toda mi vida

de casada. Pasé una linda temporada recibiendo los cuidados de mi mamá.

Cuando regresé a casa, mi hijo mayor, quien ya se iba (es más, literalmente se alejaba en un auto y dio la vuelta cuando vio que venía), abrió la puerta del auto para mí y me dio un tierno abrazo. Tiene 21 años... me dejó anonadada.

Cuando entré a la casa, vi que habían confeccionado carteles: «Bienvenida a casa, mamá. Te extrañamos». El piso estaba limpio, a las alfombras le habían pasado recientemente la aspiradora, lavaron la vajilla, al igual que la ropa sucia. No habían doblado la ropa, pero al menos estaba limpia.

Todo esto lo hicieron mis hijos de 21, 16 y 15 años. ¿Será este un milagro? Y ni siquiera pedí uno. Dios verdaderamente contesta incluso las oraciones que no han sido expresadas...

Que tengas un día maravilloso. Recuerda que los diamantes son los mejores amigos de una mujer. ¿¿¿No es maravilloso contar con tantos???

La risa levanta un espíritu cansado

Una buena risa puede levantar tu espíritu cuando estás cansado y un poco malhumorado. Recientemente, mi buena amiga Lynda y yo nos dirigíamos a Yucaipa, California, a unos ciento cuarenta y cuatro kilómetros de distancia, a una conferencia de fin de semana en una iglesia bautista. Al levantarme esa mañana me sentía algo cansada y pensaba lo divertido que sería disponer de un fin de semana libre para variar, cuando Lynda me preguntó: «¿Alguna vez te cansas de repartir tu gozo y contar tu historia?»

«A decir verdad, por cierto que sí», reconocí. «A veces pienso que no puedo volver a contar la MISMA historia, los MISMOS sucesos, los MISMOS detalles, UNA VEZ MÁS. En realidad, estoy tan cansada de repartir gozo que sólo desearía quedarme en casa y nunca tener la necesidad de volver a contar mi historia».

Al salir de la autopista para tomar el camino hacia Yucaipa, Lynda y yo conversamos acerca de lo que se sentía al sufrir

síntomas de agotamiento. Me parecía estarlos experimentan-
do TODOS. En ese momento, al tomar una curva, apareció un
gran letrero sobre el lado derecho y sobre él estaban impresas
sólo tres palabras en letras gigantescas que medían unos seis
metros de altura:

¡REPARTE TU GOZO!

En letras más pequeñas cerca de la parte inferior del letrero
se encontraba la siguiente nota: «Costeado por la Primera
Iglesia Bautista de Yucaipa»... ¡precisamente el lugar adonde
iba a hablar! ¡Era como si ALGUIEN me enviase un mensaje!
Ambas empezamos a reír simultáneamente y luego continua-
mos nuestro camino hacia la iglesia donde tuvimos una de las
mejores conferencias que jamás haya tenido.

Mi gozo era abundante ese día y los resultados fueron del
ciento diez por ciento. Muchas mujeres se adelantaron para
pedir oración y se hicieron varias decisiones de seguir al
Señor. Algunos podrían decir que el hecho de que el letrero
apareciese cuando lo hizo fue por pura coincidencia; pero, ¿no
es extraño cómo suceden las «coincidencias»? Después, volví
a darme cuenta de que al repartir mi gozo, Dios ME había
restaurado. ¡MI GOZO REBOSABA! En cuanto tuve un momento para estar a solas, le dije a Dios que estaba arrepentida
por mi explosión petulante y le agradecí que me recordara que
¡al volcarnos hacia otros, nosotros mismos somos renovados!

Encontré un pequeño poema llamado «Bumerang» que
resume perfectamente mi experiencia de «¡reparte tu gozo!»:

> Cuando un rayo de sol te llegue,
> después que una nube haya pasado,
> cuando de risa te dé un ataque,
> haciéndote sentir muy ufano.
> Levántate, lánzalo, no lo olvides,
> a un alma en depresión sumida,
> pues al momento que lo lances,
> ¡como un bumerang volverá a tu vida![6]

Ocho formas de poner risa en tu vida

El Dr. McGhee, presidente de The Laughter Remedy [El

remedio de la risa], sugiere ocho formas de agregarle más risa a tu vida:

- Elabora una lista de cosas divertidas que te gusta hacer... y hazlas. Reúnete con gente positiva.

- Sumérgete en humor. Mira caricaturas o películas cómicas, pasa la noche del sábado en un club de comedia, tu hora de almuerzo en una tienda de disfraces, el fin de semana con los chicos.

- Aprende chistes... y cuéntalos. Empieza con uno y la gente te hará saber cuál es su preferido.

- Enfoca tu atención en ver y crear ambigüedad, formar juegos de palabras. A veces se pueden ver cosas así en los titulares de los periódicos («Abuela de nueve dispara hoyo en uno») o en letreros («Para baño, use las escaleras»).

- Busca el humor en las situaciones cotidianas. Y si por casualidad escuchas algo gracioso, anótalo para que puedas recordarlo y contárselo a otros.

- Sencillamente ríete... con más frecuencia y con mayor intensidad. Esfuérzate por producir importantes risas abdominales, no sólo risitas.

- Aprende a reírte de ti mismo de un modo amable. Haz una lista de cosas que no te agradan de ti mismo, luego ríete de ellas, exagéralas.

- Aprende a buscar humor en las situaciones difíciles, en medio del estrés. Este es el momento donde verdaderamente te hace falta y donde con mayor frecuencia te abandona tu sentido del humor.[7]

La última sugerencia del Dr. McGhee me trae a la memoria una situación estresante a la que me enfrenté no hace mucho, donde afortunadamente mi sentido del humor permaneció intacto, aun cuando mi dignidad sufrió un poco.

Que los cumplas feliz en el serrucho

A pesar de esforzarme en mantener un porte digno, en ocasiones acabo enredada en situaciones que distan de ser dignas. Crecí dentro de una familia muy musical en la cual mi mamá era maestra de piano, papá tocaba el violín y cantaba, y mi hermana tocaba el vibráfono y el piano. Yo tocaba el acordeón de teclado y tambíén cantaba.

Cuando tenía unos diez años, mi papá pensó que debería aprender a tocar «el serrucho». Sí, me refiero a un serrucho de carpintero. Si lo doblas para atrás y para adelante formando un ángulo adecuado, puedes conseguir un sonido estridente y lastimero mediante el uso de un arco de violín... se asemeja un poco al maullido de un gato enfermo posado sobre una cerca.

Papá le pidió a uno de los hombres de nuestra iglesia que viniese a mi casa para enseñarme este «arte» poco común. Al empezar a progresar, mi padre estaba encantado porque pensó que sería fantástico que yo lo acompañara para tocar el serrucho cuando daba mensajes evangelísticos en las cárceles o prisiones. (Supongo que pensó que el serrucho sería más portátil que mi pesado acordeón y que los reclusos estarían tan desesperados por escuchar música que no les importarían mis esfuerzos aficionados.)

Al practicar en mi serrucho, mi madre me acompañaba en el piano, lo cual ayudaba a tapar algunas de las notas desafinadas. Después de un tiempo, podía ejecutar algunas viejas canciones y hasta lograr que fuesen reconocibles. Mi repertorio de serrucho incluía: «A solas al huerto yo voy» y «En la cruz, en la cruz, do primero vi la luz».

Mamá pensaba que aprender a tocar el serrucho era ridículo, pero acompañó todo el asunto y me confeccionó un conjunto para que me pusiera y aun así tener un aspecto femenino. Para poder tocar el serrucho es necesario que lo sostengas entre las piernas y un vestido no era lo más adecuado. En aquellos días no había pantalones ni trajes con pantalones, así que mamá me hizo algo que parecía un pijama playero... hoy en día probablemente recibiría el nombre de falda-pantalón.

Mi carrera de concertista de serrucho no duró mucho, pero sí volvió para atormentarme años más tarde. No hace mucho, salí a cenar con unos amigos para festejar el cumpleaños de Mike, uno de los jóvenes de nuestro grupo. Mientras cenábamos en un hermoso restaurante conservador, ¡Mike me recordó que una vez le había dicho que sabía tocar el serrucho y que le había prometido que tocaría «Que los cumplas feliz» en serrucho para su siguiente cumpleaños!

Como era domingo por la noche y acababa de hablar en una iglesia local, llevaba puesto un vestido, y resultaba impensable tocar el serrucho. Además, no tenía ninguno a mano, así que pensé que me salvaría. Intenté aplacarlo diciendo que ciertamente en otra ocasión lo tocaría para él, pero él no aceptaba que lo pospusiera. ¡Allí mismo hizo aparecer un serrucho de carpintero y un arco de violín e insistió en que cumpliera mi promesa!

De modo que allí en un cubículo del restaurante debimos correr la mesa para que pudiese sostener el serrucho entre las piernas, mientras logré ejecutar con estridentes sonidos unos pocos compases de «Que los cumplas feliz» para el invitado de honor.

Todos estábamos riendo y divirtiéndonos cuando se acercaron a nuestra mesa dos hombres, que habían estado esa noche en la reunión en la iglesia y habían comprado copias de mi libro, para pedirme que autografiara sus libros. Sintiéndome muy avergonzada, alisé rápidamente mi vestido e intenté dar la impresión de que autografiar libros acto seguido de ejecutar el serrucho no era nada extraño, ¡pero me pregunto qué habrán pensado!

Me sentía agradecida por el hecho de que nadie hubiese traído una cámara para fotografiarme mientras intentaba tocar el serrucho en un restaurante lleno de gente, teniendo puesto un vestido. Más tarde, camino a casa, me reprendí yo misma: ¡*Bárbara, eso no demostró madurez!* Pero luego me reí a carcajadas, porque ¡VERDADERAMENTE FUE DIVERTIDO!

Una caja de gozo llena de molinetes brillantes

Allá en el capítulo 1 mencioné el uso de una caja de gozo para sobrellevar los tiempos de estrés de la vida. Al pasar los años muchas personas han adoptado mi idea. Casi cualquier cosa puede servir de caja de gozo. Una dama me escribió para describir la caja que usa, que es una linda caja de sombrero cubierta de dibujos de hermosas manzanas rojas. Pero quizás la más común sea una simple caja de zapatos. No importa la caja que sea; lo que tiene valor es el contenido: tarjetas, cartas, objetos raros, caricaturas, fotos... cualquier cosa que te haga sonreír o reír, en particular cuando te ataquen las TRISTEZAS.

Una dama que sufre de constante dolor debido a una enfermedad en las articulaciones y de jaquecas semanales admite que pierde gozo cuando el dolor hace que sea difícil siquiera desear estar con vida. Escribió:

> Los últimos dos meses se me ha «olvidado» practicar el gozo... Sé que el Enemigo desea que me pase la mayor cantidad posible de días con una gran expresión de amargura murmurando protestas y quejas. Espero sonreír tantos días como me sea posible a pesar del dolor. Y sé que me corresponde *decidir* sonreír y hacer un esfuerzo por rodearme de aquello que es bueno y maravilloso.

> Enseguida de leer tu libro, me divertí muchísimo coleccionando cosas placenteras para mi caja de gozo. Me agrada cualquier cosa brillante y encontré unos molinetes brillantes, titilantes, con los colores del arco iris, los cuales adquirí para colocar en el jardín frente a mi casa. Cuando mis hijos y mi esposo me preguntaron por qué me compraba esos molinetes en pleno invierno, simplemente sonreí y dije: ¡«Porque así me sugirió Bárbara!» (sólo bromeaba). En realidad hablamos acerca del amor de Dios y de hacer cosas que nos recuerden de sus muchos dones. Los molinetes brillantes me hacen pensar en todas las cosas bellas que veremos en el cielo.

Inicié mi primera caja de gozo después que Larry desapareciera. Al empezar a contarle a otros mi historia, comenzaron a enviarme contribuciones y en poco tiempo acumulé varias cajas de gozo. A la larga, mi caja de gozo creció hasta convertirse en un CUARTO DE GOZO de 18 x 6 metros que hoy en día está cubierto de cientos de carteles, dichos y novedades de todo tipo concebible. Todo lo que contiene mi cuarto de gozo tiene una característica en común: con seguridad hará que alguno sonría o se ría.

Prácticamente todas las semanas me llegan contribuciones nuevas para mi cuarto de gozo. En el transcurso de los dos últimos años he recibido más de veinte sombreros con geranio de parte de mujeres que me han escuchado hablar sobre *Stick a Geranium in Your Hat and Be Happy* [Ponte un geranio en el sombrero y sé feliz].* Estos sombreros ahora adornan las paredes de mi cuarto de gozo, pero reservo uno para ponerle a mi más reciente muñeca de tamaño real a quien llamo Srta. Cascabeles. Mide por lo menos 1,50 metros, usa medias enrolladas hacia abajo y anteojos de abuela, lleva una cartera que contiene una prótesis dental de verdad, adhesivo para la prótesis y unas almohadillas para callos. Ah sí, también tiene un lunar en el mentón que tiene un pelo justo en el centro.

La Srta. Cascabeles ha reemplazado a Lena la larga, otra muñeca enorme, como compañera de auto, pues me acompaña en los viajes a las conferencias que quedan a poca distancia de mi casa. Me dirigen unas cuantas miradas extrañas los demás conductores, pero no me importa. A veces le digo a la gente que la señorita Cascabeles es de mucha ayuda, en particular cuando quiero circular por el carril del diamante, el cual, en California está reservado para los autos que llevan dos o más pasajeros (sólo bromeo, por supuesto).

Aunque me agrada la sensación que da una chimenea, en nuestra casa actual no disponemos de una, y con frecuencia le he echado de menos... hasta hace poco. Para agregar a mis colecciones de gozo, alguien me envió un video, cuya duración es de veinte minutos, de una fogata encendida que incluye los sonidos crujientes y chisporroteos que sólo pueden producir el fuego. Así que ahora me acomodo en un sillón mullido y durante veinte minutos observo cómo se inicia un fuego rugiente, cómo arde alegremente y luego disminuye hasta convertirse en brasas encendidas. Casi puedo OLER los leños que se queman.

La gente a menudo me pregunta: «¿Qué haces para relajarte al final de un día agitado?» Ahora les digo que no solamente uso mi baño de espuma, sino que también puedo «mirar mi chimenea».

---

* Nota de la Editorial: Este libro se publicó en español por la Casa Bautista de Publicaciones con el nombre: *Ponte una flor en el pelo y sé feliz*.

El sonido de la lluvia me refresca el alma

Otro agregado reciente a mi cuarto de gozo es algo que denomino un «palo de lluvia». Es un tubo hueco que mide aproximadamente un metro y medio que contiene semillas de cacto. Al hacerlo rotar, el palo produce una perfecta imitación del sonido de la lluvia sobre el techo.

De acuerdo con el folleto de instrucción, el palo de lluvia se confecciona con las ramas caídas del cacto *normata*. Las espinas del cacto son presionadas para que penetren en la vara hueca de modo que cuando se rota el palo las semillas caen sobre las espinas produciendo el sonido de leves aguaceros o de chaparrones intensos. El palo de lluvia fue usado por los indios diaguitas de Chile para convocar a los espíritus de la lluvia. No me interesa ponerme en contacto con los espíritus de la lluvia, pero es lindo inclinar mi palo de lluvia formando un ángulo de cuarenta grados y agradecer al Señor por sus lluvias de bendición.

Al crecer en Michigan, me encantaba el sonido de la lluvia sobre el techo, pero desde que vivo en el sur de California (donde se supone que NUNCA llueve), he echado de menos ese placer. Así que ahora estoy verdaderamente feliz, porque cuento con mi baño de espuma, mi chimenea Y TAMBIÉN mis sonidos de lluvia para darme solaz. Siempre que escucho mi palo de lluvia, pienso en un verso de un poema escrito por mi buena amiga Betty Henry Taylor:

> Me agrada oír cómo cae la lluvia
> salpicando el vidrio de mi ventana
> o golpeando un techo de hojalata.
> Es cual música para mis oídos.
> Sonido de bendición del Señor;
> aguaceros que Él me ha enviado.
> Refresco para mi alma son.[8]

En las noches que no puedo dormir, deambulo hasta llegar a mi cuarto de gozo para pasar un buen rato y hacer una pausa para orar por las personas que me han enviado ciertos ítemes. La otra noche algo me llamó la atención y tuve que reírme. Tengo un pequeño espejo sobre el que está pintado un dibujo de un niño que furtivamente arranca una manzana de un árbol, como si tuviese la esperanza de no ser atrapado. Debajo del dibujo hay una inscripción que dice: «¡Mira quién es amado por Dios!»

Al mirar al espejo y al dibujo que estaba allí, por supuesto que me vi yo misma y luego pensé: *Pues sí, es verdad que me ama, aunque al igual que el niño hago cosas que no debo.*

Fui a la cama, sonriendo al reflexionar acerca de cómo Dios nos ama a todos y nos envía su gozo en muchos tipos de paquetes... incluso en forma de cacto hueco lleno de semillas que produce un sonido como el de la lluvia.

Estoy segura de que comprenderás, entonces, por qué atesoro una carta escrita por una mamá que tiene un hijo que es abiertamente homosexual, el cual es un policía de una gran ciudad. Me escribió recientemente para contarme de sus tristezas, pero me encanta su P.D. que dice:

¡Un pensamiento final! Ayer, a la medianoche, me despertó el sonido de la lluvia que caía. Qué sonido maravilloso para nuestra tierra afligida por la sequía. Mientras permanecía acostada escuchando llover, era como si Dios me dijese: «Al lavarte me llevo un poco de tu dolor. Al lavarte me llevo tu dolor». Hoy me reí... ¡verdaderamente me pude reír! Casi puedo ver la luz.

Aplasta tristezas

(Ya que este capítulo trata el tema de la diversión y la risa, he incluido algunos aplasta tristezas más... ¡con el único fin de divertir, por supuesto!)

RAZONES PARA SONREÍR

Todos los días cada siete minutos, alguien en alguna sesión de ejercicio aeróbico se desgarra un tendón.

Es mucho más probable que se ahoguen en accidentes de yates las personas verdaderamente ricas.

Los autos de los mecánicos también se descomponen.

Las personas delgadas en realidad no son felices.

¡Risas para el más allá!

Un predicador sin experiencia realizaba su primer funeral. Con la mayor solemnidad posible, mientras señalaba al cuerpo declaró: «Lo que aquí tenemos sólo es una cáscara. La nuez ya no está».

La risa no se puede enterrar. Observa estas lápidas:

> Aquí yace el Coronel Brown.
> Derribado en batalla por un soldado enemigo.
> «Bien hecho buen siervo y fiel».

> Aquí yace Tom Stone.
> Ahogado en las aguas del mar.
> «Por unos pocos amigos afectuosos».

Si aún no has adquirido tu lápida, tal vez te interese la inscripción que sigue. Un aviso clasificado local decía lo siguiente: «Se vende, una lápida usada. Buena compra para cualquiera de nombre Murphy».[9]

LA VIDA ES UNA LUCHA SIN CUARTEL
PLENA DE FRUSTRACIONES Y DESAFÍOS,
¡PERO A LA LARGA ENCUENTRAS UN ESTILISTA QUE TE
AGRADA!

Formas creativas de manejar el estrés

1. Olvídate del dietista y mándate un caramelograma.
2. Ponte una bolsa sobre la cabeza. Colócale un letrero que diga: «Cerrado por reformas».
3. Cepíllate vigorosamente los dientes con queso para untar.
4. Golpéate la cabeza repetidamente sobre una pila de pan tostado.
5. Descubre el aspecto que tiene una rana dentro de una licuadora.

♦ ♦ ♦

Toda mujer CONOCE esa manera especial y única
de volver LOCO a un hombre...
(Esconder el control remoto de la TV.)

DEFINICIONES DIFERENTES

INTELECTUAL: Una persona que puede escuchar la
obertura de Guillermo Tell sin pensar en el Llanero Solita-
rio.

Ejemplos de escritos imprecisos

Obtenidos de cartas reales recibidas por el Departamento
de Bienestar Social de una ciudad grande.

1. Me dirijo al Departamento de Bienestar Social para decir
   que mi bebé nació de dos años. ¿CUÁNDO recibiré mi dinero?

2. La Sra. Jones no ha tenido ropa desde hace un año y ha
   sido visitada regularmente por el clero.

3. No puedo recibir pago por enfermedad. Tengo seis hijos.
   ¿Pueden ustedes decirme por qué?

4. Este es mi octavo hijo. ¿Qué es lo que harán ustedes al respecto?

5. Por favor, averigüen con seguridad si mi esposo está muerto. El hombre con el que ahora vivo no puede comer ni
   nada hasta saberlo.

6. Me da mucho fastidio enterarme que han tildado de ilitera-
   to a mi hijo. Esa es una sucia mentira ya que me casé una semana antes de su nacimiento.

7. Respondiendo a su carta, he dado a luz un niño pesando
   4,50 kilos. Espero que esto sea satisfactorio.

8. Le envío mi certificado matrimonial y tres hijos, uno de los
   cuales es un error como podrá usted ver.

9. Aún no tengo hijos ya que mi esposo es un camionero y trabaja de día y de noche.

10. De acuerdo con sus instrucciones, he dado a luz mellizos
    en el sobre que se incluye.

Todo tiene su tiempo[...]
tiempo de llorar,
y tiempo de reír.

(Eclesiastés 3.1,4)

8

Al finalizar el día, le entrego todos mis problemas a Dios... Él, de todos modos, se quedará levantado

Gracias, querido Dios
por todo lo que me has dado,
por todo lo que me has quitado,
¡por todo lo que me has dejado!

A veces cuando tratas de alejarte corriendo de tus problemas, sólo logras meterte en más problemas. Recuerdo una época estresante cuando dos de nuestros hijos pasaban por la adolescencia y nos estaban causando dificultades. Steven, en particular, había empezado a juntarse con un grupo al que no aprobábamos; también quería dejar la escuela y enrolarse en la Marina. Tim tenía una novia que tampoco nos agradaba mucho. Una noche después de la cena, Bill y yo dejamos a los muchachos en casa viendo televisión mientras salimos a caminar para organizar nuestros pensamientos.

Caminamos hasta el parque de la esquina y, como era una

noche templada, decidimos sentarnos en uno de los bancos ubicados en un sitio agradable a buena distancia de la calle. Mientras estábamos sentados allí intentando encontrarle una solución a nuestros problemas, Bill empezó a atar y desatar los cordones de su calzado, un tic nervioso que le viene cuando está pensando. (Bill gasta muchos cordones por causa de esta costumbre.)

Habíamos enumerado nuestras alternativas y nos dábamos cuenta de que nuestras opciones parecían un tanto limitadas cuando de repente pareció entrar en erupción sobre nosotros el *Old Faithful* [Viejo Fiel]. En realidad, se trataba del sistema de riego del parque, que había sido activado automáticamente a toda potencia. Nos levantamos de un salto y, hundiendo profundamente nuestros zapatos en el césped mojado, corrimos entre las regaderas hasta alcanzar la seguridad de la acera.

Empapados, rápidamente volvimos a casa donde encontramos a los cuatro muchachos aún viendo TV en la sala. Levantaron la vista para mirar a sus padres, con la ropa chorreando, el cabello aplastado y empapado y empezaron a rugir de risa. Tim sabía dónde habíamos ido y por qué, así que dijo: «Así que ya lo tienen todo solucionado, ¿eh? ¿Recibieron la respuesta por bautismo, o es que ahora está lloviendo?»

Yo me había reído durante todo el trayecto de regreso a casa y seguí riéndome ante el comentario de Tim. Pero Bill no se rió. Por su disposición melancólica, lo que sucedió sólo lo aplastó. Pero aprendí algo con respecto a los problemas. Me recordó que lo mejor que se puede hacer es aflojarse, reírse de la desgracia y confiar mucho más en Dios.

Es por eso que el título de este capítulo va más allá de lo jocoso. Entregarle tus problemas al Señor es una idea muy buena que me ha sido confirmada por uno de mis teólogos favoritos, Danny Dutton de ocho años, quien escribió la composición «Ensayo sobre Dios», que presento a continuación:

Una de las tareas principales de Dios es hacer personas. Él las hace para que ocupen el lugar de los que se mueren, para que haya gente suficiente que se ocupe de las cosas aquí sobre la tierra. Él no hace adultos. Sólo bebés. Creo que es porque son más pequeños y más fáciles de hacer.

De ese modo no es necesario que ocupe su valioso tiempo enseñándoles a hablar y caminar. Puede encargarle esa tarea a las madres y a los padres. Me parece que esto funciona bastante bien.

La tarea de Dios en segundo lugar de importancia es escuchar las oraciones. Esto es algo que se hace mucho, porque algunas personas son como predicadores y oran en otros horarios aparte de la hora de ir a dormir. Dios no dispone de tiempo suficiente para escuchar la radio o la TV por causa de esto. Como Dios escucha todo, no sólo las oraciones, debe haber una horrible cantidad de ruido en sus oídos, a no ser que haya encontrado un modo de apagarlo.

Dios ve todo y oye todo y está en todas partes. Lo cual lo mantiene bastante ocupado. Así que no deberías andar desperdiciando Su tiempo pasando por encima de la autoridad de tus padres y pedirle algo que ellos te negaron.

Los ateos son personas que no creen en Dios. Creo que no hay ninguno en nuestra ciudad. Al menos no hay ninguno que venga a la iglesia.

Jesús es el Hijo de Dios. Él solía realizar todas las tareas difíciles, como caminar sobre el agua y hacer milagros e intentar enseñar acerca de Dios a las personas que no deseaban aprender. Finalmente se cansaron de que Él les predicase y lo crucificaron. Pero Él era bueno y amable como su Padre, y le dijo a su Padre que ellos no sabían lo que estaban haciendo y que los perdonase, y Dios dijo que lo haría.

Su Padre apreciaba todo lo que había hecho y toda su pesada obra en la tierra, así que le dijo que ya no era necesario que se dedicase a recorrer los caminos. Ya podía permanecer en el cielo. De modo que así lo hizo. Y ahora le da una mano a su Padre escuchando oraciones y viendo qué cosas son importantes para que Dios se encargue de ellas y viendo de cuáles cosas puede encargarse Él sin necesidad de molestar a Dios. Como un secretario, sólo que más importante, por supuesto. Puedes orar cuando quieras y con seguridad te escucharán porque lo han organizado de tal manera que siempre está atento alguno de los dos.

Siempre deberías asistir a la Escuela Dominical, porque eso le da felicidad a Dios y si hay alguien a quien deseamos dar felicidad es a Dios. No faltes a la Escuela Dominical para hacer algo que te parezca más divertido, como ir a la playa. Eso está mal. Y además, el sol no sale sobre la playa hasta el mediodía.

Si no crees en Dios, además de ser ateo, estarás muy solo, porque tus padres no pueden ir contigo a todas partes, como al campamento, pero Dios sí. Es bueno saber que Él está presente cuando tienes temor de la oscuridad o cuando no eres muy diestro para la natación y te tiran en agua muy profunda unos niños grandes.

Pero no debieras pensar siempre únicamente en lo que Dios puede hacer por ti. Según entiendo, Dios me puso aquí y me puede llevar de regreso cuando le plazca.

Y es por eso que creo en Dios.[1]

¿Aún crees de la misma forma que antes?

Muchos teólogos mayores y más instruidos han escrito mucho acerca de Dios, pero no estoy segura de que siempre hayan alcanzado la sabiduría presente en las palabras del pequeño Danny. No tengo idea de dónde provino el ensayo que Danny Dutton escribió, ni cuánto hace que lo escribió. Es probable que en estos momentos Danny sea un hombre adulto y me encantaría conocerlo. Lo primero que le preguntaría sería: «¿Aún crees en Dios de la misma forma que antes? ¿Aún confías en Él con esa fe de niño?»

Esas preguntas son básicas y fundamentales para todos nosotros y, aunque mi correspondencia está cargada de dolor, refleja la capacidad que tienen muchos de entregarle sus problemas a Dios. A menudo pareciera que cuanto mayor sean los problemas que tienen, más se fortalece su fe. Por ejemplo, una dama escribió para contar que había perdido a su padre, luego dos días más tarde murió su madre y cinco días después su esposo, con quien había estado casada por espacio de treinta y dos años, le dijo que debería conseguirse un abogado porque él la dejaría por otra mujer. Ella agregó:

> Por gracia de Dios mi hijo de dieciséis años y yo estamos «sobreviviendo». Como para completar el cuadro, ¡se murió nuestro único gato! Tu libro, como dije anteriormente, verdaderamente ha sido de ayuda.

Otra madre me dice que siempre ha estado estresada. Se casó a la edad de diecisiete años con un hombre alcohólico, tuvo seis hijos en un período de diez años, pero tres de ellos se murieron. La semana en que iban a cumplir sus veinticinco años de casados, ella y su esposo habían planificado un casamiento en la iglesia donde renovarían sus votos. Sin embargo, unos días antes del acontecimiento, él estuvo en una explosión en su trabajo y se quemó más del sesenta y cinco por ciento de su cuerpo. Sobrevivió, y cuando las cosas empezaban a mejorar, se enteró que ella padecía de lupus.

A continuación, su hija, que tenía tres niños, se divorció de su marido, quien se volvió a casar unas pocas semanas después. Su noticia más reciente provenía de su hijo, quien en el día de su cumpleaños le escribió una carta a sus padres agradeciéndoles por todo su amor e informándoles al final que era homosexual. Su carta dice a continuación:

> Le escribí a nuestro hijo diciéndole que lo amábamos y que oraríamos por él. Mi primera intención fue predicarle diciéndole lo equivocado que estaba, pero me detuve el tiempo necesario para preguntar lo que haría Jesús. Me salvé de experimentar mucho remordimiento. Aún estoy de duelo, pero Satanás ya no tiene poder para burlarse de mí por este asunto. Me he puesto la armadura de Dios, Efesios 6.13, pero soy una mamá desgarrada por la guerra, con cicatrices de la batalla, que trata de perseverar. Por favor, envíame cualquier información que puedas...

Una amiga de Espátula llevó consigo una copia de mi libro *Salpícame de gozo en los pozos ciegos de la vida*, mientras aguardaba que el oftalmólogo examinara a su esposo debido a lo que él pensaba podría ser un problema muy serio. Ella escribió contando acerca de soportar los momentos estresantes mientras esperaban el veredicto del doctor:

> Debo decirte que mientras miraba a mi esposo grande y fuerte sentado en la silla de ese doctor, yo oraba. ¡¡Vi a la silla como si la palma de la mano de Dios fuera quien la sostenía!! Repetía sin cesar: «Te envuelvo para regalo y te entrego al Señor». ¡¡¡Mis preocupaciones se desvanecieron y se percibía una sensación de paz en ese consultorio!!!

Más tarde, entró el doctor y le dijo a la mujer que no había necesidad de realizar cirugía láser en el ojo de su esposo. Estaba un poco hinchado, pero la retina estaba intacta y la terapia convencional sería efectiva.

Todos deben enfrentarse a distintos tipos de dolor y tu actitud es la que establece una diferencia. Eso es lo que escribió una esposa al explicarme lo que les había sucedido a ella y a su marido:

> Actualmente, mi esposo y yo somos dueños de la mitad de una gasolinera. Estamos en proceso de separación de la sociedad y nos hemos dado cuenta que nuestro socio se apropió de fondos que debían ser destinados al pago de impuestos, también nos hemos enterado de que adeudamos a la Dirección General de Impuestos todo lo que hemos invertido en este negocio... PERO... esta situación está en las manos del Señor y, después de todo, ¡Él nos ayudará!

Otra chispa me llegó en la correspondencia proveniente de una mamá que tenía buenas noticias para contarme con respecto a su hijo:

> Estamos muy orgullosos (con toda «humildad») de que nuestro hijo ande tan bien, habiendo dejado las drogas, el alcohol y el estilo de vida homosexual. Tiene un buen trabajo... Vive solo. Una cosa sí sé: debemos amar y cuidar a nuestros hijos, a pesar de lo que sea. ¡Y orar sin cesar, pues Dios obrará! La vida, por cierto, «no es todo color de rosa», pero nuestra esperanza está en el Señor. Simple-

mente digo: «Persevera y bríndales todo el amor que puedas».

Señor, creo, pero necesito creer MÁS

Cartas como las que menciono arriba son una verdadera chispa para mí, porque me ayudan a edificar MI fe. Como admití anteriormente, tengo abundancia de gozo pero me escasea la fe. Sé que eso no tiene sentido porque la mayoría de los que enseñan la Biblia te dirán que el gozo surge de la fe. Pero puedo identificarme con la dama que escribió para decir:

> El asunto especial que aprendí de ti es que puedo tener gozo aun cuando tenga poca fe. Siempre pensé que la fe debía ser acompañada de gozo. Me hacía sentir culpable porque mi fe no siempre está fuerte.

También siento aprecio por la madre que escribió lo siguiente:

> Bárbara, acabo de leer dos de tus libros uno atrás del otro. Ahora siento que me he puesto la armadura completa. Sin embargo, por las dudas, he localizado el basural más cercano.*

Al igual que el padre del paralítico, yo sé lo que se siente al decirle a Dios: «Yo creo. ¡Ayúdame a creer *más*!» (Marcos 9.24, Versión Popular). Probablemente no debería admitirlo, pero incluso me agrada un poco el viejo proverbio marroquí:

> CONFÍA EN DIOS,
> PERO ATA FIRMEMENTE TU CAMELLO.

Y aun así Dios ha recompensado las pequeñas semillas de fe como grano de mostaza que he plantado al restaurarnos a mi hijo después de que desheredara a su familia y desapareciera en el estilo de vida homosexual. Hoy en día Larry y yo somos grandes amigos, así que fue muy especial para mí

---

* Cuando un conductor ebrio mató a nuestro hijo, Tim, pasé muchas noches de duelo en un basural cercano. Véase capítulo 2.

cuando para el reciente Día de las Madres vino y me trajo un collar que dice: «MAMÁ DE PRIMERA».

Muchas personas reciben joyas que dicen «Abuela de primera», o «Amigo de primera», pero recibir «MAMÁ DE PRIMERA» como obsequio del muchacho que nos había desheredado, que había cambiado su nombre y que nunca deseaba volver a VERNOS, ciertamente implica un significado especial. Siempre atesoraré este pequeño collar porque contrasta mucho con una relación que estuvo cortada por once años.

Tal vez una razón por la cual Larry y yo somos buenos amigos es porque ambos lidiamos con la necesidad de conseguir una fe más firme... al menos en determinadas ocasiones. Parece ser que cuanto más tiempo eres cristiano, más difícil se hace tener fe porque has tenido más oportunidades de ser desilusionado, más oraciones que al parecer «no son respondidas». Hasta he pensado que a los cristianos nuevos les resulta más fácil tener fe porque no han tenido tiempo suficiente para volverse un poco cínicos. Me recuerda al cartel que vi en un parachoques que dice:

SI PUEDES PERMANECER CALMO,
ES PORQUE DISPONES DE TODOS LOS DATOS.

¡No te preocupes, mamá, las llaves están en buenas manos!

No hace mucho, Bill y yo fuimos invitados a usar el condominio de un amigo durante un par de semanas en la isla de Maui en Hawaii. Larry y su amigo, Tom, quien era recién convertido, vendrían para la segunda semana para disfrutar de Maui junto a nosotros. Al llegar al fin de la segunda semana, Bill y yo teníamos el vuelo para el día ANTES de la partida de los muchachos.

Cumpliendo al máximo mi papel de mamá precavida, instruí a Larry con lujo de detalles sobre cómo cerrar con llave el condominio y de que se ASEGURARA de no perder ni las llaves del condominio ni del automóvil de alquiler que entregaría en nombre nuestro. Los dueños del condominio nos habían dicho que si se perdía la llave de cualquier unidad, sería necesario reemplazar las llaves de todo el complejo a un costo de varios cientos de dólares.

Después de hablar con Larry destacando la importancia de todo esto, también pegué instrucciones escritas en el refrigerador para recordarle de asegurarse de proteger esas llaves con su vida y de echar gasolina al automóvil de alquiler antes de devolverlo.

Larry nos llevó al aeropuerto para tomar nuestro avión a casa y en el trayecto, NUEVAMENTE le recordé que fuese sumamente cuidadoso al devolver todas las llaves, cerrar con llave cuando se fuese al día siguiente y devolver el auto de alquiler con el tanque lleno de gasolina. Para ese entonces ya había cruzado la línea divisoria entre RECORDAR y ESTORBAR, pero Larry, con buen humor, me aseguró que se ocuparía de todo y volvimos en avión a California. Los muchachos regresaron a casa un día después y supusimos que todo había marchado bien.

Varios MESES después de nuestras vacaciones hawaianas, tuve la necesidad de pedir prestado el automóvil de Larry. De acuerdo con mi costumbre de siempre, abrí el cenicero para poner en él todas mis monedas para que Larry tuviese monedas para el parquímetro si alguna vez lo necesitara. Allí, dentro del cenicero había una brillante, dorada y nuevecita llave de auto. Me daba cuenta que la llave no correspondía a su auto y no pude evitar preguntarle para qué era la llave nueva. Su cara adquirió una expresión de vergüenza, luego se rió y me contó lo sucedido.

Evidentemente, el mismo día que Bill y yo partimos, Larry y Tom fueron en el auto de alquiler hasta una hermosa playa llamada Kapalua donde el buceo es fantástico. Se puede nadar hasta bien adentro de la bahía, donde el agua cristalina tiene cantidad de corales, caracoles y hermosos peces. Larry puso en el auto su billetera y su ropa, cerró con llave, y luego puso las llaves del auto y del condominio en el bolsillo posterior de su traje de baño.

Recordando todas mis instrucciones, Larry abrochó firmemente el botón del bolsillo de su traje de baño... eso pensaba. Por espacio de una hora o dos, Larry y Tom pasaron un rato maravilloso, bucearon metiéndose aproximadamente un kilómetro y medio hacia adentro de la bahía. Finalmente decidieron ir a almorzar, así que regresaron a la costa. Al buscar Larry las llaves del auto (y del condominio) se dio cuenta de que EL LLAVERO NO ESTABA EN SU BOLSILLO. ¡Las llaves habían desaparecido!

Larry y Tom volvieron a nadar por la bahía y durante una hora buscaron casi histéricamente, mirando hacia dentro del agua, tratando de vislumbrar las llaves en el fondo del océano. Nadaron de ida y vuelta, recorriendo todos los lugares donde pensaban que habían estado... pero no encontraron las llaves.

Exhaustos, regresaron a la choza en la playa donde habían alquilado el equipo de buceo.

«¿Ha entregado alguno unas llaves perdidas?», preguntó Larry frenéticamente al propietario. Con rapidez bajó un enorme frasco de vidrio lleno de llaves de automóviles, obviamente coleccionadas a lo largo de muchos meses de varias desventuras similares de turistas. Pero al señalar el frasco dijo: «Tengo un frasco repleto de llaves perdidas, pero ninguna fue entregada hoy».

Larry estaba desesperado. Como su billetera estaba encerrada dentro del auto, no disponía de dinero siquiera para hacer una llamada a la agencia de alquiler de autos para ver si le podían confeccionar otra llave de auto. Finalmente subió caminando hasta un hotel que estaba a unos ochocientos metros de distancia y explicó su situación. Un amable empleado del hotel le permitió usar un teléfono para llamar a la agencia de alquiler, donde le dijeron que era posible fabricar una llave extra, pero que tendría que pasar a buscarla. Eso no tenía sentido alguno para Larry, ya que NO DISPONÍA DE MEDIO ALGUNO PARA LLEGAR HASTA ALLÍ. La agencia le sugirió que tomase un taxi para llegar hasta su oficina.

Larry les recordó que estaba sin billetera; luego sugirió: «¿Por qué no me envían un duplicado de la llave por medio de un conductor de taxi? Entonces podré abrir el auto, sacar mi billetera y pagar el importe del taxi».

La agencia dijo que eso sería factible, pero que les llevaría aproximadamente dos horas hacer el duplicado de la llave y luego hacérselo llegar.

Larry caminó de un lado para otro, esperando la llegada del taxi y preguntándose cómo explicar la pérdida de la llave del condominio al gerente del complejo. Mientras tanto, Tom, un cristiano relativamente nuevo, no dejaba de decir: «Persevera, Larry, confía sólo en el Señor. Esas llaves aparecerán».

«¿Estás bromeando?», le contestó Larry. «¿No sabes que las perdí internado por lo menos un kilómetro y medio en el OCÉANO? ¿Cómo se te ocurre que pudiéramos alguna vez recuperarlas? Mi mamá se morirá cuando se entere que hemos perdido esas llaves del condominio, ni qué hablar del auto. ¿Y cómo entraremos al condominio? Ni siquiera sé el nombre del dueño y es un sitio enorme con muchas unidades... el gerente no sabrá quiénes somos».

Relájate, lo único que nos hace falta es un milagro

Tom insistió en creer que los milagros sí suceden y que Dios contestaría sus oraciones. Pero lo único que podía decir Larry era: «¡Desciende a la REALIDAD! ¿Te crees que algún ángel de la guarda traerá volando hasta aquí esas llaves desde el fondo del océano? ¿Y si realmente tienen que reemplazar las llaves de todo el complejo, tal como dijo mi mamá que harían? Te digo que este es un problema grande y va a resultar caro...»

Larry seguía preocupándose por su pérdida, esperando la llegada del taxi con la llave del auto de alquiler. En ese momento habría estado de acuerdo con el lema que dice:

NO ESTÁ TODO TAN MAL COMO PARECE...
¡ESTÁ PEOR!

Las horas pasaron lentamente, mientras Larry frustrado y estresado caminaba en círculos y Tom simplemente «confiaba en el Señor». No había dinero para el almuerzo, ni para llamar a nadie, no había nada de nada... sólo sus toallas playeras y la firme convicción de Tom de que Dios podía contestar sus oraciones y hallar las llaves.

El tiempo pasaba con lentitud y los muchachos esperaban

cerca de la choza de alquiler de la playa, observando con ansiedad mientras aguardaban que llegase el taxi con la llave del auto de alquiler. De repente, Larry escuchó los gritos de un señor: «Oye, ¿no eres tú el que perdió las llaves en el océano esta mañana?»

Larry miró hacia arriba y vio al propietario de la choza de alquiler que se inclinaba hacia afuera de su ventanilla y les gritaba. Corrió rápidamente hasta la oficina donde el hombre tenía colgando de su mano un juego de llaves... ¡LAS LLAVES QUE LARRY HABÍA PERDIDO APROXIMADAMENTE A UN KILÓMETRO Y MEDIO MAR ADENTRO!

Larry estaba tan sorprendido que casi no podía hablar. «¿Cómo... cómo... cómo las obtuvo?»

«Pues, algunas personas que habían alquilado equipos para buceo de profundidad las encontraron en el fondo del océano. Acaban de traerlas y tuve el presentimiento de que podrían ser tuyas. Las encontraron aproximadamente a un kilómetro y medio de la playa».

Larry agradeció efusivamente al hombre, tomó las llaves y volvió a donde Tom estaba esperando. Admite que sentía la tentación de decirle a Tom que un gran pez había tragado las llaves, que una dama en un restaurante estaba comiendo el pescado y las había encontrado y...

Pensándolo bien, se decidió en contra de ese tipo de historia de pescados y simplemente sostuvo en alto el llavero. Cuando Tom vio las llaves, sonrió y dijo: «¿Viste? Sabía que el Señor contestaría nuestras oraciones...»

A continuación Larry intentó llamar a la agencia de alquiler de automóviles para cancelar el pedido de la llave nueva, pero le dijeron que el taxi ya estaba en camino. El taxi llegó unos pocos minutos después y Larry pagó por la llave así como también por el taxi: un total de $75.

El costo por obtener la llave (que ya no le hacía falta) era una cosa, pero el costo mayor fue la ansiedad que había experimentado toda la tarde, preocupándose por lo que sucedería. Mientras tanto, Tom se había mantenido tranquilo. Él esperaba recibir su milagro y por cierto que FUE un milagro.

Así que, por ese motivo conservaba Larry esa dorada llave

nueva en el cenicero de su auto, únicamente para recordarle ese día en que un ángel de la guarda estaba mirando por encima de su hombro y algo que él sabía que se había perdido para siempre le había sido devuelto. Ahora, cuando se mete en situaciones estresantes (por ejemplo, tránsito pesado) simplemente saca esa llave y recuerda que es mucho mejor orar, confiar en el Señor y relajarse. Es un símbolo del cuidado de Dios por él.

Cuando la esperanza se demora, ora más intensamente

La aventura de la llave del auto de Larry destaca la importancia de confiar en el cuidado de Dios, pero al mismo tiempo, para muchas personas existen ocasiones cuando las llaves NO aparecen, cuando el milagro NO sucede. Sin embargo, en realidad es ahí cuando VERDADERAMENTE debemos entregar nuestros problemas a Dios. Es ahí cuando necesitamos orar AÚN MÁS de lo que nunca antes hemos orado.

Cuando Larry desapareció para meterse en el estilo de vida homosexual, sin aparecer por muchos años ni decir palabra, pasé por lo que llamo un período de «esperanza demorada». Como dijo el rey Salomón: «La esperanza que se demora enferma el corazón» (Proverbios 13.12, Biblia de las Américas). Podría haberme enloquecido y haber enloquecido también a todos los que me rodeaban si hubiese pensado que cada día debía incluir un milagro. Pero los días pasaban uno tras otro y al parecer nada sucedía. Hicieron falta once años para que nuestras esperanzas se cumpliesen y poder experimentar el gozo de que nuestro hijo regresase a casa y pidiese perdón por el dolor que nos había causado. El resto de Proverbios 13.12 nos pertenecía: «pero el deseo cumplido es árbol de vida».

Mientras vivimos en un paréntesis de esperanza demorada debemos comprender que a menudo es necesario que pasen años antes de que sean respondidas nuestras oraciones, pero eso no impide que vivamos cada día con expectativa al saber que Dios aún está en control de todo. Él responderá nuestras oraciones en su tiempo perfecto. Cuando nuestra esperanza se demora, debemos recordar:

DIOS NUNCA TIENE NECESIDAD DE DECIR: «¡ME
EQUIVOQUÉ!»

¿Alguna vez pensaste que tu vida, con todos los errores y pecados del pasado, se parece bastante a los enredos de una madeja de lana? Cuando la esperanza se demora, resulta consolador saber que podemos levantarnos y enfrentarnos a cada día poniéndonos nosotros y a nuestros seres queridos en Sus manos, sabiendo que por su gran misericordia habrá de desenredar todo.

Nunca podrías tener la esperanza de desenredar el lío al que te enfrentas, pero no es necesario que lo hagas. Si existe un mensaje que haya estado tratando de comunicar en este libro, es el siguiente:

COLOCA A TU HIJO EN LAS MANOS DE DIOS
Y ENTRÉGALE LA CARGA A ÉL.

John White es el autor de muchos excelentes libros, pero quizás el más sincero es *Padres que sufren,* porque el Dr. White es un padre que sabe lo que es el dolor. Cuando uno de sus hijos acabó en la cárcel, escribió un artículo que contiene muchos puntos buenos, incluso el pensamiento inquietante de que debes permitir que tus hijos se enfrenten a la tragedia y aun a la muerte al permitirles que vivan con las consecuencias de sus actos. White cree que la entrega significa confiarles tus hijos a Dios, en lugar de apoyarte en tu propia capacidad de dirigir sus vidas. La entrega significa ceder tus ilusiones erradas con respecto a tu propio poder de determinar el destino de tus hijos.

Enfocándose a la parábola del hijo pródigo, White observa que debemos ser para con nuestros hijos lo que Dios el Padre es para con cada uno de nosotros. Debemos soltar a nuestros hijos y después nunca dejar de amarlos. Él escribe lo siguiente:

Lo más difícil de todo es entregarle el dolor al Padre,
permitir que nuestro charco de dolor fluya hasta su gran
océano de aflicción. Esto es (en el caso de nuestras mentes

finitas) permitir que la fe, la esperanza y el amor sigan viviendo. Esto es lo que hizo el padre del hijo pródigo.

¿Cómo lo sé? Presta atención a lo que nos dice Jesús:

Y cuando aún estaba lejos, lo vio su padre, y fue movido a misericordia, y corrió, y se echó sobre su cuello, y le besó (Lucas 15.20).

Tú no identificas a tu hijo «cuando aún está lejos», a no ser que lo estés buscando, oteando el horizonte con esperanza. Una de dos, o dejas de intentar, porque el dolor es demasiado intenso, o de otro modo la fe, la esperanza y el amor se niegan a morir en ti, y miras sin cesar hasta visualizar al pródigo a la distancia. Y luego corres... corres hasta que lo tienes en la seguridad de tus brazos.

Es así como hace Dios con nosotros. Nos deja escoger. Luego se traga su dolor y espera.

Caigamos sobre nuestros rostros delante de Él. Pidámosle que escudriñe nuestros corazones de padre y de madre y que los haga como el suyo.[2]

Sólo Dios puede desenredar tus hebras

Los pensamientos de John White acerca de la parábola del hijo pródigo me recuerdan que sólo Dios puede desenredar las hebras de nuestras vidas. ¡Cuánto gozo y consuelo puede ser para nosotros el hecho de poner todas las hebras en las manos de Dios y DEJARLAS allí! Una madre cuyo hijo está en el estilo de vida homosexual escribió:

Durante este último año he llegado a una mejor aceptación de mi hijo de veinticuatro años y me gustaría contarte esto. Se trata de un tipo distinto de aceptación, basado tal vez sobre mi enseñanza a todo tipo de niños física y emocionalmente incapacitados y mi trabajo con sus padres.

He llegado a aceptar la homosexualidad como si fuese una incapacidad. Durante los últimos cuatro años, simplemente estaba enojada por el hecho de que mi hijo hubiese escogido este camino y sólo quería que CAMBIARA. Ahora siento que así como algunos incapacitados tienen la capacidad de conquistar o más bien pasar por encima de su incapacidad, también ALGUNOS homosexuales lo pueden hacer. Pero muchos de los niños con los cuales he trabajado también eran emocionalmente débiles y no tenían la capacidad de lidiar con sus enfermedades. Como maestra, he trabajado en torno al problema tratando de brindar al niño una vida lo más normal posible. Con el paso del tiempo, ni siquiera veía al niño exterior, sino que me relacionaba con su humanidad, la cual es dada por Dios a todos.

A pesar de que a menudo anhelo una sexualidad normal para mi hijo, esto, en realidad, es un rechazo hacia él. Porque, me guste o no, esta es su orientación actual. Para él debe ser muy difícil estar en este «sitio» y mi papel de madre no es el de complicarle aun más la vida. Ya no busco el milagro cada vez que estoy con él y me siento mejor cuando sí paso tiempo con él. Quizás estos pensamientos puedan ser de ayuda para otros padres.

Nótese que esta mamá habla acerca de la «orientación actual» de su hijo. ¿No se aplica eso a todos nosotros? Todos tenemos algún tipo de orientación actual y todos estamos metidos en un proceso de cambio que implica crecer y llegar a ser lo que Dios quiere que seamos. Me agrada especialmente el concepto de esta mamá en cuanto a aprender a cómo disfrutar de momentos agradables con su hijo y no estar constantemente a la expectativa de alguna señal de cambio. Después de todo, sólo Dios puede producir alguna modificación de la conducta. Y, como dice ella, más vale que se relaje y disfrute del tiempo que pasan juntos.

Cómo orar por un rebelde

Otra pregunta que me llega a menudo de personas que están pasando por dificultades con un hijo, una hija, un pariente cercano, o un amigo metido en un estilo de vida autodestructivo, es:

¿Cómo debemos orar por esto? Oramos, pero pareciera que Dios no contesta. Nos preguntamos si Dios tan siquiera se interesa.

Las reflexiones que siguen acerca del tema de oración son una adaptación de un escrito de mi buen amigo, Bob Davies, de la organización Amor en Acción, de San Rafael, California. Si tu ser querido está en rebeldía, recuerda:

- Existe una ley natural de causa y efecto que todos damos por sentado. Esta ley significa que toda acción que acometamos tiene algún tipo de consecuencia. Si nuestra acción está de acuerdo con la manera de vivir para la cual nos creó Dios, cosechamos resultados buenos. Si se opone al plan de Dios, los efectos pueden ser dolorosos. Este principio es tan obvio y sin embargo muchas veces en realidad obramos en contra de él.

- Por su amor, Dios permite que ocurran consecuencias dolorosas en una persona debido a su rebelión. En ocasiones, sólo es cuestión de tiempo para que los actos rebeldes empiecen a dar frutos amargos. Debemos ser pacientes y permitir que pase el tiempo. No hay NADA que podamos hacer para acelerar este proceso, excepto reconocer lo que está sucediendo y permitir al Señor que obre.

- Las consecuencias acarreadas por los actos pecaminosos resultan ser importantes factores de desaliento a persistir en pecado. ¡Así que no ores pidiendo que Dios quite las consecuencias de la rebeldía de tu ser querido! Y no impidas los propósitos de Dios removiéndolas tú mismo. Por ejemplo, lo peor que puedes hacerle a tu hijo descarriado es enviarle todo el dinero que quiera cuando ha gastado sus finanzas en fiestas de fin de semana con sus amigos homosexuales.

- Es posible que Dios obre de maneras por completo inesperadas para ponerle fin a la rebelión. Es probable que la forma en que obre Dios en la situación no se asemeje a nada que la que hayas pensado. «Porque mis pensamientos no son vuestros pensamientos, ni vuestros caminos mis caminos», declara el Señor en Isaías 55.8. Sólo podemos ver una mínima fracción de la situación completa; Dios la ve en su totalidad.

- Ora pidiendo que Dios obre de manera sobrenatural,

¡pero prepárate! Las semanas, meses y aun años que pase en rebelión la persona por la cual estás orando, pueden parecerte una eternidad. Así que pide la protección sobrenatural de Dios durante la rebelión de tu amigo o pariente. Aún es posible que Dios traiga a sus vidas algunas consecuencias espeluznantes. Su salud puede deteriorarse terriblemente... Pero Dios sigue obrando... ¡confía en Él!

Es de vital importancia comprender que la decisión final de servir a Dios o a uno mismo le corresponde a la persona que está en pecado. Dios nos ha dado libre albedrío y nadie jamás ha sido llevado a rastras a la sumisión al Señor en contra de su voluntad. Tú no puedes tomar esa decisión en nombre de tu hijo. Una perfecta comprensión de este principio te aliviará de muchos malos entendidos y de frustración debido al proceder de Dios.[3]

Después de rendir a Larry al orar: «¡Haz lo que quieras, Señor!», estando arriba en el viaducto, Dios me tomó la palabra y me probó para ver si lo decía de corazón. Rendirlo es una cosa, pero luego descubres que es necesario que lo sigas rindiendo a Dios en fe *todos los días*.

Después que Larry se fuese por segunda vez, me metí en mi ministerio Espátula con renovados bríos. La gente se me acercaba para preguntar: «¿Y cómo está ahora tu familia?»

Y le contestaba: «Bueno, mis dos hijos no han resucitado y mi tercer hijo nos ha desheredado, ha cambiado su nombre y no desea volver a vernos. Eso no suena a gran victoria, pero hace dos años cuando dije: "¡Haz lo que quieras, Señor!", fue de corazón. Así que aún sigo confiando en que Dios nos devolverá a nuestro hijo. Dios asigna los puntos de una vida después que termina el juego y *aún* no se ha terminado el juego de mi hijo».

Aunque mi esperanza estaba demorada, NUNCA PERDÍ LA ESPERANZA. Me aferré a la creencia de que algún día surgirían los valores que había inculcado en Larry, y que Dios le daría convicción de pecado. Al cabo de once años, eso fue justamente lo que sucedió.

Durante todos esos años, Dios me estaba afinando la sintonía para realizar el ministerio que me ha dado. Mientras me encontraba en esa situación de esperanza demorada, aprendí mucho acerca del desarrollo de una actitud de «RENDICIÓN». Y en el tiempo dispuesto por Él, nos llevó a la vida y al gozo.

¿Qué cosa es una actitud de rendición?

Recientemente una amiga me envió una grabación de un mensaje predicado por el Reverendo Bruce Larson basado en su best-seller *There's A Lot More to Health Than Not Being Sick* [La salud es mucho más que ausencia de enfermedad], Word, 1981. En su mensaje, Larson mencionaba haber visitado la Fundación Menninger y haberles preguntado a los miembros de su personal: «¿Cuál es el ingrediente único más importante en su tratamiento aquí?»

Los doctores respondieron: «Sabemos que es la esperanza. No entendemos cómo viene ni cómo dársela a las personas, pero sabemos que cuando la gente logra tener esperanza, se cura».

«¿Qué aspecto tiene la esperanza?», preguntó Larson a continuación.

Estos calificados doctores en medicina le dijeron que podían darse cuenta casi de inmediato cuando los pacientes repentinamente daban un giro y comprendían que no era necesario que siguiesen en la misma situación de antes. Como dijo Larson en su mensaje:

LA ESPERANZA SIGNIFICA QUE YA NO ERES PRISIONERO
DE TU HISTORIAL.

Continuamente recibo cartas de personas que se han enterado del significado de la esperanza. Su historial puede parecer deprimente, pero saben que no son prisioneros. En lugar de eso, están libres. Una mamá lo dijo de la siguiente manera:

Tú entraste a mi vida cuando mi hijo de dieciocho años intentara suicidarse en noviembre. Me alegra informarte que está bien. El Señor me hizo ver con claridad que así no es mi hijo y que no debemos permitir que este acto espontáneo lo defina. Todos tocan fondo, pero lo que suce-

El secreto del éxito es mantenerse fresco y calmado en la superficie y por debajo patalear como loco.

de a continuación es lo que verdaderamente importa. El Señor me ha mostrado que puedo sentir orgullo y agradecimiento por la tenacidad que demostró al sanar, en lugar de centrar su atención en el hecho de lo sucedido.

Aún tengo «ataques de pánico», pero trato de mantenerme firme en la pura fe y decidir simplemente confiar tanto en él como en el Señor.

Rendición no significa bajar los brazos

En el mismo mensaje, Larson formuló más adelante una pregunta provocativa: «¿Tienes el coraje necesario para ser feliz?»

Escucho de tantos que entienden que una actitud de rendición no significa que levantas los pies y abandonas todo intento. Dos de mis versículos preferidos son Filipenses 2.12,13: «Por tanto, amados míos, como siempre habéis obedecido, no como en mi presencia solamente, sino mucho más ahora en mi ausencia, ocupaos en vuestra salvación con temor y temblor, porque Dios es el que en vosotros produce así el querer como el hacer, por su buena voluntad» (Reina Valera). Eso resume un principio para vivir que es una combinación segura del éxito:

ORA COMO SI TODO DEPENDIERA DE DIOS
Y OBRA COMO SI TODO DEPENDIERA DE TI.

Hay una antigua historia que ilustra muy bien este principio. Parece ser que había dos ranas jugando sobre las vigas de una lechería y una noche cayeron en sendos baldes de crema. Ambas ranas lucharon por la supervivencia, pero una peleó más tiempo y con más ahínco, y pudo sobrevivir.

Cuando el hacendado entró a la mañana siguiente, en un balde encontró una rana flotando sobre la superficie de la crema, muerta; en el otro, estaba la otra rana parada sobre una masa de mantequilla... exhausta, pero feliz de estar con vida.

Moraleja: Cuando permitimos que los problemas nos abrumen, cuando dejamos de saltar, brincar y esforzarnos por sobrevivir, dejamos de vivir. Pero cuando perseveramos y peleamos la buena batalla, acabamos sobre la mantequilla.

Una mamá, cuyo hijo homosexual le causa todo tipo de dolor, es una hermosa ilustración de esta historia de ranas. En una carta que me escribió, admitió que las cosas no han estado muy bien últimamente. A pesar de que su hijo vive en la cuadra próxima a la suya, rara vez lo ve. Durante este último año, él ha ignorado el cumpleaños de ella y Pascua, aunque sí logró enviarle una tarjeta por el Día de las Madres que le llegó a la semana siguiente.

Pero esta madre no ha permitido que eso la derribe, como describe su carta:

Deseo contarte algo que el Señor me mostró en la Biblia. Con mucha frecuencia, las ocasiones festivas se me arruinan porque deseo una familia como la que tienen todos los demás. Sin embargo, en mi vida hay muchas personas que se preocupan por mí: una maravillosa madre joven que, de estudiante, vivió aquí hace muchos años y es como una hija para mí, otros que asisten a un estudio bíblico los cuales se han vuelto muy cercanas a mí y muchos más. Pero, al igual que David en 2 Samuel 18.33, seguí de

duelo por la vida perdida de mi hijo a la vez que hacía
que mis amigos sintiesen que ninguno era tan importante
para mí como mi hijo.

Entonces Dios, como hizo Joab con David, me hizo ver,
como dijiste en tu libro, que el pecado de una persona estaba arruinando mi vida. Eso fue lo que marcó la diferencia en mi Día de las Madres. Envié tarjetas a todas las madres primerizas que conocía y a mis jóvenes amigas que
se preocupan por mí cuando sufro. Acepté una invitación
a cenar, llevé lilas y dulces a mi anfitriona, una dama de
ochenta años, y pasé un día fabuloso. Fue el Día de las Madres más lindo que he pasado en muchos años.

La esperanza equivale a posibilidades ilimitadas

De acuerdo con Bruce Larson, la esperanza también significa entusiasmarse por el futuro, porque crees que Dios te libera
de tus errores pasados. La esperanza te hace decir: «No veo la
hora de levantarme por la mañana». Es más, si tienes la costumbre de entregarle todos tus problemas a Dios al finalizar el
día, estarás preparado para lo que te pueda traer el mañana.
Según lo dice Larson:

CUANDO JESUCRISTO ESTÁ,
LA VIDA TIENE INFINITAS POSIBILIDADES.

Creo firmemente en el optimismo y en el pensamiento
positivo, pero esos no son los verdaderos ingredientes de la
esperanza. La esperanza viene de saber a quién perteneces y
saber que Él está al mando.

Cuando Tim estaba en la universidad, trabajaba para una
de las funerarias de mayor prestigio en el sur de California.
Una de sus tareas principales era servir de chofer a la familia
de duelo, llevándolos hasta el sitio del entierro en una limusina de color rosa y, si no había un ministro que presidiese la
ceremonia, él también realizaba un breve servicio leyendo
unas palabras de consuelo de un texto preparado de antemano.

Un día llegué a casa y encontré la limusina, con el conocido monograma de la funeraria en el costado, estacionada en nuestra entrada para autos. Se suponía que Tim estuviera trabajando, así que me pregunté qué le habría hecho venir a casa a esa hora del día. Entré a la casa y lo encontré sentado a la mesa de la cocina con aspecto atribulado. Cuando me vio, se levantó de un salto, corrió hasta mí y me abrazó fuertemente.

Me preguntaba qué cosa sería lo que había promovido tanta atención, pero luego Tim me explicó. Había estado realizando un servicio funerario esa mañana, cuando, al leer de su texto preparado, miró para abajo y vio al «ser querido» en el féretro. Se parecía tanto a mí (el mismo color y la misma apariencia) que casi no pudo seguir adelante con el servicio. Aun cuando sabía que no era su madre, igualmente se le empezó a formar un nudo en la garganta.

En cuanto terminó el servicio, salió corriendo hacia la casa para asegurarse de que «todo estuviese bien». No sé con precisión por qué esto le causó tanta impresión a Tim. Él había sido criado en la iglesia y había decidido seguir a Cristo cuando aún era muy pequeño. Había asistido a muchos campamentos de verano de la iglesia, así como a la iglesia durante toda su vida, pero siempre nos había preocupado porque su fe no le parecía real. No era rebelde; simplemente un poco «indiferente» y nunca se entusiasmaba mucho por ser cristiano.

Quizás el ver a alguien que se parecía a su madre yaciendo en un féretro llevó a Tim a detenerse y darse cuenta que la muerte algún día tocaría a su familia... que la vida es efímera y que ninguno de nosotros dura para siempre.

Es muy posible que esta experiencia inquietante ayudase a Tim a prepararse para el encuentro que tendría más adelante con un hombre llamado Bill Pritchard, cuyo consejo le ayudó a alcanzar un nuevo nivel de comprensión espiritual y compromiso que nunca antes había experimentado. Unos pocos meses después, Tim comenzó el entrenamiento del departamento del sheriff y, como parte de esa preparación, debía pasar tiempo vigilando a los prisioneros en una de las «granjas de honor» del norte de Los Ángeles. Una noche le escribió una carta a Bill Pritchard, que en parte decía:

Este sitio me recuerda al campamento de reclutas de la

Marina y cada oficial es un instructor. En realidad no puede uno sentarse a conversar con los reclusos, pero sabía
que Dios proveería una forma para que testificase a algunos de ellos. Llevé un par de docenas de folletos (entre
ellos: *Las cuatro leyes espirituales*) y los distribuí entre las
barracas. Me dio una agradable sensación cuando entré a
las barracas después del toque de diana y vi a los Ángeles
del Infierno y a las Panteras Negras recostados sobre sus
camastros leyendo esos folletos. Podrían echarme por repartir literatura, pero bien valdría la pena sabiendo que
otra persona recibió vida eterna...

A menos de seis meses de esta carta, la vida de Tim fue
apagada en la carretera volviendo de Alaska. Los cuerpos de
Tim y su amigo Ron fueron enviados a casa, y unos pocos días
después llevamos a cabo un servicio conmemorativo al que
asistieron casi mil personas. Hicimos imprimir marcadores de
libros color verde vivo, aproximadamente mil, con la foto de
Tim y otros mil con la foto de Ron, y debajo de las fotos estaba
la poesía «Safely Home» [A salvo en casa], la cual dice, en
parte:

> Queridos, en el cielo estoy, en casa;
>   ¡todo es tan feliz, tan reluciente!
> Hay perfecto gozo y también belleza
>   estando bajo esta luz tan infinita.
>
> Se acabaron ya el dolor y la pena,
>   toda inquieta agitación ha pasado;
> ahora estoy en paz y es eterna,
>   en mi hogar celestial, al fin, a salvo.
> . . . .
> Por eso no debes sufrir tanto,
>   pues mi amor por ti aún permanece;
> trata de ignorar las sombras terrestres,
>   pide confiar en Su voluntad santa.
>
> Aún hay trabajo para que realices,
>   por eso no te quedes parado;
> realiza tu obra mientras aún puedas...
>   pues con Jesús hallarás descanso.

Cuando esa tarea esté acabada,
con dulzura te llamará al hogar.
¡Oh, el éxtasis de ese encuentro!
¡Cuánto gozo al verte llegar![4]

La razón por la cual debió morir Tim justo cuando su fe alcanzaba un nuevo nivel es uno de los asuntos secretos que deberé dejarle a Dios, pero aun muriendo le dejó a muchas personas nueva esperanza para sus vidas. Alguien ha dicho: «La esperanza no es la convicción de que algo saldrá bien, sino la seguridad de que algo tiene sentido, sin importar cómo salga».

Ralph Waldo Emerson escribió:

Una de las ilusiones de la vida es que el momento presente no es el momento crítico, decisivo. Escribe sobre tu corazón que cada día es el mejor día del año. Sólo es rico aquel que es dueño del día y nadie que permita que el día sea invadido de preocupación, agitación y ansiedad es dueño del mismo. Acaba cada día y ponle punto final. Has hecho lo que has podido hacer.

Y para el cristiano agregaría: «Confíale a Dios lo que fue deshecho o incluso hecho incorrectamente. En Su tiempo, Él lo pondrá en orden».

Aplasta tristezas

El éxito se mide
no por el hecho de
que debas enfrentarte a
un problema difícil,
sino determinando
si el problema
es el mismo del año pasado.

John Foster Dulles

❖ ❖ ❖

Estás luchando...
lo veo,
lo siento,

sufro por ti.
Pero debo decirte, querido amigo,
que creo de todo corazón
que de algún modo saldrás
más sabio, más fuerte,
más entendido.
Aférrate a ese pensamiento,
guárdalo en un rincón
de tu corazón
hasta que el dolor se derrita lo suficiente
para que el aprendizaje adquiera
significado.[5]

✦ ✦ ✦

Definición de preocupación

Preocupación es el proceso insensato de usar el hoy
para embrollar las oportunidades del mañana con los restos de los problemas del ayer.

✦ ✦ ✦

Cuando alguien
diga:
«La vida es dura»,
pregúntale:
«¿Comparada con qué?»

✦ ✦ ✦

Creo que los días más agradables y dulces no son aquellos en los cuales sucede algo muy esplendoroso o maravilloso o emocionante, sino aquellos que simplemente apor-
tan sencillos y pequeños placeres, que se suceden uno tras
otro con suavidad, como perlas que se van deslizando de
un hilo.[6]

✦ ✦ ✦

CORAZÓN PERSEVERANTE

He soñado muchos sueños que nunca se hicieron realidad.
Los he visto desaparecer al alba.
Pero suficientes de ellos se han cumplido, a Dios gracias,

como para hacerme desear soñar más.

He formulado muchas oraciones que respuesta no han
    tenido,
aun cuando largo tiempo con paciencia esperé,
pero suficientes respuestas mis oraciones han obtenido
como para que siga orando con fe.

He confiado en muchos amigos los cuales me han fallado,
dejándome a solas llorar,
pero suficientes amigos míos sinceridad han demostrado,
como para que no deje de confiar.

Muchas semillas he sembrado que cayeron junto al camino
consiguiendo así las aves alimentar,
pero en mis manos he sostenido suficientes espigas
    doradas,
como para que no deje de sembrar.

De la copa de desilusión y dolor he bebido
y he pasado muchos días sin cantar,
pero de las rosas de la vida suficiente néctar he sorbido
como para darme deseos de continuar.

Origen desconocido

BUENAS NOCHES, QUERIDO DIOS

El sol del cielo ha bajado
    la paz nocturna se ha acercado.
Te pido, querido Dios, que guardes mi alma
    al dormir entre tus brazos de amor con calma.
Perdóname por lo que hoy he hecho
    desviándome de tu glorioso sendero.
Y esta noche al dormitar
    te pido, con fuerza, mi mano tomar.
Y al despertar con el resplandor de la mañana,
    restaurado, refrescado, renovado, renacido,
querido Dios, nuevamente intentaré ser
    la persona que tú esperas en mí ver.

Origen desconocido

Por el camino de tus mandamientos correré,
porque tú ensancharás mi corazón.

Salmo 119.32, Biblia de las Américas

P.D.

¡Lleva siempre contigo tu arco iris!

Después de la noche,
la luz del día invadirá.
Después de la lluvia,
el arco iris se verá.
Después de las penas,
del cielo descenderán
la paz y el consuelo
que Su amor sanador puede dar.

Kristone

Antes de ponerle la tapa a la caja de tristezas, deseo darte algunas reflexiones finales que aparecieron mientras ordenaba el otro día mi cuarto de gozo. Encontré un letrerito que dice:

RISUEÑA GRACIA...
CUÁN DULCE EL SONIDO DE LA RISA.

Cuanto más pensaba en eso, más comprendía que necesitamos toda la *risueña* gracia que podamos conseguir de la maravillosa e inagotable provisión de Dios. Si eres como yo, has aprendido que hay días en los que puedes confiar que obtendrás la victoria, pero hay otros en los que regresas al punto de partida. Como dijo alguien:

CONFIANZA ES ALGO QUE TIENES
CUANDO EN REALIDAD NO COMPRENDES
LA SITUACIÓN.

El caso de la cosechadora de algodón perdida

Unos cuantos años atrás recibí una llamada de una dama que tenía un problema y yo estaba «segura» de tener la solución... ¡hasta que me di cuenta de que no comprendía el problema!

Esta encantadora mamá me llamó desde Arizona, exasperada porque su hija lesbiana había prometido venir a su hacienda para darle de comer a los animales y cuidar del lugar mientras ella y su esposo iban a otra hacienda para cosechar algodón. En lugar de cuidarla durante unos pocos días como había prometido, la hija quería salir con su amiga lesbiana y los padres no contaban con nadie que pudiera reemplazarla en tan breve plazo. Más aun, la madre dijo que era imperativo que se llevasen sus nueve cosechadoras de algodón a la otra hacienda para asegurarse de que el algodón fuese cosechado.

Bueno, a mí todo me sonaba muy OBVIO. Le dije a esta mamá que sería muy sencillo dejar simplemente una de las cosechadoras allí para cuidar de la hacienda y usar las otras ocho para realizar el trabajo. ¿No sería esta una solución bastante sencilla?

Por fortuna, la mujer fue muy amable y, comprendiendo que no era una mujer del campo, pacientemente me explicó que las cosechadoras de algodón no son PERSONAS; ¡son MÁQUINAS que cuestan noventa mil dólares cada una!

¡Y bueno, a veces se pierde, otras se gana! El tener sentido del humor es un requisito para trabajar en algún ministerio, o incluso para poder vivir en este zoológico que hoy en día llamamos mundo. Así que espero que mantengas el tuyo en condiciones... me refiero a tu sentido del humor, por supuesto, no al zoológico. No existe manera más efectiva de mantener tu sentido del humor que recordar que la gracia de Dios (su amor, misericordia y ayuda) SIEMPRE está disponible.

La gracia es Dios... hecho carne

La gracia es una de esas palabras «teológicas» en las cuales decimos creer y que incluso contamos con ellas, pero en ocasiones es bueno considerar lo que realmente significa en un mundo donde las tristezas siempre te están persiguiendo. Según dice Lewis Smedes, la gracia de Dios puede hacer que tu vida entera ande BIEN a pesar de que todo esté obviamente MAL... La gracia es la realidad de que Dios entre en la historia y en nuestras vidas para enderezarlo todo en el centro mismo:

> Él vino en forma de persona viviente llamada Jesús, que habló, sufrió, murió y volvió a vivir nuevamente; su misión era traer gracia al mundo, es decir, hacer que en realidad todo ande bien precisamente cuando todo anda mal. ¿Gracia? Es la taquigrafía para todo lo que Dios es y hace por nosotros en nuestras quebrantadas vidas cansadas y pecaminosas.[1]

La gracia no representa un mecanismo de escape, cierto tipo de viaje a Disneylandia con todos los gastos pagos por saber Dios que nosotros no lo podemos afrontar. La gracia nada tiene que ver con Disneylandias, Islas de la Fantasía, curas mágicas ni soluciones instantáneas. Como dice Smedes:

> La gracia es el poder bastante sorprendente de mirar de frente la realidad terrenal, ver sus bordes tristes y trágicos, palpar sus crueles cortes, unirnos al coro primitivo en contra de su atroz injusticia y, sin embargo, sentir en lo profundo de nuestro ser que es bueno y correcto que estemos con vida sobre la buena tierra de Dios.[2]

Es posible que hayas leído la frase acerca de la gracia que da a todo la perspectiva adecuada:

GRACIA: LAS RIQUEZAS DE DIOS A EXPENSAS DE CRISTO.

Jesús nunca usó la palabra *gracia*. Dios le dejó eso a Pablo, pero si quieres describir la gracia con una sola palabra, esa es *Jesús*.

Gracia (Jesús) es la respuesta a nuestra culpa y fracaso.

Gracia (Jesús) es la fuerza que necesitamos para enfrentarnos a la vida.

Gracia (Jesús) es la promesa que nos da la esperanza que nos mantiene en carrera.

Las tristezas crecen a partir de la culpa

La más peligrosa de todas las tristezas que están al acecho para arrastrarnos hacia abajo es la culpa, esa sensación que todo lo invade diciéndonos que no hemos alcanzado la medida de nuestras propias normas y ni hablar de las de Dios. Casi a diario escucho de padres que están descorazonados y cargados de culpa. Sus hijos, por lo general adultos, los han desilusionado y no entienden lo que pasó. Por ejemplo:

> Nuestro hijo de diecisiete años decidió sencillamente que no podía asistir a la secundaria aquí porque (según sus propias palabras) «los profesores me odian y tú no me defiendes y, y, y...» Fue a vivir con mi hermano y su familia en Dakota del Norte. Él es el bebé y siento que soy un fracaso. Tiene dos hermanos mayores. El de 25 años se fue de casa en mayo con nuestra bendición, pero ahora está junto a una mujer casada y dejó la iglesia.

Ahora, sería fácil mirar una situación como esta y decir: «Ah, yo puedo ver el problema: estos padres fueron DEMASIADO ESTRICTOS». O quizás podríamos rápidamente llegar a la conclusión: «Sí, lo que sucedió aquí es obvio: TOLERANCIA. Fueron demasiado flojos».

Es fácil ver la respuesta del problema de otro. Podemos envolver nuestra «solución» en un prolijo paquetito de respuestas pulidas y presentárselas sintiéndonos autocomplacidos.

Pero cuando estás DENTRO de esa familia que sufre, no existen las respuestas pulidas. Yo oro con los padres que sufren y también sufro con ellos. Siento su frustración y su dolor. Hablo y escribo para padres que sufren y que no han encontrado ninguna solución tipo *Curita*. A menudo han buscado ayuda de los expertos, los especialistas y las autoridades, pero no han hallado respuestas que suplan las necesidades reales.

Han escuchado todas las cómodas frases cristianas tales como: «Simplemente alaba al Señor», o «Puedes entregarle todo a Jesús». Por favor, comprende, no tiene nada de malo alabar a Dios ni entregárselo todo a Jesús, pero resulta demasiado fácil lanzar respuestas simplistas sobre otros sin ser sensible a su problema. Yo misma lo he hecho y he aprendido a ser muy cuidadosa al tratar con las personas que sufren. Estoy segura de que aún hay veces que fallo, pero sólo puedo pedir perdón y arrojarme ante la misericordia de la gracia de Dios.

Cuando todo sale mal y parece desfondarse, somos abrumados por una salva de emociones: pánico, frustración, enojo, temor y vergüenza, las cuales sólo son el principio del golpe final de muerte llamado culpa. Te condenas y luego comienzas a odiarte al observar cómo gira descontrolada tu familia. Una madre cargada de culpa lo dice con palabras que son tan profundamente sinceras y que también expresan muchos padres que conozco:

> Sólo ha pasado un mes desde que nuestro hijo, estando sentado, defendiese la homosexualidad. Nunca llegó a decir de frente que era homosexual, pero mi esposo y yo estamos de acuerdo en que es como si lo hubiera hecho[...] ¿Pensábamos simplemente que éramos una familia feliz con problemas normales?, me pregunto. No puedo superar la culpa. Siempre he amado a mis hijos, pero he sido demasiado dominante, demasiado franca[...] mi esposo dice que estoy enfocando sólo mis faltas y magnificándolas[...] No puedo entender cómo las madres y los padres (mayormente las madres) logran salirse de la nube de culpa, ¿y por qué hemos de hacerlo si tenemos algo que ver con el asunto? Si las madres ayudan a causarlo, merecemos sufrir para siempre. He leído tus libros[...] aún no sé

cómo pudiste escapar de la culpa al punto de poder ser feliz. Mi corazón es como plomo dentro de mi pecho.

¿Cómo puede esta querida mamá liberarse de su carga de culpa de peso-plomo? Ni siquiera tiene confirmación positiva de que su hijo sea homosexual, sin embargo, se autocondena y se pregunta cómo me liberé de la culpa con respecto a mi propio hijo. Cuando un padre se siente tan abrumado, sólo existe esa única respuesta positiva: *Sólo Dios sabe...* y lo que tiene Dios para ofrecer es su gracia.

Sólo puedo tener la esperanza de que esta madre no multiplique sus sentimientos de culpa atacando a su hijo como hice yo con el mío. Le dije muchas cosas duras a Larry en el principio; mis palabras fueron agudas y cortantes. No lo escuché mientras intentaba contarme cuáles eran sus penas. Simplemente lo castigué recitando mis propios sentimientos.

Nuestros hijos no necesitan nuestra condenación. Lo que sí necesitan es que los animemos a franquearse con nosotros. Necesitan saber que sí estamos lastimados y sí estamos desilusionados, pero podemos compartir sinceramente estos sentimientos sin ser destructivos. Jesús se encontró con las personas en el nivel que estaban, cualquiera que fuera su condición. Él no les demostró simpatía. Ni necesariamente les demostró misericordia. Pero SIEMPRE les demostró gracia.

Sorprendente gracia de la Dirección General de Impuestos

No hace mucho vi una demostración de gracia en un medio totalmente improbable: LA DIRECCIÓN GENERAL DE IMPUESTOS. Julia tenía un hijo en dificultades y desesperada vino a nuestro grupo de apoyo Espátula buscando ayuda. Nos hicimos buenas amigas y poco después se entregó a Cristo. De la noche a la mañana vimos grandes cambios en su vida.

Luego, un día caluroso de verano, llamó para contarme la noticia de que ¡la DGI la entrevistaría! Lagrimeando me confesó que había mentido en su declaración de impuestos del año anterior, diciendo que había donado grandes sumas a un orfanato en México. Ahora la convocaban a presentarse a una oficina local de la DGI para documentar su declaración. Sólo había un problema: ¡el orfanato ni siquiera existía!

Mientras hablábamos, me pidió que la acompañara a la entrevista. ¿Qué bien le podía aportar excepto brindarle apoyo moral? Sin embargo, accedí a ir y cuando llegamos a la oficina de la DGI, permanecimos sentadas un momento en el auto y oramos juntas. Oré pidiendo que quienquiera fuese la persona con la que habláramos, demostrase MISERICORDIA. Julia no esperaba ningún tipo de perdón, pero un poco de misericordia sería muy bien recibida. Estaba verdaderamente arrepentida por lo que había hecho. Todo había sucedido antes de ser cristiana, pero ahora sus pecados del pasado la habían alcanzado.

La dulce oración de Julia pidiendo perdón fue conmovedora. Este era el día de poner las cuentas en orden, no había lugar para mentiras. Julia decididamente se arrepentía de ese engaño y deseaba poner las cosas en orden.

Entramos a la oficina de la DGI y nos sentamos a esperar que llamasen a Julia. La inspectora de impuestos que se ocuparía de su caso nos hizo pasar a un pequeño cubículo. Al mirar a mi alrededor, noté un símbolo de pez en su calendario. ¿Podría SER verdad? ¿Era cristiana esta mujer?

Julia ya había decidido ser honesta y no vaciló: «El año pasado no era cristiana, y cuando preparamos la declaración de impuestos, mentí. Dije que habíamos donado dinero a cierto orfanato en México. Pero eso fue mentira, porque el orfanato no existe por lo cual estoy verdaderamente arrepentida y le he pedido a Dios que me perdone. Sentía una profunda convicción de pecado por el asunto aun antes de recibir la noticia de presentarme para la auditoría, pero estoy aquí para contar la verdad. En realidad, todas las deducciones por contribuciones que reclamé son falsas; el año pasado no hice ninguna donación de caridad».

Julia presentó su confesión atragantada y lacrimosa, luego siguió sollozando en silencio.

La inspectora de la DGI había escuchado sin interrumpir. Ahora extendió la mano, le dio a Julia una palmadita en el hombro y dijo: «Dios te perdona por eso. Ahora, veamos cómo podemos solucionar todo esto...»

Empezó a estudiar la declaración de impuestos del año anterior y cuidadosamente le hizo preguntas acerca de otras áreas donde podría haber deducciones. Sus preguntas sacaron a la luz algunas cosas que Julia ni siquiera pensaba que eran legítimas. Antes de darnos cuenta, la mujer lo tenía todo solucionado. Julia no debía ni diez centavos, a pesar de que se habían quitado todas las deducciones falsas de la declaración de impuestos.

Ambas agradecimos efusivamente a la mujer. Le di un abrazo y dije: «Noté ese pequeño símbolo del pez en tu calendario. Nosotras también somos cristianas y estamos muy contentas de que Dios nos haya guiado hoy hasta ti».

Nuestra amiga de la DGI sonrió, pero mantuvo su decoro de oficial del gobierno. Dijo que comprendía, pero que pronto tenía otra cita y que nuestro tiempo se había acabado. Creo que tal vez le hubiese agradado conversar un poco más, pero sabía que su supervisor podría observarla en cualquier momento y preguntarse a qué se debían todos estos abrazos y llantos.

Julia y yo abandonamos las oficinas regocijándonos. Permanecimos sentadas en el auto mientras Julia derramaba lágrimas de gozo durante varios minutos. No pude evitar notar la diferencia. Antes de entrar nos habíamos quedado sentadas en el auto pidiendo MISERICORDIA y ahora lo hacíamos dando gracias al Señor por la GRACIA que Julia había recibido.

Lo mejor de la historia de Julia no es que se haya «salvado» de ir a la cárcel o de pagar alguna enorme multa. La mejor parte es lo que dijo la dama después que Julia confesara lo que había hecho mal:

«Dios te perdona... ahora veamos cómo podemos solucionar todo esto...»

¿No es así el Señor? Cuando nos acercamos a Él con verdadero arrepentimiento, pidiéndole perdón, Él dice: *«Por supuesto que te perdono. Ahora veamos lo que podemos hacer... juntos».*

La gracia nos brinda una mano de ayuda

Antes de que Cristo otorgase a la palabra gracia su pleno significado mediante su muerte en la cruz, el Antiguo Testamento se refería a la gracia usando la palabra hebrea *hen*, que significa: «la respuesta compasiva de uno que tiene la capacidad de ayudar a otra persona necesitada». Cuando no podemos enfrentar la vida, pedimos ayuda de un modo u otro. Los Salmos nos dan un gran ejemplo de cómo ocurre esto, al ver la forma del clamor del salmista pidiendo ayuda por causa de:

Angustia: Salmos 4.1; 31.9
Agonía: Salmo 6.2
Persecución enemiga: Salmos 19.13; 56.1
Soledad y aflicción: Salmo 25.16
Desastre: Salmo 57.1
Menosprecio de otros: Salmo 123.3
Debilidad y dificultad: Salmos 41.1; 86.16
Pecado: Salmo 51.1

Todo lo arriba mencionado sólo es una parte de lo que los teólogos llaman la «condición humana» que nos mantiene en cautiverio a todos nosotros. Como dice Larry Richards, un estudioso de la Biblia:

> Sólo Dios puede obrar para liberarnos y capacitarnos para conquistar los enemigos dentro y en derredor nuestro.
>
> Pero Dios es quien es. Es un Dios de compasión y amor. Podemos confiar en que cuando clamemos a Dios, Él responderá. Obrará, no porque merezcamos ayuda, sino porque reconoce nuestra desesperante necesidad y el amor lo mueve a ejercitar su poder para suplir nuestra necesidad. ¡Esto ciertamente es gracia![3]

La correspondencia rebosa de gracia de Dios

El cartero sigue trayéndome historias de cómo las personas se enfrentan a la angustia, al desastre, a la soledad y a todas esas otras tristezas que enfrentó el salmista. Pero de algún modo la gracia de Dios los ayuda a vencer. Encuentran la fuerza necesaria para lidiar con la situación. Una madre escribió para decir:

> Tengo dos hijos adoptivos y el de 20 años está experimentando sentimientos homosexuales. Mi esposo y yo estamos verdaderamente espantados por todo el asunto, pero tratamos de trabajar con él y ayudarlo de cualquier manera posible. Esto es algo así como nuestra peor pesadilla hecha realidad.
>
> Nuestro hijo de 15 años está pasando por una rebelión que atemoriza. Se ha escapado de casa, ha roto casi todas las ventanas de la vivienda, ha vivido con amigos durante un corto tiempo y ahora está de nuevo con nosotros y anda bastante bien, eso creo. Lo hemos retirado de la escuela pública y ahora lo educo en casa, ya que estaba fallando en todas las materias en la escuela y se estaba juntando con un grupo no conveniente. Estamos trabajando juntos y con el Señor para encontrarle solución a nuestros problemas familiares, pero realmente son de ayuda los libros como los tuyos, es fantástico saber que lo que siento también lo sienten otros.

A veces la gracia puede encontrarse en los lugares más insólitos, incluso en una autopista sumida en niebla. Mi amiga Evelyn Heinz, quien es autora y poeta, me contó de un fabuloso episodio de gracia que experimentó. Se enfrentaba a un viaje muy difícil de unos doscientos kilómetros para visitar a su madre moribunda. Se pronosticaba un tiempo despejado, pero la noche anterior hubo un cambio radical, y a la mañana siguiente debió partir en medio de lluvia y niebla. Su carta seguía así:

> La noche anterior, leí una meditación de un pequeño libro[...] «Envío delante de ti un ángel para que te guarde en el camino». Ese verso tranquilizó mis pensamientos para el viaje de la mañana. Para mi sorpresa, mi ángel (ángeles) vinieron en forma humana en una casa móvil blanca. Dios la puso delante de mí para mantener baja mi velocidad y la seguí a través de la niebla. Luego, antes de que doblase, vino otro ángel en forma humana delante de mí, esta vez en una camioneta negra con tres iniciales en su

patente de otro estado: EMH. Bárbara, ¡esas son mis iniciales! ¡Evelyn Marie Heinz! La niebla se estaba desvaneciendo, la camioneta dobló, ¡y el resto del camino, unos noventa kilómetros, el tiempo estuvo despejado!

La visita a mi madre resultó muy compasiva, el tiempo pasó con demasiada celeridad, pero sentí el «GOZO» de estar con ella. Ocultando mis lágrimas, tomé su mano, le besé la frente y ambas nos dijimos «te amo», antes de que llegase el momento de mi partida. Sus últimas palabras fueron: «Ten cuidado al conducir a casa. ¡Estaré orando por ti!» Le sonreí y dije: «Mamá, yo también estaré orando por ti».

Vivimos de esperanza en esperanza

He regalado varios ejemplares del excelente libro de Lewis Smedes *How Can It Be All Right When Everything Is All Wrong?* [¿Cómo puede estar bien cuando todo está completamente mal?], porque me encanta cómo ayuda a sus lectores a descubrir la esperanza mediante el don de la gracia. En su introducción, Smedes dice que escribió este libro para las personas que todavía se esfuerzan por creer en Dios, a pesar de que cientos de voces en su interior les dicen que dejen de creer. Él confiesa que, en ocasiones, su fe ha tambaleado y que sus palabras se han filtrado «a través de muchos años de creer en contra de la corriente».

El creer no le viene con facilidad a Smedes, porque muchas personas que él quiere sufren demasiado. Personas cercanas a él han muerto de cáncer «antes de tiempo», a pesar de sus fervientes oraciones pidiendo que les fuese quitado el dolor. Ha tenido amigos cuyos matrimonios se han convertido en campos de batalla al pasar sus hijos por todo tipo de «miniinfiernos». Smedes admite que: «Dios no obra muchos milagros para mi gente».

Hay personas entre los de Espátula para los cuales también escasean los milagros. Recibí una carta de ocho páginas de una madre que aparentemente ya no aguanta más:

> ¿Por qué ha sido tan horrible mi vida? Acepté a Cristo cuando tenía doce años. Hasta este momento he sufrido

tanto dolor, tanta injusticia... ¿Por qué? Me suicidaría, pero Dios me condenaría al infierno. Nuestras finanzas son un desastre, mi salud es un desastre, no estoy segura de que mi esposo crea en realidad ni comprenda mi dolor. No me siento amada. Es posible que Dios diga todas esas cosas maravillosas en nuestra Biblia, pero la verdad es que no las cumple para todos... Me alegro por ti. Eres una de las escogidas, yo no. En realidad no soy pesimista, sólo me he convertido en realista.

No es necesario que ores por mí, Dios me ha dado todos los golpes que necesito... Simplemente no sé cuánto tiempo más pueda *seguir funcionando*. Por favor, no prometas futuros felices para todos los que creen. Eso no sucede. Me temo que no encajo en ninguna parte.

Esta querida madre suena como si no estuviera segura de si la vida la está pasando por alto o si le está pasando por encima. Dice que cree que soy una de «las escogidas», pero no soy más escogida que ella. He ESCOGIDO *confiar en la gracia de Dios* y ESO es lo que me ha ayudado a salir victoriosa de las pruebas de fuego. Como lo dice Lewis Smedes:

La gracia sí viene... La gracia me sucede cuando siento una oleada de verdadero gozo que me da alegría de estar con vida a pesar de las razones válidas para sentirme mal... La gracia es el don de sentirse seguro de que nuestro futuro, incluso nuestra muerte, resultará más maravilloso de lo que nos atrevamos a imaginar. Gracia es el sentimiento de esperanza.[4]

He mencionado la esperanza varias veces en este libro, porque cuando las tristezas nos encierran, *la esperanza realmente es lo único que tenemos*. Como lo expresó Jean Kerr:

LA ESPERANZA ES LA SENSACIÓN QUE TIENES
DE QUE EL SENTIMIENTO QUE TIENES NO ES
PERMANENTE.

Al estar elaborando estos capítulos finales, recibí una carta de una madre cuyas palabras describen muy adecuadamente cómo la gracia es el sentimiento de esperanza.

Pareciera que nuestros últimos diez años han sido algo así como una situación tras otra. Durante ese tiempo Dios me ha enseñado mucho. Por un lado he aprendido a agradecerle por «todas las cosas» y hacerlo SINCERAMENTE (algo que había tratado de hacer, pero sin poder lograrlo del todo). ¡Me enseñó el significado de confiar en Él verdadera, real y totalmente! Siempre he confiado en Él, pero nunca con el tipo de confianza que ahora tengo. Me enseñó que puedo soportar muchas cosas que nunca hubiera imaginado poder resistir sin perder mi sano juicio y me mostró cómo ser feliz mientras pasaba por la prueba.

Esta madre concluye su carta expresando tener la seguridad de saber que Dios la tiene de la mano y que camina con ella día a día a través de cada circunstancia. Luego agrega un pensamiento que todos debiéramos grabar en nuestros corazones:

LA FE NUNCA SABE HACIA DÓNDE LA CONDUCEN,
PERO AMA A AQUEL QUE CONDUCE.

La gracia de Dios pinta el arco iris

¿Alguna vez has reflexionado acerca de cómo el arco iris es un perfecto cuadro de la gracia de Dios? Las tormentas de la vida pueden abofetearnos, desgarrando nuestros planes e inundándonos con múltiples problemas, muchos de los cuales los creamos nosotros mismos. Pero la gracia es la promesa de Dios de que no seremos destruidos, así como el arco iris fue su promesa de que nunca más enviaría un diluvio para destruir la tierra.[5]

La siguiente poesía pone esa promesa en la perspectiva adecuada.

En la vida diaria
caen gotas de lluvia,
en la travesía de la vida
a menudo hay dolor.

Pero amigo mío,
no debemos temer,

pues el amoroso Salvador
siempre cerca está.

Nos da gracia para soportar
los problemas que suceden.
Incluso en ese día
que llueve sin cesar.

A veces cuando la lluvia de la vida
le llega a cada cual,
sentimos por un momento
que no puede verse el sol.

Pero Dios te hace una promesa,
levanta la vista y ve,
el amor que Él nos da
a mí y a ti también.

Pues amigo mío,
un arco iris aparecerá
y las nubes de tormenta
de la vida pasarán.

Donna Larkin

Como la lluvia escasea bastante en el sur de California, no es frecuente ver un arco iris, pero cuando aparece uno, intento sacar el máximo provecho de sus bellos matices y colores. Phyllis Eger relata un hermoso cuentecito acerca de cómo una llamada de teléfono interrumpió sus preparativos para la cena pues una vecina le decía que saliera al instante para que viera el más hermoso arco iris en el cielo del este. Apagó su horno y salió corriendo hacia afuera y allí estaba... un arco doble de maravillosos colores: rosa, lavanda, azul y oro.

Rápidamente llamó a su madre que vivía del otro lado de la ciudad para contarle acerca del arco iris y su madre a su vez le pasó el dato a una vecina. Otras familias las vieron mirando el cielo y salieron para ver lo que ocurría. Pronto, había más de una docena de personas apreciando ese hermoso arco iris... todo eso porque una dama hizo una llamada telefónica. Eger hace esta observación:

¿Por qué será que las malas noticias viajan con rapidez? Tenemos el hábito de mantenernos actualizados los unos a los otros con respecto a los robos más recientes, los accidentes de aviones y los divorcios. Pero, ¿con cuánta frecuencia le contamos a un amigo o a un vecino acerca de un nido de petirrojo, los primeros pasos de un bebé, un nuevo gatito o un libro inspirador que hemos leído? Son las cosas pequeñas las que agregan color y textura a nuestros días, así que, ¿por qué no compartir el arco iris?[6]

Es cierto, ¿por qué no? Comenta con otros los placeres simples de la vida y recuerda siempre hablar del mayor placer de la vida: la gracia de Dios.

Después de la tormenta... ¡el arco iris!

¿Recuerdas la familia americana típica cuya historia de múltiples tragedias fue la primera carta que comenté allá por el capítulo 1? Al prepararme para enviar este manuscrito al editor, llegó otra carta de la misma madre, no para relatar más tragedias, gracias a Dios, sino para dar BUENAS NOTICIAS:

En estas, nuestras gloriosas vidas cristianas, el «ciclo Pascual» de muerte y resurrección se repite una vez tras otra. Las pruebas («muertes») que experimentamos entre los años 86 y 91 ahora están dando lugar a unas hermosas resurrecciones. Tenemos un maravilloso nuevo yerno. Nuestra hija anoréxica creció para convertirse en una bella mujer, obteniendo el promedio más alto de su clase y una beca de cuatro años en una excelente universidad. Estamos agradecidos al progreso de la siquiatría moderna aunada a un experto conocimiento de la farmacología. La hija deprimida ha recibido ayuda. El hijo adicto al alcohol ha ido a Alcohólicos Anónimos y por gracia de Dios ha disfrutado, hasta ahora, de seis meses de sobriedad.

Aún hay más, pero eso es suficiente para confirmar que a los que aman a Dios todas las cosas les ayudan a bien. (Romanos 8, ¿verdad?)

Supongo que lo mejor es lo que usaré para finalizar. Después del suicidio de mi hijo, una de las recomendaciones de una lista de «técnicas de duelo» era: «Pídele a Dios que te dé una señal de que tu ser querido está con Él». Esta no era mi manera acostumbrada de orar, pero sentí el deseo de pedir la solución a una situación increíblemente difícil. El mes de noviembre pasado (a dos años y un mes de su muerte), la señal fue dada con brillo y claridad y ¡la situación diáfanamente ha sido <u>sustentada por la gracia de Dios</u>!

P.D. ¡Gracias a Dios, ha amanecido para nosotros <u>un día de resplandor mucho mayor</u>!

La carta de esta feliz mamá es una chispa especial que tenía la necesidad de incluir antes del cierre de este libro. Ella conoce por experiencia la sabiduría de un bordado en punto cruz que cuelga de la pared de mi cuarto de gozo. Dice así:

EL ALMA NO TENDRÍA ARCO IRIS
SI LOS OJOS NO TUVIESEN LÁGRIMAS.

Una de mis poetisas favoritas es Joan Anglund, que escribe versos suaves con hermosas ilustraciones. Una de sus colecciones se llama «Rainbow Love» [Amor de arco iris], y en ella nos recuerda que aunque los días estén oscuros y plagados de tristezas, igualmente podemos «mantener un arco iris en nuestros corazones». Podemos decidir quedarnos bajo una nube, o podemos ocuparnos de encontrar nuestro arco iris.

Sí, el arco iris es el regalo de Dios para recordarnos de su regalo mayor: su gracia admirable. Su gracia SIEMPRE ESTÁ DISPONIBLE para que tomemos de ella *cuando recordemos hacerlo*. Así que, guarda tus tristezas en una caja grande, súbete encima y ríe, y además...

RECUERDA LLEVAR SIEMPRE
CONTIGO TU ARCO IRIS.[7]

Guía de discusión

Como muchos lectores usan mis libros en los grupos Espátula y en otras sesiones, he incluido estas preguntas para ayudarte a iniciar tus discusiones.

Introducción Si es gratis, es un consejo;
si te lo cobran, es consejería;
si alguno de los dos te sirve, ¡es un milagro!

1. ¿Por qué es importante contarle tus problemas a otros?
2. ¿Cuál parte de tu problema ha sido la más difícil de aceptar?
3. ¿Dónde has intentado ya encontrar ayuda y consuelo? ¿Cuáles fuentes te ayudaron y cuáles no?

Capítulo 1   Todos estamos metidos en esto...
sólo que tú estás un poco más hundido

1. ¿De qué modo te ha ayudado tu presente situación para mirar tu vida desde una nueva perspectiva? ¿En qué forma han cambiado tus prioridades?
2. ¿Cómo puedes mirar tu problema con una actitud positiva? ¿Puedes encontrar algo por lo cual ser feliz o estar agradecido sin convertirte en una «Pollyanna» que se esconda de la realidad?
3. Lee en diferentes versiones el Salmo 69.1-3 y fíjate en las distintas palabras que se usan para simbolizar los problemas de David. ¿Cuáles usarías tú para simbolizar tus problemas? Ahora usa palabras simbólicas para describir tu constante confianza en Dios.
4. Formúlate las preguntas que Larry Crabb les hace a los parti-

cipantes de su seminario: ¿Usas tú a Dios para resolver tus problemas? O, ¿usas tus problemas para buscar a Dios? ¿Por qué es mejor usar nuestros problemas para buscar a Dios?

Capítulo 2   Si no puedes esquivarlo, ni sobrepasarlo, ni atravesarlo, más te vale negociarlo.

1. ¿De qué modo te ha ayudado el humor a acelerar tu travesía por el proceso de duelo?

2. ¿En cuál etapa de duelo te encuentras: estado de shock, sufrimiento o recuperación? Describe el progreso que has tenido por el proceso de duelo y cómo te ves de aquí a un año.

3. ¿En qué forma te han impedido o ayudado otros en tu avance por el proceso de duelo?

4. Ahora que tienes «credenciales», ¿cómo ayudarás a otros que sufren?

Capítulo 3   Existe un sitio donde siempre podrás hallarme... en la esquina de Aquí y Ahora

1. ¿Puedes verte como una «toronja endulzada por el desierto»? ¿De qué forma es agridulce tu situación actual?

2. Describe tus propias experiencias en uno o en los cinco pasos de dolor emocional:
   a. Agitación
   b. Ardor
   c. Añoranza
   d. Aprendizaje
   e. Entrega

3. ¿Alguna vez te atormentan los «si al menos» o «el juego de echar culpas»? ¿Cómo te has sobrepuesto a esos remordimientos o a esas acusaciones?

4. ¿Puedes ver ahora a Proverbios 22.6 bajo una nueva luz? ¿En qué forma ha cambiado tu comprensión de este versículo?

Capítulo 4   ¿¡¿Eres un QUÉ?!?

1. En una escala del uno al diez, ¿dónde ubicas el rango del problema de tener un hijo homosexual? Si tienes un hijo homosexual, ¿se ha modificado este rango desde que te enteraste de su homosexualidad? ¿Qué fue lo que provocó el cambio?

2. ¿Cómo has «manejado» la homosexualidad de tu hijo? ¿Con

crítica? ¿Con aceptación? ¿Con inflexibilidad? ¿Con amor? ¿Qué harías de manera distinta si pudieses volver a empezar desde cuando te enteraste de su homosexualidad?

3. ¿Cómo puedes demostrar amor incondicional a tu hijo homosexual sin aceptar su conducta?

4. Imagina a Jesús levantando en sus brazos de amor a un niño que sufre. ¿Puedes imaginarte también que este niño que sufre es un homosexual? ¿Cómo crees que trataría el Señor a uno de sus seguidores que fuese homosexual?

Capítulo 5   La vida es una enfermedad terminal de trasmisión sexual

1. Muchas víctimas de SIDA, sabiendo que no les queda mucho de vida, a menudo se enfrentan a la realidad de quiénes son y lo que habrá de sucederles. ¿En qué cambiaría tu vida si repentinamente te enterases que sólo te queda un corto tiempo de vida?

2. ¿Cómo respondería Jesús a las víctimas del SIDA?

3. Para muchos padres resulta difícil permitir a sus hijos homosexuales que padecen de SIDA volver a casa para recibir cuidado y tratamiento. ¿Qué imagen daría de ti como cristiano el que permitieses volver a casa a tu hijo homosexual enfermo de SIDA?

4. ¿Cómo puedes refutar el argumento de que el SIDA es el castigo de Dios sobre los homosexuales?

Capítulo 6   ¿Dónde meto mi odio mientras oro?

1. ¿Qué cosa ha provocado en ti un sentimiento de enojo u odio al lidiar con tu dolor?

2. ¿Qué señales de depresión has experimentado? ¿Qué te ha ayudado a sobreponerte a estos síntomas?

3. ¿Has podido «ceder»? Si es así, ¿qué es lo que te ayudó a soltar tu problema y entregárselo a Dios? Si no, ¿qué es lo que impide que lo rindas?

4. Observa 1 Corintios 10.13. ¿Cómo se aplica este versículo a ti?

Capítulo 7   **¡Guarda tus tristezas en una caja grande, siéntate encima y ríe!**

1. ¿Cuáles son algunos de tus recuerdos «gelatinosos»?

2. ¿Cómo han contribuido la risa y el humor en la disminución de tu dolor? ¿De qué forma ha tomado Dios los episodios dolorosos de tu vida y los ha usado para infundir gozo en otros?

3. Una de las sugerencias de este capítulo es «aprender a reírte de ti mismo». Piensa en tres cosas que te desagradan de tu persona, luego haz bromas acerca de ellas y exagéralas.

4. Yo encontré solaz en un baño de espuma, mi chimenea de video y los apaciguadores sonidos de mi palo de lluvia. ¿Qué es lo que te da solaz?

Capítulo 8   **Al finalizar el día, le entrego todos mis problemas a Dios... Él, de todos modos, se quedará levantado**

1. ¿Aún crees en Dios del mismo modo que antes? ¿Han incrementado o disminuido tu confianza en Dios tus pruebas?

2. ¿Cómo se aplica a tu vida este proverbio marroquí: «Confía en Dios, pero ata firmemente tu camello»?

3. ¿De qué manera eres para tu hijo lo que Dios es para ti?

4. ¿En qué formas inesperadas ha obrado Dios para ayudarte a enfrentar tus problemas?

P.D.   **¡Lleva siempre contigo tu arco iris!**

1. ¿Cómo puede la gracia de Dios hacer que la vida ande BIEN a pesar del hecho de que todo ande obviamente MAL?

2. Si tu hijo te ha desilusionado, ¿cómo ha provocado eso que te sientas culpable? ¿Cómo puedes superar esa culpa?

3. Observa tu relación con tu hijo. ¿En qué modo es una relación condenadora? ¿En qué modo es una relación alentadora?

4. ¿Qué significa un arco iris para ti?

Notas finales

Capítulo 1   **Todos estamos metidos en esto...
sólo que tú estás un poco más hundido**

1. Henry Asher, «Attorney's Large Family One That Stays To-
gether» [Gran familia de abogado una que permanece uni-
da], *New Orleans Times-Picayune*, 10 de junio, 1984.

2. Margaret Clarkson, *Grace Grows Best in Winter* [La gracia
crece mejor en el invierno], Zondervan, Grand Rapids,
1972, p. 55.

3. Salmo 42.5, Reina Valera.

4. Michael Malloy, *Christian Counseling Services Newsletter*
[Carta circular de los servicios de consejería cristiana], primavera de 1992.

5. *Ibid.*

6. Robert Fulghum, *Uh-Oh* [Oh-Oh], Villard Books, NY, 1991,
p. 6.

Capítulo 2   **Si no puedes esquivarlo, ni sobrepasarlo,
ni atravesarlo, más te vale negociarlo.**

1. Robin Williams, citado en *The Fourth 637 Things Anybody
Ever Said* [Las cuartas 637 cosas que haya dicho alguien ja-
más], Robert Byrne, comp., Fawcett Crest, NY, 1990.

2. Ashleigh Brilliant, Pot-Shot No. 1510, © Ashleigh Brilliant
Enterprises, 1979. Usado con permiso.

3. De una tarjeta publicada por Morris Printing Company,
326 West Park, Waterloo, Iowa 50701. Usado con permiso.

4. Granger Westberg, *Ante la pérdida de un ser querido*, Casa
Bautista de Publicaciones, 1978. Este pequeño libro está ba-

sado sobre un capítulo del libro de Granger Westberg: *Minister and Doctor Meet* [El ministro y el doctor se encuentran], Harper and Row, NY, 1961.

5. Westberg, *Ante la pérdida de un ser querido* (p. 7, del original en inglés).

6. *Ibid.* (p. 13, del original en inglés).

7. Gini Kopecky, «Have a Good Cry» [Llora con ganas], *Redbook*, mayo de 1992, p. 109.

8. Paul R. Van Gorder, *Daily Bread* [El pan diario], julio de 1988.

9. De una tarjeta impresa por David M & Company, 6029 Etiwanda Avenue, Tarzana, California 91356, © 1986.

10. Westberg, *Ante la pérdida de un ser querido* (p. 46, del original en inglés).

Capítulo 3   Existe un sitio donde siempre podrás hallarme... en la esquina de Aquí y Ahora

1. Como apareció en la columna *Dear Abby* [Querida Abby], por Abigail Van Buren. Copyright 1992 Universal Press Syndicate. Copiado con permiso. Se reservan todos los derechos.

2. Bárbara Johnson, *Ponte una flor en el pelo y sé feliz*, Casa Bautista de Publicaciones, El Paso, TX, (pp. 66-67, del original en inglés).

3. Robert Fulghum, *Uh-Oh: Some Observations from Both Sides of the Refrigerator Door* [Oh-Oh: Algunas observaciones desde ambos lados de la puerta del refrigerador], Villard Books, NY, 1991, p. 30.

4. Planet Greetings, Box 410, Fresh Meadows, NY, 11365.

5. Charles Swindoll, *You and Your Child* [Tú y tu hijo], Thomas Nelson, Nashville, 1977, p. 20.

6. Fritz Ridenour, *What Teen-Agers Wish Their Parents Knew About Kids* [Lo que desearían los adolescentes que supiesen sus padres acerca de los jóvenes], Word, Waco, TX, 1982, p. 64.

7. Esta línea es parte del diálogo entre las actrices Jessica Tandy y Cathy Bates en la película *Fried Green Tomatoes* [To-

mates verdes fritos]. Producida por la 20th Century Fox, 1991.

8. Alan Francis, *Everything Men Know About Women* [Todo lo que saben los hombres con respecto a las mujeres], Newport House, Austin, TX, 1990.

9. Véase Margaret Nelson, «Too Tough to Die» [Demasiado tenaz para morir], *People Weekly*, 3 de febrero de 1992, p. 30. Informes posteriores revelaron que la cirugía había sido de éxito y los brazos injertados comenzaban a funcionar (véase Margaret Nelson y Karen S. Schneider, «Comeback Kid», *People Weekly*, 25 de mayo de 1992, p. 44.

10. Salmo 107.35, Biblia de las Américas.

11. Origen desconocido.

12. © Recycled Paper Products, Inc. Se reservan todos los derechos. Diseño original de John Richard Allen. Copiado con permiso.

Capítulo 4   ¿¡¿Eres un QUÉ?!?

1. «Most Gay Readers Glad About Orientation» [La mayoría de los lectores homosexuales sienten alegría por su orientación], Ann Landers, *San Gabriel Valley Tribune*, 26 de abril de 1992, D6. Permiso concedido por Ann Landers y Creators Syndicate.

2. Anita Worthen, «Guess Who's Coming to Dinner» [Adivina quién viene a cenar], *Love in Action* [Amor en acción], 1988.

3. Herbert Vander Lugt, «How to Love Unconditionally» [Cómo amar incondicionalmente], *Discovery Digest*, julio-agosto de 1982, pp. 48-51.

4. Extraído de un mensaje presentado por Stephen Arterburn en febrero de 1991 en Biola College, La Mirada, California.

5. «From This Moment on... Love!» [De aquí en adelante... ¡amar!], *Moment Ministries*, 235 E. Chestnut, Monrovia, California 91016.

6. Ashleigh Brilliant, Pot-Shots No. 1027, © Ashleigh Brilliant Enterprises, 1977. Usado con permiso.

7. Asheleigh Brilliant, Pot-Shots, No. 2212, Ashleigh Brilliant Enterprises © 1991. Usado con permiso.

Capítulo 5   La vida es una enfermedad terminal de transmisión sexual

1. Un slogan de Love & Action [Amor y acción], 3 Church Circle, Annapolis, Maryland 21401. Usado con permiso.

2. Véase Apocalipsis 6.8.

3. Estadísticas sobre el SIDA informados en «Straight Talk About HIV/AIDS» [Hablemos con franqueza acerca del HIV/SIDA], *Staying Current* 4, No. 2, marzo/abril 1992, p. 1. Esta es la carta circular de AIDS Information Ministries [Ministerios de información sobre el SIDA], P.O. Box 136116, Fort Worth, TX, 76136.

4. *Ibid.*, p. 2.

5. Harold Ivan Smith, «Christians! AIDS Victims Need Your Help» [¡Cristianos! Las víctimas de SIDA necesitan tu ayuda], *Charisma*, septiembre 1987, p. 38.

6. Philip Yancey, «Jogging Past the AIDS Clinic», *Christianity Today*, 7 de marzo, 1986, p. 64.

7. *Ibid.*

8. Wayne E. Caldwell, «Moments with Readers», *Wesleyan Advocate 149* [Vocero Wesleyano 149], No. 7, julio de 1991.

9. Jerry Arterburn con su hermano, Stephen Arterburn, *How Will I Tell My Mother?* [¿Cómo se lo diré a mi madre?], Oliver Nelson, Nashville, 1988, pp. 126-127.

10. Ashleigh Brilliant, Pot-Shots No. 295, © Ashleigh Brilliant Enterprises, 1971. Usado con permiso.

Capítulo 6   ¿Dónde meto mi odio mientras oro?

1. Origen desconocido.

2. Carl Sherman, «Is It Just a Mood or Real Depression» [¿Se trata de un simple estado de ánimo o es una verdadera depresión?], *Family Circle*, [Círculo familiar], 1 de abril, 1992, p. 65.

3. Frank B. Minirth y Paul D. Meier, *¡Elige ser feliz!*, Casa Bautista de Publicaciones, El Paso, TX, 1988 (pp. 124-28, del original en inglés).

4. *Ibid.*, p. 125.

5. Bob Davies y Lori Torkelson. Copiado con permiso de

«Love in Action» [Amor en acción], P.O. Box 2655, San Rafael, California 94912.

6. Lewis B. Smedes, *How Can It Be All Right When Everything Is All Wrong?* [¿Cómo puede estar bien cuando todo está completamente mal?], Pocket Books, una división de Simon and Schuster, NY, 1982.

7. *Ibid.*

8. De la poesía «Letting Go» [Ceder]. Autor desconocido.

Capítulo 7   ¡Guarda tus tristezas en una caja grande, siéntate encima y ríe!

1. Origen desconocido.

2. Incluido en *Poems That Touch the Heart* [Poesías que tocan el corazón], A.L. Alexander, recopilador, Doubleday, NY, 1956, p. 304.

3. Diane Suchetka, «Laughter... Is the Best Medicine» [La risa... es el mejor remedio], *The Orange County Register*, 10 de marzo de 1992, E-1.

4. *Ibid.*, E-1, E-2.

5. Véase Charles Swindoll, *Diario de un viajero desesperado*, Editorial Betania, 1989 (p. 262, del original en inglés). Swindoll agradece a su amigo, Dr. Ken Gangel, por el comentario: «Have a blast while you last!» [¡Disfruta mientras dures!].

6. Origen desconocido.

7. Dr. Paul McGhee, citado en Diane Suchetka, «Laughter... Is the Best Medicine» [La risa... es el mejor remedio], *The Orange County Register*, 10 de marzo de 1992, E-1.

8. Betty Henry Taylor, «Sound of Rain» [Sonido de lluvia], *Opening Up Closets and Dumping Out Drawers* [Abrir roperos y vaciar cajones], Chrysalis Publishing, NY, 1991, p. 98. Usado con permiso.

9. George Goldtrap, *Laughter Works* [La risa da resultado], carta circular 3, No. 2, primavera de 1991.

Capítulo 8   Al finalizar el día, le entrego todos mis problemas a Dios... Él, de todos modos, se quedará levantado.

1. Danny Dutton. Origen de publicación desconocido.

2. John White, «Relinquishment of Adult Children» [Cómo soltar a los hijos adultos], *Equipping the Saints 5* [Para equipar a los santos 5, No. 2, primavera de 1991.

3. Bob Davies, Love in Action [Amor en acción], San Rafael, California.

4. Origen desconocido.

5. Origen desconocido.

6. Del libro de L.M. Montgomery, *Anne of Avonlea* [Anne de Avonlea], New American Library, NY, 1987.

P.D. **¡Lleva siempre contigo tu arco iris!**

1. Lewis B. Smedes, *How Can It Be All Right When Everything Is All Wrong?* [¿Cómo puede andar bien cuando todo anda completamente mal?], Pocket Books, una división de Simon and Schuster, NY, 1982, p. 17.

2. *Ibid.*, p. 18.

3. Lawrence O. Richards, *Expository Dictionary of Bible Words* [Diccionario expositivo de palabras de la Biblia], Zondervan, Grand Rapids, 1985, p. 317.

4. Smedes, p. 11.

5. Véase Génesis 9.8-16.

6. Phyllis Eger, «Share the Rainbow» [Comparte el arco iris], *Sunshine Magazine,* mayo de 1989.

7. Adaptado de una poesía de Joan Walsh Anglund, «Rainbow Love» [Amor de arco iris], Determines Productions, P.O. Box 2150, San Francisco, California 94126.